CON JESÚS EN TU TEMPESTAD

Otros Libros por Nate Stevens

Emparejado de por Vida (libro y cuaderno Inglés)
Con Jesús en tu Tempestad (Inglés y Español)
Transformado: Hasta que Cristo sea Formado en Mi (Inglés)
Conformado: A la Semejanza de Cristo (Inglés)
Informado: Vivir Según la Verdad Absoluta de Dios (Inglés)
Rendido: Ceder a la Perfecta Voluntad de Dios (Inglés)
El Lugar Secreto de Dios (Inglés)
Acelera tu Destino (Inglés)
Llamados a Ser como Cristo, no al Cristianismo (Inglés)

CON JESÚS EN TU TEMPESTAD

Navegando las Tempestades de la Vida
Desde un Lugar de Paz y Descanso

NATE STEVENS

Fotografía de la portada por Richard Watson usada con permiso.
Diseño de la portada por Christine Dupre.

ISBN: 978-1-7376825-6-1
eBook ISBN: 978-1-7376825-7-8

Dedicación

A Karen,
mi amor,
mi esposa,
*mi compañera de viaje, sacudida por la tempesta*d.

Reconocimientos

ESTE LIBRO NO sería posible si no fueran por las tempestades de adversidad. Los dolorosos e inesperados nudos enredados de la vida, el quebrantamiento de corazón, y la tragedia nos une en el tapiz de la experiencia humana. Habitar al lado opuesto revela el caos que nunca debió ser visto; pero una mirada al lado derecho revela la hermosura del Artista.

Es mi esperanza y oración sincera que estas historias animen a cada viajero sacudido por las tempestades, a quitar los ojos de la cresta de las olas de sus mares turbulentos para mirar fijamente a los ojos y el corazón del Capitán Supremo. Él hace todas las cosas bien, y orquesta cada tempestad para nuestro bien y para Su gloria.

Doy un agradecimiento especial a cada persona que compartió su historia: "Me Pasó a Mí." Estoy agradecido y profundamente complacido de haber sido encomendado con la confianza de compartir tu dolor, y espero que lo haya capturado y representado adecuadamente y que lo haya representado con honor. Cada historia revela la interacción amorosa de Dios con nosotros en medio de nuestras tempestades.

Un agradecimiento enorme a Richard Watson por su disposición al otorgarnos permiso en usar el retrato increíble en la portada. ¡Qué paciencia! Después de revisar más de dos mil fotografías, el tuyo fue el designado. Las olas que capturaste vívidamente nos recuerdan de las tempestades que enfrentamos.

Christine Dupre, gracias por el diseño de la portada. Capturaste hermosamente lo que estaba en mi cabeza—lo cual no es fácil. ¡Esperamos otro éxito de ventas!

Muchísimas gracias a Verónica Shepard, a Esther Hartnagel, y a Sharon Stevens-Hartnagel por traducir y editar este libro al español. Aunque puedo leer y entender el idioma, no podría haber hecho lo que ustedes han hecho. ¡Que Dios las bendiga ricamente a todas por ésta inversión en Su reino!

No puedo expresar suficiente gratitud y amor por mi esposa, Karen. Su persistencia y determinación de leer, y volver a leer, revisar, editar, volver a editar, y luego leer en voz alta, resultando así un manuscrito perfeccionado más de lo que podría haber hecho solo. Gracias por tu paciencia y trabajo arduo. Gracias por comprender mi necesidad de escribir cuando la inspiración me llegaba. Gracias por tu propia historia de adversidad. Gracias por navegar los mares conmigo.

Finalmente, mi gratitud más profunda de corazón, reverencia y alabanza es para Jesús, mi Salvador, Caminante, Tranquilizador, y Transformador de la tempestad. Aunque no siempre comprendemos las técnicas de navegación, y continuamente cuestionamos los cursos que trazamos, descansamos seguros en Tu Paz y Control Soberano mientras que nos diriges al hogar de nuestro último refugio seguro.

Nate Stevens

Contenido

Con Jesús en tu Tempestad

Muchas veces en medio de las estaciones de la vida, nos enfrentamos con
*   incertidumbres;*
Las pruebas vienen a causa de nuestras propias decisiones, o de un golpe
*   inesperado.*
En aquellos momentos cuando Dios parece estar distante y estamos tentados a
*   desesperar,*
Contemplamos la razón—¿Él me colocó o envió allí?

Aunque propenso a buscar la comodidad de una vida de infinita felicidad,
La interferencia providencial me pone de rodillas.
Ya sea en un desierto, en una cueva, o sobre un yunque—incluso en una
*   tempestad furiosa*
Dios orquesta todas las cosas, el propósito, mi vida a transformar.

Cuando mis vagabundeos por el desierto se alargan, y la inmensidad estéril seca
*   mi alma.*
El calor abrasador y la erosión de las arenas explotan con conclusión
*   abrumadora.*
¿Podría ser que Dios está obrando—para consumir lo inútil de mi vida?
¿Mi desierto tiene propósito de castigo o preparación para un florecimiento
*   futuro?*

El refugio de una cueva me llama para ofrecer alivio fresco del calor tórrido.
La humedad pegajosa, las sombras profundas y oscuras; al estar escondido en el
*   retiro desolado.*
Aún, ¿es éste Su mejor plan para mí—o estoy retirádome del llamado a la
*   batalla?*
O, ¿aún simplemente sigo resistiendo; no queriendo rendirme completamente?

Cuando Él me llama a Su yunque, soporto golpes moldeadores,
¿Estoy siendo transformado a Su imagen, o me resisto de Su cuidado?
¿Está mi mano como escudo contra Su martillo para proteger lo estropeado?
¿Confiaré en Sus manos de misericordia para restaurar mi vida cicatrizada?

Confrontando las tempestades de la vida, las olas revientan sobre mi embarcación.
Tambaleándome en la tempestad, mis impulsos llaman a remar incansablemente, y quitar el agua.
Pensamientos temerosos de sobrevivencia; buscando huir del vendaval;
Preguntas dudosas arrojadas hacia el cielo, "¿No te preocupa que la tempestad prevalece?"

"¿Dejarás de atender mi vida en peligro; mi caos repentino?"
Aullidos de viento asaltan las velas; el rocío barrido por el viento cruza mi cubierta.
Entonces Lo escucho hablándome, "Esta tempestad es Mía, hijo, no tengas miedo.
La intención de la tempestad no es atemorizarte, sino acercarte a Mí."

¿Escucharé en el desierto Su voz de la zarza ardiente?
¿Evitaré el aislamiento de la cueva; me sentiré impulsado a salir porque me llama por nombre en susurro?
¿Me rendiré sobre el yunque confiándole mi vida a transformar?
¿Descansaré con Jesús en la cubierta, con los ojos puestos en Él y no en la tempestad?

Nate Stevens
11 de Mayo de 2009

Capítulo 1

Una Tempestad Te Acerca

Si nunca batallamos,
¿cómo podríamos saber que Dios nos libra?
Si nunca experimentamos adversidad,
¿cómo llegaríamos a ser vencedores?
Si nunca aguantamos el fuego refinador,
¿cómo seríamos puros?
Si nunca enfrentamos las tempestades de la vida,
¿cómo profundizaremos nuestra fe y dependencia en Dios?

AL CONCLUIR la escritura de este libro, la tempestad gemela "Nate" cruza el golfo de México hacia el continente de los Estados Unidos. Aunque es raro tener un huracán que lleva mi nombre, las tempestades devastadoras son comunes: como Hugo, Andrés, Ivan, Katrina, Sandy, Matthew, Harvey, Irma, María. Nos hemos acostumbrado a vientos destructores, mareas, inundaciones, que resultan en tornados, al mismo tiempo las estaciones locales de televisión que nos advierten de la tempestad que se aproxima y su trayectoria esperada.

Sin embargo, las adversidades de la vida no son tan previsibles. Nos azotan sin aviso. No sabemos cuánto tiempo durarán, ni podemos predecir su impacto.

Las tempestades llegan a todos; nadie está inmune a su tragedia. Las enfermedades terminales, los accidentes trágicos, la inesperada pérdida de trabajo, la traición personal, el divorcio, la ruina financiera, la muerte prematura—todos son parte de esta cosa maravillosa que llamamos, "la vida." Algunas tempestades, como los aguaceros, pasan rápidamente. Otros, como los huracanes, duran mucho más. Aún después de que la tempestad pase, sus efectos dejan huellas sobre el paisaje. Las pérdidas devastadoras nos dejan huellas de quebrantamiento en el corazón y remordimiento. Las vidas nunca son iguales. A veces resultan ser mejores; otras veces anhelamos que las cosas pudieran volver a lo normal, aún reconociendo que la vida que conocíamos nunca volverá.

Así como una tempestad de fuego, la destrucción feroz limpia el camino para nuevos retoños. Un fuego furioso purga el bosque de hojas muertas y maleza densa mientras promueve el crecimiento nuevo. Cada tempestad devastadora tiene el potencial de ser transformadora.

Eventualmente, encontrarás tu tempestad. Cómo sobrevives y aún prosperas después de que pasa, es cuestión de elección tuya. Puedes permanecer en las consecuencias devastadoras, o puedes ascender de su destrucción, determinar su causa o propósito y ser mejor a consecuencia de la experiencia. Te animo a desarrollar y ejercitar suficiente fe en el Único y Soberano Dios para enfrentar cada crisis de tu vida como lo hizo Jesús—desde un lugar de paz y descanso sobre la cubierta del barco mientras pasa la tempestad.

Capítulo 2

Reacciones que Influyen el Resultado de la Tempestad

*¡Cuán nubladas llegan a ser nuestras mentes
hasta que el amanecer de Cristo trae
claridad y vistas nunca antes contempladas!*

Éramos trece en el barco. Pero no nos preocupamos por nuestra seguridad—ni menos por el barco. La orilla del agua estaba al alcance de la mano, pero era un buque resistente con cupo de veinte personas. Sin embargo, había algo misterioso esta noche. Nuestro líder dijo que quería que atravesáramos el lago. Había sido un día largo y caluroso mientras predicaba y visitaba a las personas. Era obvio que estaba cansado. Todos estábamos cansados. Al ir mar adentro, El se acostó en la popa del barco, dobló una almohada debajo de su cabeza, se acurrucó cómodamente, y se quedó bien dormido al ritmo de nuestros remos.

Entonces estalló la tempestad. Sin aviso.

¿POR QUÉ EXPERIMENTAMOS tempestades en nuestra vida? ¿Cuáles son las razones subyacentes? ¿Podrían ser asaltos espirituales para hacernos tropezar en nuestra fe? O ¿son debidas a nuestra vulnerabilidad en momentos emocionales inesperados? Quizás nos estrellan en tierra debido a malas decisiones previas. Quizás son resultado de todas las situaciones estresantes de la vida que nos golpean simultáneamente.

¿Qué hacemos cuando problemas, quebrantamientos del corazón, desastres, y emergencias inesperadas soplan con furia sobre nuestras vidas? ¿Cómo reaccionamos? ¿Nos desmoronamos, permitiendo que nuestra naturaleza humana nos destruya, estorbando nuestra mente de paz, y cuestionando nuestras creencias que hemos tenido por años? O, ¿tropezamos con nuestras propias fuerzas en medio de ellos, esperando alivio? Alguna vez te has preguntado: *¿Por qué me pasa esto? ¿Por qué ahora? ¿Cuál es el propósito de esta tragedia? Dios, ¿por qué permitiste que pasara esto?* ¿Alguna vez te has cuestionado si habría mejores maneras de navegar por nuestros mares turbulentos?

¿Qué pasa cuando un día tempestuoso o dos se extienden a semanas, o meses, o posiblemente años? ¿Qué si estas tempestades nos voltean la vida completamente al revés?

- Pierdes el trabajo y ningún empleador te devuelve la llamada
- Los resultados de laboratorio confirman una enfermedad debilitante
- Arriesgas a perder tu vivienda ante una ejecución hipotecaria

- La bancarrota te quita todo
- Socios de negocios previos presentan una demanda en tu contra
- Tu esposo(a) tiene un encuentro romántico con tu mejor amiga(o)
- Tu hija(o) es secuestrada y asesinada
- Vives con dolor crónico sin poder ser diagnosticado
- Se enciende tu casa destruyendo todo lo que posees
- Un aborto espontáneo te encierra en una prisión emocional
- El policía te informa del arresto de tu hijo(a) por manejar ebrio(a)
- El mercado de valores se estrella, destruyendo tu jubilación
- La depresión severa te aprieta en su agarre implacable
- El amor de tu vida muere inesperadamente
- Tu doctor confirma que sólo tienes semanas de vida

En un estado de confusión mental, nada tiene sentido. Sin emociones, y con una actitud distante, nuestro comportamiento cambia. Los amigos nos abandonan. Los miembros de la familia nos ignoran. La vida parece perfecta para todos los demás—parece que todo lo tienen bajo control. Sin embargo, estamos atascados en este remolino extraño de la perfecta tempestad personal.

No encontramos respuestas, no hay salida. Las olas amenazantes nos golpean. Los esfuerzos de mantener el barco estable encuentran oposición implacable. Nos agotamos al remar sin cesar, pero las corrientes feroces nos arrastran lejos de la seguridad de la orilla. El pulso rítmico de ola tras ola nos hace esperar plenamente que la próxima experiencia traumática está por llegar.

Trae a la memoria la historia de Job en la Biblia. Él aguantó con éxito olas repetidas e inesperadas de pérdida y tragedia devastadora. Sin embargo, cuando los amigos con buenas intenciones nos recuerdan de este modelo de resistencia, queremos gritar:

Sí, he escuchado de la paciencia de Job, y cómo soportó todo su sufrimiento. ¡Pero nunca pedí ser un Job! ¡No quiero paciencia—necesito alivio! ¡No necesito más fe—necesito respuestas! No me des citas espirituales de cómo todas las cosas eventualmente estarán bien, necesito consuelo tranquilizador ahora mismo. No quiero escuchar un dicho superficial de cómo tiene que haber un propósito del dolor. ¡Necesito que el dolor pare! ¡Necesito que la tempestad pase rápidamente! ¡Necesito escapar de este barco que se hunde; y un rescate aéreo donde pueda estar seguro!

¿Te suena familiar esto? Si así es, entonces tenemos por lo menos una cosa en común. Así es como yo me enfrentaba a la adversidad previamente. Ponía mi mejor sonrisa, tratando de mostrarme fuerte por fuera para mantener un semblante de dignidad y confianza, esperando que las cosas mejoraran— pronto. Sin embargo, en lo profundo de mi ser, sabía que mi pozo de autosuficiencia se estaba secando.

Eventualmente clamé a Dios por Su ayuda, pero Su silencio era ensordeciente. Entonces, al tratar de entender por qué no me contestaba ni me cambiaba las circunstancias, empecé a cuestionar si yo tenía la culpa por mi catástrofe actual. Quizás previamente tomé todo el crédito por las cosas buenas que me habían pasado. Quizás tomé a Dios y Sus bendiciones por sentado. Quizás me extravié de Su camino, o sin saberlo invité alguna maldición a mi vida. Quizás hice como prioridad otras cosas antes de mi relación con Él. En desesperación, concluí que cualquiera de estas razones pudiera ser el motivo por el cual Él se rehusaba a calmar las olas de mi tempestad.

Quizás ninguno de estos escenarios te aplica. Quizás has mantenido una comunión íntima con Dios y un corazón agradecido por todo lo que ha hecho. Quizás no has hecho nada para merecer tu tempestad. Sin embargo, llegó, dejándote cuestionar por qué Dios la trajo a tu vida—y sigues en ella.

Las tempestades vienen de cada dirección y afectan todos los aspectos de la vida. Si no es una tempestad espiritual, entonces es una relación turbulenta y no saludable. Cuando una tempestad emocional sopla, las inundaciones de mala salud aumentan. Una vez que los mares se aquietan un poco, entonces empiezan a soplar vientos amenazadores de dificultades financieras.

Vemos unas tempestades llegar mientras que otras entran de formas inesperadas. Sí, podemos ser la causa de unas tempestades por nuestras malas elecciones y decisiones; sin embargo, otras suceden por razones desconocidas.

De acuerdo a la experiencia con mis tempestades, nos enfrentamos con una decisión cuando llegan. Podemos tomar una actitud de autocompasión y amargura, permitiendo que nos abrumen y nos derroten. O, podemos dar un paso hacia atrás, determinar su razón subyacente, y encontrar respuestas y consuelo en Dios.

1 Pedro 2:19-20 me da a entender que sí *podemos* encontrar las razones de nuestras adversidades, sufrimiento y pruebas.

Pues Dios se complace cuando ustedes, siendo conscientes de su voluntad, sufren con paciencia cuando reciben un trato injusto. Es obvio que no hay mérito en ser paciente si a uno lo golpean por haber actuado mal, pero si sufren por hacer el bien y lo soportan con paciencia, Dios se agrada de ustedes. (NTV)

Podemos buscar respuestas en la palabra de Dios. Al fin, Él es Omnisciente y Soberano. Ya conoce y coordina las experiencias que enfrentamos. No hay sorpresas ni momentos de "oh-oh" con Él.

ഐ൧

En el día del bien, goza del bien; y en el día del mal, considera que Dios hizo tanto lo uno como lo otro. (Eclesiastes 7:14, RVA-2015)

Podremos preguntarnos, *Si Dios es Soberano y Omnisciente, ¿por qué permite que experimentemos tales días?* Es una gran pregunta; una que me he hecho frecuentemente. Lo más amable y tiernamente posible, permítame hacerte unas preguntas en qué pensar, que quizás tengan la respuesta. ¿Sería posible que esos días tempestuosos sean intencionales de parte de Dios para llamar nuestra atención? Si cada día fuera fantástico y saltabamos gozosamente desde el amanecer hasta el anochecer, ¿le dedicaríamos atención alguna? En verdad estaríamos agradecidos por las muchas bendiciones que Él nos da, o ¿lo tomaríamos por sentado?

Desafortunadamente, una tendencia natural humana es tomar el crédito por la buena fortuna y éxito y culpar a Dios por las desgracias y dificultades. Con tan sólo una poca de introspección, tal vez podríamos reconocer nuestra autosuficiencia y autoimportancia. Merecemos esa promoción en el trabajo por *nuestro* esfuerzo superior. Evitamos ese accidente cercano debido a *nuestras* habilidades extraordinarias de conducir. Nuestros hijos están saludables a causa de *nuestras* elecciones de mantener vidas saludables y el milagro de la medicina moderna.

Sin embargo, ¿hemos considerado que Dios tiene Su mano en los detalles? De seguro, debemos trabajar duro para ponernos en una posición para recibir un aumento de salario y promociones. Sí, debemos mejorar nuestras habilidades de conducir para evitar a los conductores locos. Claro que debemos atesorar una vida saludable y maximizar los beneficios de la medicina moderna para asegurar nuestra salud y bienestar. Pero, ¿no parece todo esto un poco como autosuficiencia? ¿Dónde cabe Dios? ¿Cuándo lo reconocemos y llegamos a confiar en Su control sobre cada detalle de nuestras vidas? ¿Podrían ser nuestras tempestades el resultado que Él está orquestando un cambio en nuestro bienestar total para que recordemos Su presencia—provocando una realineación de nuestras prioridades?

¿Podrían las circunstancias trágicas recordarnos que nuestras vidas están a sólo un latido de corazón de encontrarlo cara a cara? ¿Podría Dios permitir tempestades como testimonio a Su gracia para ayudarnos a sobrellevarlas? O, ¿fortalecer nuestra fe y dependencia en Él? Quizás Dios quiere desarrollar nuestra madurez espiritual a un extremo que eventualmente oremos con el Salmista: *"Estuvo bien que me hicieras sufrir porque así entendí tus enseñanzas. Yo sé que tus mandatos son justos, y merezco que me castigues"* (Salmo 119:71, 75, TLA).

Por cierto, vivimos en un mundo caído y pecaminoso. Desde la caída de Adan en el Huerto de Edén, el pecado entró a la escena. Con el pecado viene decadencia, enfermedad, y muerte. Como resultado, algunas tempestades son consecuencias del pecado. Pero, ¿qué determina la diferencia entre una tempestad de consecuencia natural y adversidad intencional? ¿Todas las tempestades, independiente de su tipo, ofrecen lecciones para aprender?

Siendo que estas preguntas requieren una respuesta, ven, navega conmigo mientras comparto lo que Dios me reveló al estar buscando las respuestas a mis tempestades. Algunas respuestas resultan ser obvias; otras requieren confianza en Dios hasta que lleguemos a la eternidad. Al repasar varios personajes Bíblicos, la palabra de Dios nos da pistas para ayudarnos a navegar los mares tempestuosos de la vida. Al comparar nuestras tempestades con las de Sansón, Moisés, Ester, y otros, encontramos que las razones detrás de cada tempestad caen dentro de distintas categorías.

Algunas tempestades son consecuencias directas o *castigos* por malas decisiones. Otras, Dios *permite providencialmente* las tempestades por razones que quizás no entenderemos hasta que estemos en la eternidad. En algunos casos, las tempestades nos *preparan* para un futuro mayor que Dios tiene planeado. De vez en cuando, Dios permite tempestades como *advertencia* para otros, o aún como *prueba perpetua* de Su gracia. En general, las tempestades revelan y cumplen el poder soberano de Dios sobre todo y todos. No importa la razón, Él está en control y podemos confiar a través de nuestras tempestades.

Así que, te invito a que te acomodes, te acurruques en la cubierta, y juntos pasemos tiempo *Con Jesus en tu Tempestad.*

SECCIÓN 1

¿Por Qué Vienen las Tempestades?

Si Dios quería que caminaramos sobre el agua,
¿por qué partió el Mar Rojo?

Capítulo 3

Castigo Personal

Nuestras Malas Elecciones y Acciones

Muchas veces en medio de las estaciones de la vida,
nos enfrentamos con incertidumbres;
Las pruebas vienen a causa de nuestras propias decisiones,
o de un golpe inesperado.
En aquellos momentos cuando Dios parece estar distante
y estamos tentados a desesperar,
Contemplamos la razón—
¿Él me colocó o envió allí?

¿LAS TEMPESTADES DE la vida tienen un propósito, o solamente son actos casuales?

Al rehusar creer en el bien y el mal, en Dios y Su control soberano, reducimos las tempestades a simples actos casuales y trágicos sin propósito. Para sobrevivirlas, simplemente tenemos que aceptarlas, aguantarlas y recuperar de ellas lo mejor posible cuando pasan.

Sin embargo, si *creemos* en un Dios que todo lo sabe, todopoderoso, omnipresente, entonces las tempestades llegan a tener significado. Como Dios Soberano, Él las planea para nuestro crecimiento y desarrollo, las permite para nuestra disciplina y corrección, o las permite para cumplir Su mayor propósito. Una cosa es cierta—todo lo que Él hace proviene de Su profundo, íntimo y perpetuo amor por nosotros.

En capítulos posteriores, descubriremos cómo Dios usa las tempestades para nuestro crecimiento y desarrollo y para Sus propósitos. Por ahora, vamos a repasar las razones menos favorables para las tempestades—aquellas que Él permite como castigo, corrección o disciplina.

Comprensiblemente, nunca es divertido ni entretenido iniciar con un enfoque negativo. Sin embargo, generalmente antes de aprender algo nuevo tenemos que desaprender algo actual. Por ejemplo, si nos perdemos al estar escalando las montañas, lo inteligente sería regresar hasta encontrar la senda correcta que nos llevará a nuestro destino. Con semejante "vuelta hacia atrás" en mente, iniciamos nuestro viaje con las tempestades que intencionalmente o no intencionalmente invitamos a nuestras vidas.

Desde nuestra creación, Dios nos dio libre albedrío—la libertad de escoger pensamientos, comportamientos, y acciones. Con esa libertad, vienen las resultantes recompensas y consecuencias. Cuando escojo mal, experimento resultados negativos. Por ejemplo, si toco la estufa caliente, la consecuencia es una mano quemada. Sin embargo, cuando escojo sabiamente y moralmente, por lo general experimento un resultado positivo. Por escoger no poner mi mano sobre la estufa caliente, mi recompensa es una mano saludable, sin quemaduras ni cicatrices. De la misma manera, cuando ejercito mi libre albedrío, puedo seguir a Dios y su ley moral o la puedo rechazar y vivir la vida solo. La decisión, junto con el resultado, es mío.

Escoger entre obedecer o desobedecer a Dios hace la diferencia entre Su bendición y Su maldición. Dios claramente explica las condiciones para cada uno: *"Si realmente escuchas al SEÑOR tu Dios, y cumples fielmente todos estos mandamientos ... todas estas bendiciones vendrán sobre ti. Si no obedeces al SEÑOR tu Dios ni cumples fielmente todos sus mandamientos ... vendrán sobre ti y te alcanzarán todas estas maldiciones"* (Deuteronomio 28: 1-2, 15). Dios bendice a aquellos que lo obedecen y lo siguen. Maldice, aflige, y corrige a aquellos que lo desobedecen. La elección está en nosotros—libremente escogemos Su placer o Su disgusto.

༄

Los Cristianos quienes cuestionan la realidad del juicio de Dios sobre el pecado deben reflexionar nuevamente el significado de la crucifixión. Aún Jesús no podía hacer aceptable el pecado a Dios, pero tenía que experimentar el derramamiento completo de Su ira.[1]

༄

Algunos rasgos interesantes de la naturaleza humana incluyen independencia, egoísmo, e impaciencia. No nos gusta esperar. No compartimos ni actuamos bien con otros. No nos gusta que nos digan lo que podemos o no podemos hacer. En esencia, queremos lo que queremos, cuando lo queremos. Además, tendemos a evitar ser dueños del resultado de nuestras malas acciones y elecciones. Aún en nuestra evasión obstinada, Dios nos advierte: *"Tu maldad te castigará, tu infidelidad te recriminará. Ponte a pensar cuán malo y amargo es abandonar al SEÑOR tu Dios y no sentir temor de mí"* (Jeremías 2:19).

Normalmente, nuestras actividades sin restricciones, malas elecciones, y decisiones normalmente nos persiguen. Cuando robamos, nos enfrentamos a las autoridades y el sistema judicial. Cuando manejamos muy rápidamente, nos enfrentamos a multas de tráfico o carros destrozados. Cuando experimentamos con las drogas, nos enfrentamos con las luchas, el costo y estigma de la adicción. Cuando deliberadamente nos extraviamos de Dios, sin saberlo, podemos exponernos a influencias espirituales malignas. Estos ejemplos nos demuestran cómo invitamos tempestades a nuestras vidas a causa de nuestras malas elecciones y decisiones.

℘)℘

Tempestad Diaria – "Me Pasó a Mí"

Me dijo que podía confiar en él—¡que me amaba! Me dijo que yo era la única que jamás había amado sinceramente y que quería una vida conmigo. Le creí porque lo amaba y era tan emocionante tener intimidad con él. Así que, contra los deseos y consejos de mi padre, me fugué con él. Poco entendía que todo era un juego para mi novio. Le dí mi virginidad, mi vulnerabilidad, mi todo. El respondió con falta de respeto y su enfermedad. ¡Cuán creída fuí de pensar que yo era su "único amor"! Su "amor" no duró mucho. Me dejó poco después que mi doctor me dio la noticia de la enfermedad. Para colmo, el día que se fue, me dijo que ningún otro me iba a querer. Ahora le temo a la vida. ¿Quién me querrá ahora? Me siento avergonzada y solitaria. ¿Cómo pude ser tan tonta? ¡Jamás confiaré en nadie! Y segura que jamás seré amada genuinamente. Oh, ¡cómo deseo haber escuchado a mi papá!

℘)℘

Hace muchos años escuché un dicho veraz: *El pecado te llevará más lejos de lo que pretendes ir, te mantendrá más tiempo del que esperabas quedar, y te costará más de lo que pretendes pagar.* Cuando escojo extraviarme del camino moral de Dios, o correr de lo que sé que Él quiere de mí, o complacerme en deleites pecaminosos, siempre hay un precio que pagar. Ese precio depende de la severidad de la situación y cómo Dios interviene en mi vida.

Esta casualidad tiene un costo que se llama la Ley de Sembrar y Segar. El hombre siega lo que siembra (Gálatas 6:7). Si sembramos nuestra "naturaleza salvaje," segaremos una cosecha dolorosa y lamentable. Según la palabra de Dios, Él disciplina y corrige nuestros hechos inmorales y elecciones pecaminosas. Enviar tempestades pueda ser la única manera que Él pueda obtener nuestra atención. En la forma más tierna y amablemente que puedo decirlo, la tempestad que actualmente te rodea pueda ser la manera de Dios de interrumpir tu vida y llamarte a un nivel más íntimo con Él.

❧⚬❧

Hijo mío, no tomes a la ligera la disciplina del Señor ni te desanimes
cuando te reprenda, porque el Señor disciplina a los que ama
y azota a todo el que recibe como hijo. Lo que soportan es para
su disciplina, pues Dios los está tratando como a hijos. Porque, ¿qué hijo hay
a quien el padre no disciplina? Si a ustedes se les deja sin la
disciplina que todos reciben, entonces son bastardos y no hijos legítimos.
(Hebreos 12:5-8)

❧⚬❧

Dios organiza las tempestades porque nos ama, no porque es malo o vengativo, o quiere molernos a la sumisión. Un padre que ve a su hijo estirar la mano hacia una olla de agua hirviendo sobre la estufa, rápidamente interviene por gritar y retirar al niño—posiblemente pegándole en la mano para que no lo vuelva a hacer. ¿Es esto porque el padre es malo o quiere interferir con el desarrollo y la curiosidad del niño? No, es porque ama a su hijo y tiene en mente el mejor interés del niño. Como padres terrenales amablemente disciplinamos a nuestros hijos e hijas, corrigiendo comportamientos malos y peligrosos. Aún así, Dios nos ama demasiado como para permitirnos proseguir por un camino dañino sin Su corrección.

Como Sus seres creados, Dios nos ama increíblemente (1 Juan 4:7-19). Quiere una relación íntima con cada persona (Juan 3:16). Tiene un plan y propósito único para cada persona (Jeremías 29:11). Quiere lo mejor para nosotros. Así que, cuando escogemos cosas dañinas o nos extraviamos, Él permite tempestades por amor. Ignorarlo y continuar el comportamiento pecaminoso es invitar aún más tempestades posiblemente con mayor intensidad. Pregúntale al Faraón. Las diez plagas de Egipto progresivamente empeoraron hasta que Dios quebró su corazón obstinado. Pero nosotros no tenemos que ser tan duros de corazón. Podemos evitar estas tempestades al mantenernos cerca de Dios y obedecerle.

Para captar una visión más clara de las tempestades de *castigo*, observemos tres personajes Bíblicos quienes sufrieron adversidad autoinfligida debido a las malas elecciones y decisiones. Sansón se extravió del camino moral de Dios. Su lujuria apasionada y sin control le hizo perder sus ojos, disminuyendo su efectividad para Dios, y últimamente lo mató. Jonás ignoró y luego desobedeció el llamado de Dios y Su propósito para su vida. Su desobediencia obstinada y enojada resultó en náufrago y un paseo asqueroso en el "Pez Express." El Hijo Pródigo dejó la seguridad de su hogar para viajar a una tierra lejana de deleites pecaminosos. Su viaje egoísta y miope hizo un desastre de su mente, gastó su herencia, y lo dejó sumergido en la pocilga.

Sansón Cegado por el Deseo

Cuando las riquezas son perdidas, nada se pierde; cuando la salud es perdida, algo se pierde; cuando el caracter es perdido, todo se pierde.[2]

Sansón quería las cosas a su manera. Por cierto, cuando fue dotado con una fuerza milagrosa sin par, ¿quién lo iba a retar? Sin embargo, descubrió por el camino difícil que su perspectiva era defectuosa. No reconoció una verdad inevitable de la vida: *hay un precio que pagar por elecciones pecaminosas.* Su historia comprueba que uno puede ser el hombre más fuerte del mundo, pero sin autocontrol, es increíblemente débil.

Encontramos la historia de Sansón en el libro de Jueces, en los capítulos 13-16 del libro del Antiguo Testamento. Expone a un hombre quien desperdició neciamente su vida persiguiendo pasiones pecaminosas sin restricciones. Sin embargo, tal como lo hace con cada uno de nosotros, Dios tenía un plan especial para Sansón. Dios lo colocó en un puesto de liderazgo para ayudar a liberar a Su pueblo, los Israelitas, de sus enemigos crueles, los Filisteos.

Los Israelitas estaban sufriendo su propia tempestad porque habían hecho *"lo malo ante los ojos del SEÑOR."* A causa de su maldad, Dios los colocó bajo el dominio de los Filisteos por cuarenta años. Irónicamente, Dios predestinó a Sansón a liberar a Su pueblo de su tempestad. Sin embargo, en lugar de ser un calmante de tempestad, Sansón fue un creador de tempestad.

Después de su nacimiento milagroso de una madre previamente estéril, Dios dio a sus padres instrucciones específicas de cómo criarlo. Debía ser Nazareo, apartado para Dios desde su nacimiento. Un Nazareo es una persona quien jura, por un tiempo específico, abstenerse de comer uvas o tomar cualquier de sus productos (sean intoxicantes o no), no cortarse el cabello, y no tocar un cadaver.[3] Siendo que Sansón fue apartado desde el nacimiento, éstas eran restricciones de por vida. Aún su madre, al estar embarazada de él, no podía tomar nada alcohólico ni comer nada considerado impuro según la Ley de Moisés. Las órdenes de Sansón eran claras—evitar la hora feliz, el peluquero, y toda cosa muerta. Parece muy fácil.

Al crecer, *"el SEÑOR lo bendijo. Y el Espíritu del SEÑOR comenzó a manifestarse en él"* (Jueces 13:24-25). Dios le dio a Sansón la crianza, los talentos, y habilidades necesarias para cumplir Su plan. ¡Qué comienzo más increíble! Todo lo que tenía que hacer era vivir la vida que Dios había planeado para él, usar las fuerzas que Dios le dio para conquistar a sus enemigos, librar a su pueblo de la tiranía de los Filisteos, y disfrutar una relación íntima con Dios.

Pero, como suele suceder, cuando los hijos crecen no siempre cumplen las promesas que los padres han hecho con Dios. Sansón aún tenía su libre albedrío—lo cual contínuamente se demostró a través de su desobediencia voluntaria y su desafío moral. Este hombre, a quien Dios escogió y colocó estratégicamente, eligió una vida de lujuria, ira, y rebeldía desenfrenada.

Al desarrollar su historia, encontramos a Sansón repetidas veces permitiendo que sus deseos físicos invalidaran su sentido común, el código moral de Dios, y el propósito de Dios para su vida. Un resumen de sus logros a través de un período de veinte años revela que:

- Codició y se enamoró de una mujer Filistea
- Se casó con la mujer Filistea sobre las objeciones sabias de sus padres
- Hospedó una fiesta matrimonial con los Filisteos
- Bromeó e hizo una apuesta amistosa con los Filisteos
- Sacrificó su integridad a su mujer Filistea engañadora, indigna de confianza
- Mató a treinta Filisteos después de perder la apuesta en su fiesta matrimonial
- Perdió a su primera esposa Filistea al dejarla; dando lugar a que su "amigo" Filisteo la tomara como esposa
- Causó la muerte de su ex-esposa y su padre después de destruir la cosecha de los Filisteos por enojo.
- Mató a mil Filisteos con la quijada de un burro muerto (un cadáver)
- Tuvo relaciones sexuales con una prostituta Filistea
- Se enamoró de Dalila, otra mujer Filistea
- Sacrificó su integridad (nuevamente) a los modos intrigantes de Dalila
- Neciamente aguantó la traición de Dalila—¡tres veces seguidas!

- Divulgó el secreto de su fuerza, el don de Dios, a Dalila
- Ingenuamente se quedó dormido en el regazo de su enemiga infiel
- No reconoció que el Espíritu de Dios finalmente lo había dejado

Sin embargo, a través de todos estos errores, Dios pacientemente y misericordiosamente continuó al lado de Sansón, dándole fuerza sobrenatural para lograr hazañas increíbles. Mató a un león con sólo las manos, capturó a trescientos zorros y los amarró cola-a-cola, cargó el portón masivo de la ciudad a una colina cercana, se liberó de las cuerdas y cadenas que tenían intención de incapacitarlo, y sin ayuda mató a un número abrumador de sus enemigos.

Tristemente, aunque Dios lo bendijo, Sansón no vivió una vida que agradara a Dios. Aunque Dios lo ungió para traer liberación física, Sansón perdió su vida persiguiendo esclavitud espiritual. En lugar de cultivar una intimidad agradecida con Dios, vivió como quiso—muchas veces en conflicto directo con el camino al cual Dios lo había llamado.

Eventualmente, Dios removió su presencia y su espíritu, y permitió llegar la tempestad merecida a la vida de Sansón. Los Filisteos lo capturaron, le sacaron los ojos, y lo aprisionaron. Finalmente, Sansón se sacrificó y murió con sus enemigos. ¡Qué precio más trágico a pagar por elecciones necias y acciones evitables!

ᔓᵒᓚ

¡Es inconcebible que Dios haga lo malo, que el Todopoderoso cometa injusticias! Dios paga al hombre según sus obras; lo trata como se merece. Los ojos de Dios ven los caminos del hombre; él vigila cada uno de sus pasos. Los castiga por su maldad… pues dejaron de seguirlo y no tomaron en cuenta sus caminos.
(Job 34:10-11, 21, 26-27)

ᔖᵒᓗ

Al observar la vida de Sansón en una serie de puntos, vemos claramente el patrón de comportamiento necio. Con el beneficio de la comprensión retrospectiva, es fácil mofarnos de sus elecciones malas. Quizás pensemos: *¡Pobre Sansón, cuerpo fuerte, mente débil! ¡Qué idiota por socializar con sus enemigos! ¡Debió haber elegido mejor!* Oh, somos tan listos en señalar los errores obvios en las vidas de otras personas cuando azotan sus tempestades. Pero, ¿somos tan listos en reconocer las tempestades que creamos nosotros por nuestras elecciones necias?

ℰ⟩⟨ℛ

Tempestad Diaria – "Me Pasó a Mí"

¡Esto no me debió haber pasado! Soy un hombre guapo con un buen empleo y un futuro excelente. ¡Estas cosas no les pasan a personas como yo! Después de vivir con mi novia por seis meses, rompimos porque ella me fue infiel. La saqué de nuestro apartamento—y ¡Buen viaje! Pero ahora ¡está embarazada! ¡Las pruebas confirman que el bebé es mío! ¿Qué voy a hacer? ¡No la amo ni puedo confiar en ella! ¡No puedo mantener a un niño ahora! ¡Debo ser soltero, divirtiéndome! ¡Mi familia me había estado advirtiendo de vivir con alguien fuera del matrimonio! Me parece que tendré que hacer lo responsable—volver a recibir a la bruja para darle a nuestro hijo una semejanza de un hogar seminormal. ¡No puedo creer que Dios me haría semejante cosa!

ℰ⟩⟨ℛ

En la historia de Sansón, los Filisteos representaban al mundo pecaminoso. Si somos completamente transparentes, ¿no somos capaces también de "salir con el enemigo"? Desafortunadamente, muchas personas tienen deseos y afectos semejantes de mezclarse con el mundo. Están listos a seguir y aceptar de buena gana las pasiones, modas, y tendencias del mundo. Tristemente, aún algunos cristianos asimilan la cultura y las modas del mundo, justificando el pecado con la idea de que "todos lo están haciendo."

Sin embargo, cuando desechamos voluntariamente el código moral de Dios, actuamos tal como Sansón. Por tratar de caber dentro del mundo incrédulo, bailamos el "tango" con el enemigo de la vida. Entonces, cuando llegan las tempestades a nuestras vidas, clamamos: *¿Dios, por qué me pasa esto?* Aunque Dios permite unas tempestades para atraer nuestra atención, muchas de las veces son nuestras malas elecciones y acciones pecaminosas que causan nuestra adversidad.

Las elecciones tienen consecuencias.

Para los cristianos es una batalla continua en pleno vigor entre los deseos de la carne y la norma moral de Dios. Si en verdad pertenecemos a Jesús, nuestro objetivo de por vida debe ser ahogar los deseos pecaminosos y seguir apasionadamente a Cristo. Seríamos sabios al hacer todo lo que sea necesario para remover el poder que tiene nuestros deseos carnales sobre nosotros. Las instrucciones de Dios son claras. *"Los que son de Cristo Jesús han crucificado la naturaleza pecaminosa, con sus pasiones y deseos. Si el Espíritu nos da vida, andemos guiados por el Espíritu"* (Galatas 5:24-25).

Las palabras, *crucifican la naturaleza pecaminosa,* literalmente significan destruir nuestros deseos pecaminosos, no justificarlos o simplemente controlarlos. La verdad es esta: no podemos controlar el pecado. O lo matamos a diario (por morir diariamente a ellos y negarlos) o influenciarán nuestras acciones y elecciones.

Pablo confirma esto al decir, "He sido crucificado con Cristo" (Gálatas 2:20). Pedro lo menciona cuando escribió, "Que se aparten de los deseos pecaminosos que combaten contra la vida" (1 Pedro 2:11). Jesús señaló esto cuando dijo, "Si alguien quiere ser mi discípulo, que se niegue a sí mismo, lleve su cruz cada día y me siga" (Lucas 9:23). Escoger un estilo de vida que juega con el pecado o glorifica el comportamiento pecaminoso simplemente no es sabio ni es una estrategia para vivir libre de tempestades.

Como seguidores de Cristo, la instrucción es clara. "Vivan por el Espíritu, y no sigan los deseos de la naturaleza pecaminosa. Porque ésta desea lo que es contrario al Espíritu, y el Espíritu desea lo que es contrario a ella. Los dos se oponen entre si" (Gálatas 5:16, 17). Cuando alineamos nuestro estilo de vida, acciones, y elecciones con Dios y Su norma moral, Él nos bendice. Cuando rehusamos, Él nos disciplina. El punto es este: no podemos seguir nuestro propio camino y hacer nuestras propias cosas y esperar compañerismo con Dios, Su bendición, ni Su protección.

Simplemente, no podemos jugar el juego de Dios según nuestras reglas.

Es necio jugar con el pecado y esperar que no haya consecuencias. Incursionando un poco aquí y allá, en cualquier atracción pecaminosa que nos llama la atención al momento, sólo apresura el efecto corrosivo. Me supongo que Sansón hubiera escogido diferente si hubiera sabido que coquetear con la primera Filistea lo conduciría a la carcel, tortura, y a la muerte prematura.

Cuando nos encontramos siguiendo caminos semejantes de pasión y deseo desenfrenado, seríamos sabios al recordar la advertencia de la tempestad de Sansón. Dios nos ama y no nos abandonará. Pero quizás permitirá vientos fríos que soplen sobre nuestro camino caprichoso. Quizás alcancemos nuestros deseos, pero al final no nos satisfacerán. "El les dio lo que pidieron, pero les envió una enfermedad devastadora" (Salmo 106:15).

En Su Palabra, Dios claramente delinea cómo reconciliarnos con Él y alinear nuestras vidas a Su camino moral. Al hacer esto, lo invitamos a calmar nuestras tempestades, traer paz a nuestras vidas, y ayudarnos a tratar con cualquier efecto que queda.

Espera—¿por qué ha de haber efectos que quedan?

Aunque la tempestad pueda pasar cuando volvemos a Dios, aún tendremos que vivir con las consecuencias de las acciones y elecciones previas. Por ejemplo, si una persona fue sexualmente promiscua fuera del matrimonio y fue infectada con una enfermedad de transmisión sexual incurable, tendrá que vivir con ese resultado. Si una mujer tuvo un romance y se embarazó, será responsable por esa criatura el resto de su vida. Cuando una persona comete un delito, se enfrenta a tiempo de carcel junto con trabajos limitados por ser un reo.

Al calmar nuestras tempestades, Dios normalmente no quita las consecuencias de nuestras elecciones pecaminosas. Sin embargo, ten ánimo, viajero de tempestades. Dios te ama intensamente y desea tu retorno. El paso más importante es el primero, retroceder hacia el camino indicado. Dios espera darte la bienvenida calurosa en tu camino.

Jonás Navegando el "Pez Express"

¿Dónde puedo esconderme de tu Éspíritu? ¿Cómo podría huir de tu presencia? Si subiera yo a los cielos, allí estás tú; si me tendiera en el sepulcro también estás allí. (Salmo 139:7-8, RVC)

Jonás pensó que podía correr más lejos de Dios—aún cuando Dios le dio instrucciones específicas para su vida. Poco sabía que Dios está en todas partes. Al tratar de huir *de* Dios, Jonás chocó *contra* Él. Su historia comprueba que no importa dónde vayamos, Dios ya está allí.

Aún cuando obedeció de mala gana, se enojó con Él y tiró unos berrinches espirituales en el camino. Afortunadamente, una de las maravillosas cualidades de Dios es la capacidad de usar personas imperfectas para cumplir Su plan perfecto. Estoy profundamente agradecido por Su amor, paciencia y misericordia al permitirme participar en Su reino a pesar de mis fallas y defectos.

La historia de Jonás empieza con, "La palabra del SEÑOR vino a Jonás hijo de Amitay: 'Levántate y ve'" (Jonas 1:1-2). Fue una orden, no una sugerencia. Dios quería que fuera a la ciudad de Nínive para advertirles acerca de la maldad severa en que vivían. Debía amonestarles a los de Nínive que se apartaran de sus caminos pecaminosos antes que Dios los castigara. A veces Dios nos advierte antes de enviar Sus tempestades. La pregunta importante es: ¿Estamos escuchando?

꙾

Dios nos habla una y otra vez, aunque no lo percibamos.
Algunas veces en sueños, otras veces en visiones nocturnas,
cuando caemos en un sopor profundo, o cuando dormitamos en el lecho,
él nos habla al oído y nos aterra con sus advertencies,
para apartarnos de hacer lo malo y alejarnos de la soberbia;
para librarnos de caer en la tumba y de cruzar el umbral de la muerte.
(Job 33:14-18)

꙾

Ahí estaba Jonás—meseándose en su porche, ocupado en su vida personal cuando una voz dijo, "Interrumpimos esta programación regular, rutinaria, mundana para traerte el siguiente mensaje divino." Ahora, por favor entiende, Jonás tenía su vida. Era como tú y yo. Nuestros horarios agitados no permiten mucho tiempo para interrupciones divinas. Muchas veces, estamos demasiado ocupados para escuchar, y mucho menos para obedecer cualquier cosa que viene de Dios.

Sin embargo, las actividades diarias son exactamente lo opuesto de las características soberanas de Dios. Se nos acaba el tiempo; Él es eterno. Nuestra rutina es mundana; Él es extraordinario. Perseguimos nuestras pequeñas vidas tridimensionales; Él actúa dentro de Su creación expansiva para llevar a cabo Su propósito. Él tiene planes a cumplir para cada persona dentro de ese propósito. Para atraer nuestra atención, a veces invade nuestra rutina y nos invita a participar de Su obra. Por cierto, podemos aceptar o rechazar Su invitación; pero aún nos llama, invitándonos a asociarnos con Él.

Dos profetas compañeros de Jonás contestaron al llamado de Dios rápidamente y afirmativamente. Isaías dijo: "Aquí estoy. Envíame a mi" (Isaias 6:8). Jeremías no pudo evitar obedecer siendo que el mensaje de Dios lo sintió como un fuego ardiente dentro de él (Jeremías 20:9). Aparentemente, Jonás no sintió la misma urgencia en obedecer. Pronto reconoció que Dios emplea tácticas únicas en motivación para empujarnos en la dirección correcta.

Después de recibir la directiva de Dios, "Jonás se fue ... para huir del SEÑOR" (Jonás 1:3). En lugar de obedecer instantáneamente a Dios, Jonás trató de huir de Él—al que está en todo lugar simultáneamente. Se subió a un barco y navegó, no reconociendo que su desobediencia causaría una tempestad en su horizonte.

En camino, pasó por alto una verdad seria—sus acciones negativas afectarían a las personas a su alrededor. Desafortunadamente, esto pasa cuando creamos tempestades. Nuestra desobediencia a Dios muchas veces causa tempestades en las vidas de los que nos rodean.

ℰℐℭℛ

Tempestad Diaria – "Me Pasó a Mí"

Sabía lo que Dios quería que hiciera. Aún puedo sentir Su Espíritu guiándome al campo misionero. Tuve la crianza, el conocimiento bíblico, y las cualidades, aún conocía el idioma. Pero, quería una familia primero—mi reloj biológico estaba corriendo. Habrá tiempo para el campo misionero después, así pensé. Desafortunadamente, mi desesperación e impaciencia y desobediencia me han costado caro. Me casé con alguien que me gustaba en aquél entonces, pero quien ahora me pone de nervios diariamente. No lo amo; sé que no era el marido que Dios planeó para mí. Nuestros hijos crecieron viendo el conflicto matrimonial y ahora estan mostrando los mismos efectos en sus vidas y relaciones. La vida que escojí es infeliz e insatisfecha. Me duermo llorando casi cada noche preguntándome, cuan mejor, eficiente, y gratificante sería la vida si tan solamente hubiese obedecido a Dios.

ॐ

Es fácil juzgar a Jonás. *¿Qué estaba pensando? ¡Escuchó directamente de Dios lo que quería que hiciera! Si yo escuchara así de Dios, ¡inmediatamente haría lo que me había dicho!* Sin embargo, tenemos mucho más de lo que Jonás tenía. Tenemos la palabra de Dios que delinea Sus instrucciones específicas. ¿Estamos listos a obedecer lo que nos dice allí? En lugar de apuntar a Jonás, quizás debemos reconocer que, por no obedecer completamente y de lleno la palabra de Dios, invitamos tempestades semejantes en nuestras vidas.

ॐ

Vendrá contra ti el SEÑOR de los Ejercitos; vendrá con truenos, terremotos y gran estruendo; vendrá con una violenta tormenta y con devoradoras llamas de fuego.
(Isaias 29:6)

ॐ

Siguiendo a Jonás en su viaje, Dios "lanzó sobre el mar un fuerte viento, y se desencadenó una tempestad tan violenta que el barco amenazaba con hacerse pedazos" (Jonás 1:4). Y ¿dónde está Jonás? En medio del desastre estaba profundamente dormido debajo de la cubierta. Su corazón calloso entumeció su conciencia contra las consecuencias de su desobediencia. Esto es lo que pasa cuando corremos de Dios, pensando que Él no nos ve, o cuando suponemos que no habrán consecuencias por nuestras acciones. O peor aún, cuando nos engañamos a nosotros mismos de pensar que Su misericordia, amor y gracia pasará por alto nuestro pecado confesado. No, no es así. Al pedirnos que volvamos al camino correcto, Dios prueba que nos ama demasiado para tolerar el pecado en nuestras vidas.

Jugando al poker espiritual es como si respiráramos helio. Puede ser divertido y entretenido por un tiempo corto, pero los pulmones necesitan oxígeno, no helio. Esta vida es el juego de Dios—eventualmente reconocemos que nos va mejor si jugamos de acuerdo a Sus reglas. Nuestras agendas personales, atracciones escondidas, y deseos pecaminosos siempre son malas manos. La Casa siempre gana.

Más increíble que la desobediencia de Jonás es la razón que tenía. Corrió para salvar su vida del propósito directo de Dios porque suponía que El eventualmente mostraría misericordia a los Ninivitas después de que se arrepintieran. Eso fue sumamente inaceptable para Jonás porque odiaba a los Ninivitas y quería que Dios los juzgara. Permitió que su prejuicio personal obstruyera el propósito de Dios. Entre más difícil sea creer, Jonás culpó a Dios por su desobediencia, enojo, y prejuicio.

Al ver Dios lo que hicieron, es decir, que habían abandonado su mal camino, cambió de parecer y no llevó a cabo la destrucción que había anunciado. Pero esto disgustó mucho a Jonás, y lo hizo enfurecer. Así que oró al SEÑOR de esta manera: "¡Oh SEÑOR! ¿No era esto lo que yo decía cuando todavía estaba en mi tierra? Por eso me anticipé a huir a Tarsis, pues bien sabía que tú eres un Dios bondadoso y compasivo, lento para la ira y lleno de amor, que cambias de parecer y no destruyes." (Jonás 3:10-4:2)

Desifrar la justificación de la desobediencia de Jonás a Dios nos ayuda a entender sus motivos torcidos. Nínive era la capital del imperio Asirio.[4] Los Asirios habían conquistado a los Israelitas y los gobernaban. Como paganos opresivos y quienes no adoraban al único Dios verdadero, Jonás concluyó que los Asirios merecían la sentencia establecida por Dios. Pero, espera—Dios es paciente, compasivo, y amoroso. Si Jonás les advirtiera, quizás se arrepentirían. Si así fuera, Dios quizás los perdonarían y no los juzgarían. Jonás probablemente razonó, *¡Creo que desobedeceré a Dios esta vez porque los paganos merecen lo que les espera!* Que pensamiento más egoísta y frío de corazón. Especialmente considerando las expectativas de Jesús que son exactamente lo opuesto: "Ámen a sus enemigos y oren por quienes los persiguen" (Mateo 5:44).

Con toda honestidad, nos podemos encontrar, de igual manera, justificando nuestra desobediencia a lo que Dios pide de nosotros. *Estoy demasiado ocupado, no me siento calificado, no tengo suficientes talentos. Las personas a las cuales estoy llamado a ministrar merecen su mala situación en la vida. No quiero testificarles a mis vecinos malos. Los bebés en la guardería de la iglesia huelen horribles. Los jóvenes de todas maneras no hacen caso. El coro de la iglesia en realidad no me necesita.* Una tras otra racionalizamos nuestra falta de involucramiento en la obra de Dios aunque Jesús nos mandó, "Vayan" (Mateo 28:19-20). ¿Es de sorprenderse cuando Dios envía tempestades a nuestras vidas?

Cuando los compañeros de navegación se dieron cuenta que Jonás tenía la culpa por la tempestad amenazadora, lo confrontaron. Jonás sabía exactamente cómo calmar la tempestad porque conocía Quién lo había creado. Así que les dijo, "Aviéntenme al mar y ésta furiosa tempestad se calmará."

Al estar enfrentados con adversidades de nuestra propia creación, por lo regular conocemos el por qué. Nuestro remordimiento de consciencia, junto con la convicción del Espíritu Santo, nos confronta y revela claramente el camino a aguas pacíficas. Pero habrá un precio que pagar. En este instante, Jonás sacrificó su vida para calmar la tempestad para sus compañeros de viaje.

Ahora, en la superficie, su oferta parecía noble. *Bien hecho, Jonás— confesaste tu error y te estás sacrificando. En verdad lo apreciamos.* No obstante, Dios dice, "El obedecer vale más que el sacrificio" (1 Samuel 15:22). La oferta suicida de Jonás sólo revela la profundidad de su testarudez. En lugar de pedirle al capitán que volviera el barco para que él pudiera regresar a donde había dejado el camino de Dios, pensó, *Prefiero mormirme.*

Cuando los marineros escucharon la sugerencia absurda de Jonás, se rehusaron. En fin, ¿qué persona sana intencionalmente aventaría a otra al mar estando en un huracán? A cambio escogieron remar más fuerte para alcanzar la tierra. Su determinación a la autosuficiencia imita cómo muchos de nosotros respondemos en las tempestades. Al enfrentarnos con circunstancias difíciles, en lugar de inmediatamente presentarnos delante de Dios en arrepentimiento, nos esforzamos más, remamos con más intensidad, y hacemos todo lo posible de salir de la situación solos. Sin embargo, como los marineros descubrieron, sus intentos inútiles de resolver su problema solos resultaron en que Dios intensificara la tempestad.

❧❦

No podemos correr de, nadar de, ni remar de las tempestades de Dios.

❧❦

Cuando la tripulación al fin se dio por vencida, aventaron a Jonás al mar, la tempestad cesó de inmediato. Esta calma instantanea confirmó que la tempestad era de Dios. El estaba (y aún está) en control de los vientos y las olas.

Aunque calmó la tempestad para aquellos que no eran directmente responsables, aún tenía asuntos inacabados con su mensajero caprichoso. Dios dispuso para que el Pez Express recogiera a Jonás y lo llevara en un viaje de tres días, regresándolo a donde debía estar. Imagínate lo desagradable que se habrá sentido ser tragado por un pez. ¡Baboso, vaporoso, apestoso, asquerosamente deslizándose hasta el estómago!

Jonás pasó tres días apretado dentro del sistema digestivo del pez, flotando en los ácidos del estómago, con algas marinas envueltas en la cabeza (Jonás 2:5). Tales circunstancias asquerosas estimularían a cualquiera a una reunión de oración de arrepentimiento—lo cual es precisamente lo que Jonás hizo. Cuando al fin Dios le llamó la atención, Jonás lloró:

En mi angustia clamé al SEÑOR, y él me respondió. Desde lo profundo de los dominios de la muerte pedí auxilio, y tú escuchaste mi clamor. Pero Tú, SEÑOR, Dios mío rescataste mi vida de la fosa. Al sentir que se me iba la vida, me acordé del SEÑOR, y mi oración llegó hasta ti. (Jonás 2:2, 6-7)

Muchos años después, como testigo a la soberanía de Dios, Jesús recuerda el viaje de Jonás en el pez al hacer referencia de su propia muerte. "Porque así como tres días y tres noches estuvo Jonás en el vientre de un gran pez, también tres días y tres noches estará el Hijo del hombre en las entrañas de la tierra" (Mateo 12:40). Esta prueba maravillosa del control detallado de los eventos de la vida es como Él ordena aún las consecuencias de nuestra desobediencia, y las transforma para atraer gloria a Su Nombre y cumplir su propósito final. ¡Simplemente asombroso!

Al escuchar la oración de arrepentimiento de Jonás, Dios hizo que el pez arrojara a Jonás sobre la orilla del mar. Qué apropiada (¡y asquerosa!) consecuencia por desobedecer a Dios. Me hace preguntar, ¿cómo se veía Jonás y a qué olía? Su apariencia horrible y olor asqueroso probablemente animaron a los Ninivitas a arrepentirse. Me supongo que algunos de ellos han de haber pensado, *Si así trata Dios a uno de sus mensajeros, ¿qué hará con nosotros los pecadores?*

Parece que Jonás aprendió de su tempestad. La próxima vez que Dios habló, Jonás obedeció inmediatamente. Pero pudiera haberse ahorrado muchos problemas por simplemente obedecer a Dios la primera vez. La lección es igual para nosotros hoy. He aprendido que me va mucho mejor cuando de lleno e inmediatamente hago lo que Dios me dice o me indica.

Ahora has de preguntar, *¿Si tengo libre albedrío para escoger y hacer lo que me parece, ¿cuál es el problema si decido correr de Dios?* Como seguidores de Cristo, la obediencia es la prioridad máxima que se relaciona con nuestro bienestar y Su bendición. Él nos dice, "Obedézcanme. Así yo seré su Dios y ustedes serán mi pueblo. Condúzcanse conforme a todo lo que yo ordene, a fin de que les vaya bien" (Jeremías 7:23).

Nuestra obediencia es el reflejo de nuestro amor hacia Dios. Jesús dijo, "Si ustedes me aman, obedecerán mis mandamientos" (Juan 14:15). Pedro, uno de los discípulos de Cristo y un escritor del Nuevo Testamento, explicó que la obediencia a Dios toma prioridad sobre la obediencia al hombre (Hechos 5:29). Otro autor del Nuevo Testamento, Santiago, confirma que los que obedecen la Palabra de Dios serán bendecidos en lo que hacen (Santiago 1:25). Aún Juan, el discípulo amado, dice que recibimos de Dios lo que pedimos porque guardamos Sus mandamientos y hacemos lo que le agrada (1 Juan 3:22).

ঙ৽৻৶

No hay desventaja al obedecer a Dios.

ই৵৻৶

Además de Sus bendiciones y su favor, es un honor y privilegio participar en la obra o la misión a la cual Dios nos ha llamado. Obediencia amorosa es la expectativa de los seguidores de Cristo.

Mi compañero viajero de tempestades, ¿te ha llamado Dios a una tarea específica? ¿Hay un anhelo o una urgencia en lo profundo de tu ser que confirma que Él quiere que hagas algo? ¿Qué te impide obedecer? ¿Estás corriendo de Él o resistiendo Su llamado? Si así es, por favor pon atención a la advertencia de Jonás que las nubes de tempestad se están juntando. Si la tempestad ya cayó en tierra, vuelve a Dios y cumple Su plan y propósito antes que Él intensifique tu tempestad.

El Hijo Pródigo Nostálgico en la Pocilga

Me he extraviado lejos de Dios, ahora vuelvo al hogar; los caminos de pecado demasiado he transitado, Señor, vuelvo al hogar.[5]

El Hijo Pródigo persiguió el camino abierto del llamado engañador del pecado, pero terminó en un callejón sin salida de remordimientos. Su entusiasmo juvenil y búsqueda de independencia prematura rápidamente estalló en una experiencia de golpes duros. Persiguió los deseos inmorales de su corazón contra el consejo amoroso y la advertencia sabia de su padre. Lo que inicialmente parecía atractivo últimamente resultó ser pésimo. Esto es la naturaleza falsificada del pecado. Su llamado tentador inflama nuestro corazón y encanta nuestra mente, pero sus consecuencias siempre son pérdida.

৩৯৵

Hay un camino que al hombre le parece derecho,
pero que al final es camino de muerte.
(Proverbios 16:25, RVA-2015)

ৰ৵৵

Encontramos la historia del Hijo Pródigo en Lucas 15:11-24. Revela no sólo la rebeldía progresiva del pecado, los deleites temporales y las consecuencias severas, pero además los pasos al arrepentimiento, el perdón, y la restauración.

La palabra *pródigo* caracteriza gasto inútil, o ser imprudentemente lujoso como un derrochador.[6] Sin embargo, ser pródigo no siempre es una cosa mala. Jesús nos ama pródicamente—Él derrama al máximo Su amor sobre nosotros. Pero, este joven rebelde reveló el aspecto negativo de sus elecciones temerarias.

Tristemente, exigió su herencia (mientras su padre aún vivía) para desperdiciar su porción de las riquezas en tierra lejana de pecado, que su padre había ganado por décadas de trabajo duro. Su exigencia revela deshonra y falta de respeto hacia su padre. Poco sabía, cuando la tempestad resultante cruzaría su vida, que perdería su fortuna, sus nuevos "amigos," su dignidad, y casi su mente.

¡Oh, cuánto ha de haber dolido el corazón del padre al escuchar la petición imprudente de su hijo! Amaba a su hijo profundamente. Había provisto todo lo que su hijo necesitaba. Ansiosamente anticipaba pasar cada día con su hijo, proveyendo tutorería hasta que estuviera listo para iniciar la vida solo. Entonces se enfrentó con la traición inesperada y rebelde de su hijo necio con sus planes egoistas. Sólo un padre que ama profundamente a sus hijos puede entender este nivel de decepción, angustia, y dolor.

Al recoger las cosas del hijo y darle la mitad de sus bienes, el padre ya conocía la humillación y pérdida que le esperaba a su hijo. Aguantar el silencio de la casa vacía sería suficientemente duro. Aún experimentar el desprecio del hijo sería difícil. Sin embargo, conociendo los efectos negativos que esta decisión tendría sobre su hijo desgarró el espíritu del padre.

La disobediencia descarada del Hijo Pródigo me recuerda una vez cuando yo neciamente desobedecí a mi papá—y sufrí semejantes consecuencias apestosas.

Tenía unos cinco o seis años, vivíamos en una finca pequeña en la orilla nortoeste del estado de Washington. Las pocas vacas que teníamos proveían leche, mantequilla, y a veces unos steaks. Además de los productos comestibles, las vacas proveían el abono para el jardín, las plantas, y los árboles. Uno de los quehaceres de la finca que "disfrutábamos" era periódicamente sacar el abono del establo y del patio de cemento directamente detrás del establo. Cuando llovía fuertemente, como suele suceder a menudo en esa parte del país, ese patio se volvía un asqueroso pantano.

Un día lluvioso, mi papá y yo mirábamos desde la puerta del establo mientras que mis hermanos mayores, se resbalaban al limpiar el patio. El proceso era llenar la carretilla, luego llevar la carga apestosa al montón de estiércol en medio del campo. Desde mi perspectiva limitada e inmadura, parecía que mis hermanos se estaban divirtiendo mucho.

Por algún motivo muy extraño, decidí abandonar a mi padre y la seguridad del establo para unirme a la "diversión." Me escabullí al frente del establo, me encontré un par de botas de goma tamaño grande, y rápidamente deslizé mis pequeños pies a su fondo. Agarrando una pala, salté del establo—terminando dentro de cinco o seis pulgadas de estiércol.

Obviamente conociendo los riesgos, mi papá rápidamente advirtió, "Hijo, sal de ese pantano y vuelve al establo." Oh, pero mi joven e inexperto sentido de adventura me ha de haber causado pérdida temporal de audición porque lo ignoré y seguí.

Cada paso chapoteaba mientras las botas succionaban el estiércol en mi descubrimiento nuevo. Siendo que las botas eran lo doble de mi tamaño, mis pies se deslizaban arriba y abajo con cada paso laborioso. Pero estaba determinado a unirme a la emoción asquerosa—todo bajo la mirada de desaprobación de mi papá. En retrospectiva, creo que él sabía lo que estaba por acontecer, pero escogió permitir que corriera el curso como un momento de enseñanza.

Listo para divertirme, con entusiasmo metí la pala al estiércol. Batallando para levantarla, escuché el mismo sonido de succión que había salido de mis botas. Sin embargo, la pala no se movía. Me preparé y me esforcé con todos los musculos de un niño de primer grado.

Con las botas y la pala succionadas a la tierra, lo único móvil era yo. Perdí mi balance. El tiempo pasó a cámara lenta mientras caí—de espaldas en el asqueroso, maloliente estiércol de vaca. Al estar tirado, gotas de lluvia caían en mi cara, como las lágrimas del cielo por mi necedad.

Irónicamente, poco antes de mi caída desagradable, le eché un vistazo a mi papá, supuestamente él estaba allí para salvarme de lo que ahora reconozco era un fin no placentero. La mirada burlona en su rostro no tenía precio. En mi vida, he aprendido que las expresiones faciales comunican información de mucho valor. Lo que no se pronunció ese día, lo interpreté claramente.

Hijo, ¿cuán cabezón y desobediente puedes ser? Te dije que no salieras ahí. No te lo dije para obstruir tu diversión. Sabía que no era el lugar para ti. Sabía que no estabas preparado para la tarea. Conocía los riegos no placenteros que te esperaba. Sabía de lo que hablaba cuando te dije que no lo hicieras. ¿Por qué no me escuchaste? ¿Por qué no me obedeciste? ¿Por qué no confiastes que sabía lo que era mejor para ti?

Sabía que mi papá me amaba, pero no me gritó una segunda y tercera advertencia. Tampoco se apresuró para rescatarme. Conocía los peligros y la situación no placentera y el resultado. Me advirtió de no ir ahí—entonces permitió que yo experimentara las consecuencias de mi desobediencia. Esa lección de vida me queda hasta hoy.

Al estar parado delante de él avergonzado, inmundo, y apestoso, mi papá meneó la cabeza tristemente, aclaró la garganta, y dijo, "Ahora ve a la casa a limpiarte." Era una caminata humillante y asquerosa hasta la casa. Fue difícil ser desterrado de la escena varonil; sin embargo, mi dolor más fuerte era que había entristecido a mi papá.

ᏽᎧᏬ

El dolor es la lección

ᎧᏬᎧ

Después que el padre del Pródigo, quebrantado de corazón, aceptó las demandas financieras, el hijo recogió todo lo que ahora le pertenecía y salió a su aventura. *¡Sería divertido! ¡Sería emocionante! Al fin estaría libre de la rutina aburrida de vivir con su padre. Papá simplemente no sabía divertirse. Es demasiado controlador, demasiado cauteloso, demasiado ahorrativo.* Lo que este joven tenía en expectativas altas, le faltaba en experiencia. ¿Aún consideró por un instante la maestría, la estrategia, y el esfuerzo que le costó a su padre acumular su riqueza? Probablemente no.

Poco después de llegar a su ideal y distante país, perdió todo con su estilo de vida desenfrenado. Suyo era un inmaduro, ilógico, e irresponsable caída libre de riquezas a harapos. No tenía plan de ahorro, ninguna estrategia de inversión, ningún fondo de contingencia para las emergencias. Nada, lo gastó todo—todo lo que poseía rápidamente desapareció.

Entonces llegó la tempestad.

Cuando ya lo había gastado todo, sobrevino una gran escasez en la región, y él comenzó a pasar necesidad. Así que fue y consiguió empleo con un ciudadano de aquel país, quien lo mandó a sus campos a cuidar cerdos. Tanta hambre tenía que hubiera querido llenarse el estómago con la comida que daban a los cerdos, pero aun así nadie le daba nada. (Lucas 15:14-16)

Antes de su decisión necia y su subsiguiente tempestad, tenía todo. Pero, una vez que la tempestad soberana de Dios llegó, este joven lo perdió todo.

Eso es lo que sucede con el pecado. Inicialmente parece divertido y emocionante, pero al final nos cuesta todo. Como Michael English, el cantante Evangélico renombrado (y un vocalista increíble) dijo al describir su adicción pasada, el atractivo seductor del pecado es, *"Una descomposición gradual de tus normas de tal manera que terminas haciendo cosas que nunca habías imaginado, juntándote con personas con las cuales nunca habías imaginado. Es autodestrucción por grados.*"[7]

No importa cuán divertido y atractivo parece ser el pecado, sólo es falsificación, una illusión, un espejismo que eventualmente nos traiciona. Esa es la naturaleza del pecado. Nos distrae del llamado y propósito de Dios para nuestra vida (Romanos 12:1-2). Nos quita de la seguridad y protección que Dios provee (Efecios 5:6). Nos separa de nuestro Padre Celestial (Isaias 59:1-2). Causa dolor y tristeza (1 Timoteo 6:10, 21).

ക⸱ൟ

El pecado nunca paga; siempre cuesta.

ൟ⸱ക

Si comparamos la historia del Pródigo a nuestra relación con el Padre Celestial, reconcemos que Dios es santo y quiere lo mejor para cada uno de nosotros. Quiere transformar a Sus hijos a Su imagen (Colosenses 3:10), no mimarnos en las pocilgas de nuestro pecado. Conoce los efectos horribles que un asqueroso paso de pecado nos pueden dejar. Sabe, que aunque inicialmente atractivo, el pecado es apestoso, asqueroso y devastador—y eventualmente lamentable. Tal como mi desobediencia en la finca quebrantó el corazón de mi papá, nuestro pecado quebranta el corazón de nuestro Padre Celestial.

Dios tanto odia el pecado que envió a Su Hijo, Jesús, a librarnos del pecado y su dominio sobre nuestras vidas (Romanos 6:6-7). Tal como mi papá me advertió, Dios nos advierte en contra de escoger nuestro propio camino. Nos llama a quedarnos cerca de Él, si tan solamente escucháramos y obedecíeramos.

Mi querido compañero de viaje, ¿te has extraviado de Dios para perseguir algún deleite atractivo del pecado? ¿Hay condiciones de tempestad que azotan tu camino pecaminoso? ¿Tienes un sentir nostálgico que te urge volver a casa? Entonces, como el Pródigo, te invito a volver a tu amoroso Padre Celestial.

Si estás vacilando, ¿qué te detiene en volver? ¿Orgullo o testarudez? Ten cuidado, la tempestad viene. Si ya ha llegado, nunca es tarde para reconciliarte con Dios. Pídale que te restaure la intimidad de la relación antes que la tempestad sea peor. Por experiencia personal, sé que nuestro Padre Celestial ansiosamente espera tu retorno con los brazos extendidos en bienvenida y un corazón que rebosa de amor.

Refugio de la Tempestad

Tú has sido … un resguardo contra la tormenta, una sombra contra el calor. (Isaias 25:4)

El alivio específico de las tempestades de *castigo* o disciplina depende de la relación de cada persona con Jesucristo. Para aquellos que lo han aceptado como Señor y Salvador, las tempestades puedan ser la motivación de Dios para volver a Su lado. Sin embargo, para aquellos que no tienen una relación personal con Jesucristo, las tempestades son tu invitación personal de acercarte hoy. Es la decisión más importante que harás en tu vida—la única con significado eterno.

Alivio De La Tempestad Para Los No Creyentes

A veces las tempestades se desencadenan sobre las vidas de los no creyentes para levantar su conciencia de Dios y motivarlos a buscarlo. ¿Por qué? Porque nos ama y quiere una relación íntima personal con nosotros por medio de su Hijo Jesucristo. Con amor, pacientemente espera a la puerta de cada corazón, tocando y esperando que lo invitemos a nuestra vida. Si estamos dispuestos a abrirle esa puerta, debemos primero remover el obstáculo gigantesco que esta estorbando esa relación. Ese obstáculo es el pecado, la cosa precisa que Dios odia y no tolera a causa de Su santidad.

La Biblia describe el pecado como maldad (1 Juan 5:17). Es nuestra inabilidad de alcanzar la santidad de Dios y Sus normas justas. Dios explica: "No hay un solo justo, ni siquiera uno; no hay ñadie que entienda, nadie que busque a Dios" (Romanos 3:10-11).

Pecamos cuando vivimos inmoralmente, tenemos pensamientos impuros, hacemos elecciones no santas, o demostramos actitudes que no son de Dios. Sí, aún la falta de hacer el bien es pecado. Como prueba que todos somos pecadores desde el nacimiento, sólo necesitamos observar a niños pequeños.

Ellos no necesitan instrucción en cómo pecar—lo hacen muy bien por si solos. Mienten, gritan, se enojan, roban, son egoístas, como exibición natural de la naturaleza humana inherente. El impacto universal de las elecciones pecaminosas de Adán en el Huerto del Eden es una naturaleza pecaminosa desde el nacimiento (Romanos 5:12).

Admitir que somos pecadores es difícil—especialmente si tratamos de ser personas moralmente buenas. Sin embargo, la Palabra de Dios confirma nuestra pecaminosidad. Isaías 64:6 compara aún nuestras buenas obras a trapos de inmundicia en contraste a la santidad de Dios. En nuestra mejor moralidad personal, aún le caemos corto a las normas de Dios (Romanos 3:23). Aún si cada persona hubiese pecado sólo una vez en la vida, es suficiente para una sentencia condenatoria.

El pecado además lleva una penalidad exagerada. Romanos 6:23 nos dice, "La paga del pecado es muerte." No muerte física como la conocemos, pero una separación eterna de Dios.

৩৵৶

Nadie sale de este mundo vivo—
eventualmente todos mueren.

৵৵৹

Si alguno piensa, *¿Cuál es la diferencia? Dios y yo no nos estamos hablando de todas maneras,* aquí es algo más a considerar. Con tan sólo dos destinos eternos, y Dios quedándose en el cielo: los pecadores, sin arrepentirse, tienen sólo un hogar eterno alternativo—el infierno. Nadie jamás debe soportar esa tempestad sin-fin. Amorosamente, pero fuertemente te advierto en contra de hacer ese viaje, y te animo a considerar el refugio seguro de Dios.

Sólo Dios puede cubrir la brecha que ha creado nuestros pecados. Nos ama tanto, que envió a Su Hijo, Jesucristo, a morir por nosotros (Romanos 5:8). Hace mucho, aún antes de la creación de todas las cosas (2 Timoteo 1:9), Dios nos vio en nuestro pecado e hizo un camino para reconciliarnos con Él. Jesús murió en la cruz del Calvario en nuestro lugar—por mi pecado, y por tu pecado.

Jesús confirmó que era *el único camino* para reconciliarnos con Dios el Padre. El dijo, "Yo soy el camino, y la verdad, y la vida; nadie viene al Padre sino por mí" (Juan 14:6, RVC). Ninguna religión, ningunos buenos hechos, nada de lo que podemos hacer nos podrá acercar a una relación con Dios. Es tan solamente por la gracia de Dios, por medio de la fe en lo que Jesús hizo por nosotros (Efesios 2:8-9).

Por aceptar la muerte de Jesús como paga por nuestros pecados, ya no estamos bajo la pena del pecado. Isaías claramente dice, "Él fue traspasado por nuestras rebeliones y molido por nuestras iniquidades. Sobre él recayó el castigo, precio de nuestra paz y gracias a sus heridas fuimos sanados" (Isaías 53:5). Basado en su dádiva sacrificial, podemos tener la certeza de pasar la eternidad con Dios.

Sí, Jesús murió por nuestros pecados. Pero no se quedó muerto. Dios el Padre resucitó a Jesús (Hechos 4:10). Al hacerlo, hizo posible una relación personal con Él; e hizo posible la vida eterna con Él una realidad viable.

Cuando reconocemos nuestro pecado y necesidad desesperada de un Salvador, estamos preparados para aceptar la oferta de la salvación de Dios. Para hacerlo, hay que admitir que somos pecadores, le damos la espalda a nuestro pecado, y lo seguimos. La palabra Bíblica para ese proceso se llama *arrepentimiento*. Quiere decir reemplazar lo que previamente habíamos pensado sobre el pecado con lo que Dios piensa del pecado.

El paso siguiente es voluntariamente y verbalmente confiar en Jesucristo como Señor y Salvador. Dios promete, "Que si confiesas con tu boca que Jesús es el Señor y crees en tu corazón que Dios lo levantó de entre los muertos, serás salvo" (Romanos 10:9).

Si estás listo para aceptar la dádiva de Dios—la salvación; para evitar la pena del pecado y su poder sobre tu vida. Y si reconoces que eres un pecador que necesita un Salvador, entonces verbalmente dícelo. La Palabra de Dios promete, "Porque todo el que invoque el nombre del Señor será salvo" (Romanos 10:13). Invocamos el nombre del Señor al orar. En oración dále gracias a Dios por enviar a Su Hijo Jesús para morir en tu lugar. Pídele que perdone tus pecados, y cree que resucitó a Jesús de entre los muertos. Entonces confiesa que Jesús es tu Señor y Salvador personal e invítalo a entrar personalmente a tu vida.

Si hiciste esa oración sinceramente, la Palabra de Dios dice que eres una creación nueva (2 Corintios 5:17). Has sido renacido espiritualmente (Juan 3:3-8). Quiere decir que el Santo Espíritu de Dios ahora vive en tí y pasarás la eternidad en Su presencia (Juan 14:2-3). Esto no es una fantasía hipotética—es algo que podemos saber con certeza (1 Juan 5:13).

Cuando una persona llega a ser creyente, los ángeles del cielo tienen una fiesta en su honor (Lucas 15:10). ¡Aleluya! ¡Bienvenido a la familia!

Alivio De La Tempestad Para Los Creyentes

Para aquellos que ya disfrutan una relación personal con Cristo Jesús, y quizás se hayan extraviado de Él, Dios probablemente envía tempestades como advertencias para estimular cambios en su comportamiento y estilo de vida. Encontrar alivio de esta tempestad involucra el arrepentimiento y la reconciliación en su relación con Dios.

Salmo 68:6 dice, "Los rebeldes habitarán en el desierto." A veces, como resultado directo de mi desobediencia y elecciones caprichosas, las tempestades de Dios me hicieron sentir como si estuviera atascado en el quemante desierto seco. Mi corazón estaba seco, mi alma marchita. Aunque trataba de disfrutar de mi pecado, una inquietud me pudría por dentro. Si esto es lo que sientes en tu situación actual, te animo a que voltees tu barco; diríjete al puerto seguro de Dios.

El apóstol Pablo y el Rey David ambos confirmaron que Dios utiliza la dificultad, la tristeza, el dolor, y la adversidad para motivarnos a volver a Él.

Aquel dolor los condujo al arrepentimiento. El dolor que sintieron es el que Dios desea que su pueblo sienta. (2 Corintios 7:9, NBV)

Yo anduve desviado hasta que tú me disciplinaste, ahora obedezco tu palabra. Me hizo bien haber sido afligido, pues me enseñó a poner atención a tus leyes. (Salmo 119:67, 71, NBV)

Nunca olvides que Dios te ama. Tal como padres protectores, apurándose a rescatar a su hijo del desastre, Dios te ama demasiado como para permitir que continúes viviendo en el pecado. Él siempre vigila y ve cada paso de tu jornada (Job 34:21). Envía tempestades, luego espera pacientemente nuestra respuesta y nuestro regreso.

Siendo que conoce todas las cosas, Él ya ve el resultado trágico que nos espera si continuamos rechazándolo. Te animo a confiar en Su amor; reconoce que tiene lo mejor planeado para ti, vuelve a Él. Dios promete enfáticamente perdonar a todo aquel que vuelve a Él: "Que abandone el malvado su camino, y el perverso sus pensamientos. Que se vuelva al SEÑOR, a nuestro Dios que es generoso para perdonar, y de Él recibirá misericordia" (Isaías 55:7).

La reconciliación con Dios empieza con un arrepentimiento genuino. Esto es más que sentirse mal o desear no haberlo hecho—es un giro absoluto *de* nuestros deseos egoístas y pecaminosos *hacia* Dios.

∽∘✍

El arrepentimiento no causa el sentido del pecado—causa un sentido inexplicable de indignidad. Cuando me arrepiento, reconozco que soy absolutamente impotente, y reconozco que todo mi ser es indigno aún de cargar sus sandalias. ¿Me he arrepentido así, o aún tengo pensamientos persistentes de tratar de defender mis acciones? La razón que Dios no puede entrar a mi vida es que aún no estoy en un punto de arrepentimiento completo.[8]

✍∘∽

2 Crónicas 7:14 hermosamente hace un resumen del proceso: "Si mi pueblo, que lleva mi nombre, se humilla y ora, y me busca y abandona su mala conducta, yo lo escucharé desde el cielo, perdonaré su pecado y restauraré su tierra." El arrepentimiento es más que sentirse mal porque fuiste descubierto haciendo lo malo o expresando tristeza sólo para mitigar la tempestad. Involucra venir humildemente ante Dios con un corazón penitente con deseos intencionales de rehusar cualquier comportamiento, pensamiento, y ambiente que es contrario a las normas morales de Dios.

Hebreos 12:1 nos instruye a descartar todo lo que nos obstruye al igual que el pecado que fácilmente nos enreda. Esto significa quitar todas las influencias malignas a las cuales nos atenemos (adicciones, malos amigos, etc.) al igual que los deseos malvados (relaciones inmorales, hábitos pecaminosos, etc.). Otra vez, por favor, considera unos pensamientos provocantes y amorosos. *¿Qué te detiene y a qué te atienes? ¿Cuáles influencias pecaminosas te tienen en sus garras? ¿A cuáles pecados secretos desesperadamente estás aferrado?*

Identificar los pecados específicos ayuda a determinar cómo removerlos. Hábitos y deseos inmorales requieren arrepentimiento y perdón. Influencias malignas requieren liberación. Si estás dispuesto a renunciar y remover todos los hábitos, los deseos y las influencias, el Espíritu Santo te guiará, además es sabio pedir consejos de profesionales calificados (pastores, consejeros Cristianos, guía de vida, etc.).

El siguiente paso sería pedirle a Dios el perdón y la purificación. 1 Juan 1:9 confirma, "Si confesamos nuestros pecados, Dios, que es fiel y justo, nos los perdonará y nos limpiará de toda maldad." Pídele a Dios que afirme tu resolución al dar la espalda a los hábitos y estilo de vida.

El Rey David ofrece un ejemplo vívido del arrepentimiento genuino y humilde, pidiendo perdón y limpieza de Dios. Este nivel de quebrantamiento de corazón y confesión profunda es necesario para el arrepentimiento. Después de cometer adulterio y asesinato, luego trató de taparlo, David sollozó:

Ten piedad de mí, oh Dios, conforme a tu gran amor; conforme a tu misericordia, borra mis transgresiones. Lávame de toda mi maldad y límpiame de mi pecado. Yo reconozco mis transgresiones; siempre tengo presente mi pecado. Contra ti he pecado, solo contra ti, y he hecho lo que es malo ante tus ojos. (Salmo 51:1-4)

Tal como el regreso del Hijo Pródigo a su casa restauró la comunicación, el gozo y el compañerismo con su padre, el propósito de la reconciliación con Dios es restaurar el compañerismo dulce e íntimo y el gozo de esa unión. En su oración de arrepentimiento, David agregó, "Crea en mí, oh Dios, un corazón limpio, y renueva un espíritu firme dentro de mí. Devuélveme la alegría de tu salvación" (Salmo 51:10, 12). Junto con el perdón y la limpieza de Dios, pídale que restaure la calidez y la intimidad en su relación.

Para comenzar tu camino de reconciliación con tu Padre celestial, ora sinceramente:

Padre Dios, Te amo y quiero agradarte. Admito que traje esta tempestad actual a mi vida por mis elecciones y acciones pecaminosas. Por favor perdona mi caprichosidad y acércame a Tu lado. Limpia mi corazón, alma, mente, y cuerpo del pecado y todos sus efectos malos. Remueve mi atracción a los placers del mundo y reemplázala con una pasión para Tí. Transfórmame y anímame a vivir un estilo de vida que Te agrada. Por favor, calma mi tempestad al volver de todo corazón a Tí. Todo esto lo pido en el maravilloso y todopoderoso nombre de Jesús. Amén.

Viviendo Un Estilo De Vida Piadosa

El perdón, la limpieza, y la restauración son responsabilidades de Dios. A través del poder y la transformación del Espíritu Santo viviendo con uno, la vida del Cristiano refleja un cambio gradual y supernatural. Sin embargo, hacer un cambio de estilo de vida intencional sigue siendo una responsabilidad personal.

৩৯৫

La transformación es difícil en un ambiente sin cambios.

৯৩৫

A lo largo de las Escrituras, se anima a los Cristianos a alinear sus palabras, sus acciones, sus hábitos, y su estilo de vida con las normas santas de Dios. Seguidores intencionales y apasionados activamente se esfuerzan para incorporar ciertas características en su deseo de agradarlo. Podrían ser:

- Vivir cada día bajo la influencia y liderazgo del Espíritu Santo (Gálatas 5:16).
- Rehusar toda conformidad a los estándares morales del mundo y cultivar tolerancia (Romanos 12:1).
- Modelar el comportamiento y características de Jesús "hasta que Cristo sea formado en ustedes" (Galatas 4:19).
- Evitar asociación cercana habitual con personas inmorales (Salmo 1:1).
- Fijar la mente y afectos sobre las cosas piadosas, celestiales, y eternas (1 Juan 2:15).
- Separarse del mundo siendo que tu mente, estilo de vida, y prioridades son muy diferentes del mundo y de los incrédulous (2 Corintios 6:17).
- Esforzarse en ser santo en todo. Al ceder más y más de tu vida al Espíritu transformador, la semejanza familiar será más evidente (1 Pedro 1:15).
- Permitir que la luz de Dios brille a través de tí a diario (Mateo 5:16).

Siendo un nuevo convertido o un convertido reconciliado, Dios te da la bienvenida a Su lado. Al navegar por los mares de tu vida, probablemente encontrarás más tempestades. Sin embargo, los navegarás con más seguridad acurrucado cerca de Él, que si lo harías en las olas furiosas solo. Así que, confiando en tu Guía y Protector soberano, agarra tu cojín de cubierta, acurrúcate con Él, y descansa.

✋◦✌

Nadie puede volver a empezar de nuevo,
pero todos podemos iniciar hoy y crear un nuevo final.[9]

✌◦✋

Capítulo 4

———◦◦◦◦◦———

Permiso Providencial
El Plan de Dios o Autorización

*Aunque propenso a buscar la comodidad
de una vida de infinita felicidad,
La interferencia providencial
me pone de rodillas.
Ya sea en un desierto, en una cueva, o sobre un yunque—
incluso en una tempestad furiosa
Dios orquesta todas las cosas,
el propósito, mi vida a transformar.*

SEÑOR, yo te alabaré porque, aunque estabas enojado conmigo, tu ira se ha calmado y me has dado consuelo. ¡Dios es mi salvación! Confiaré en Él y no temeré. El SEÑOR es mi fuerza, el SEÑOR es mi canción; ¡Él es mi salvación! (Isaías 12:1-2)

QUIZÁS SEA FÁCIL entender por qué Dios permite tempestades cuando lo desobedecemos o nos extraviamos de Él. Son parte de Su sistema de alarma antes de extraviarnos demasiado, o antes que nuestras decisiones caprichosas reciben repercusiones severas. Cuando no prestamos atención a las advertencias, amorosamente nos redirige del desastre pendiente.

Pero, ¿qué de aquellas tempestades que llegan sin sentido cuando *estamos* viviendo moralmente de la mejor manera que podemos? Al estar caminando cerca de Dios—disfrutando intimidad de una relación, creando comunión diaria con Él, caminando en obediencia a Su palabra. ¿Por qué permite Dios adversidad y sufrimiento? ¿Por qué pasan cosas malas a las personas buenas?

ഇ൏ർ

Tempestad Diaria – "Me Pasó a Mí"

Al entrar al mortuorio del hospital, me sobrecogió un sentido de pavor y duelo. El accidente que había dejado sin vida, tiesa, y fría en la plancha al amor de mi corazón era imperdonable. Al dirigirme hacia el hogar después del trabajo, anticipábamos una noche íntima juntos celebrando nuestro quinto aniversario. Pero aquel conductor ebrio nos robó el momento. ¡Lo odio—oh cuanto lo odio! El impacto del accidente fue tan horrible, el forense necesitaba que yo hiciera una identificación positiva. Retirando la sábana sangrienta, viendo lo que quedaba de mi esposa … Mi corazón se rompió de nuevo al sollozar abiertamente. El enojo hervía dentro de mi. "¡Estoy tan enojado contigo, Dios! ¿Por qué permitirías esto? ¡No éramos gente mala! ¡No buscábamos relajo! ¡¿Por qué me hisiste esto?!"

ഇ൏ർ

Al enfrentarnos con tragedias de tal devastación que cambian la vida, aparentemente aleatorias, es fácil dudar y preguntar si Dios en realidad está en control. Al fin, hay tan pocas personas verdaderamente buenas y felices en el mundo. Debe parecer lógico para Dios protegerlos y permitir que las cosas horribles les pasan a las personas malas. Sin embargo, Dios opera en una esfera donde muchas veces no entendemos.

Para percibir más claramente por qué cosas malas les pasan a las personas buenas, hay que considerar dos cosas: la elección del libre albedrío del hombre y el Plan Soberano de Dios. Como ya hemos descubierto, Dios soberanamente permite tempestades porque conoce que el resultado eventual cumplirá Su propósito intencional. A cambio, algunas tempetades pasan cuando los errores de otras personas y sus elecciones pecaminosas nos afectan negativamente. Sin embargo, asombrosamente, Dios organiza cada adversidad hecha por hombres para transformarnos y cumplir Su propósito final.

Cuando Dios nos creó, Él nos dio libertad e independencia para escoger nuestros pensaminetos, deseos, acciones, y elecciones de vida. Por definición, el libre albedrío es justamente eso—libertad para escoger. Aparte de las consecuencias de nuestras elecciones, normalmente podemos expresar esa libertad como nos conviene, sin interferencia directa de Dios.

Adán y Eva ejercitaron su libertad cuando desobedecieron a Dios en el Huerto del Eden. Josué hizo una elección moral cuando dijo, "Elijan ustedes mismos a quiénes van a servir … Por mi parte, mi familia y yo serviremos al SEÑOR" (Josué 24:15). En lugar de crearnos como robots sin mente, sin alternativa mas que obedecer cada uno de sus mandatos, Dios nos dio el libre albedrío para escoger si estamos con Él o en contra de Él.

∽∝

¿Qué si creara un universo que está libre, libre aún de mí?
¿Qué si cubría Mi Divinidad para que las criaturas estuvieran libres
para seguir sus vidas individuales sin estar preocupados
de Mi Presencia abrumadora? ¿Me amaría la criatura?
¿Puedo ser amado por criaturas a quienes no he programado
a adorarme eternamente? ¿Puede el amor nacer de la libertad?[10]

∂∝

Al ejercer nuestro libre albedrío viene el reconocimiento que nuestras elecciones afectan a otras personas. Cuando escogemos moralmente, creamos un efecto positivo; cuando elegimos inmoralmente, creamos un efecto negativo. Por ejemplo, cuando voluntariamente construimos hogares para las personas sin hogar, positivamente afectamos las vidas de otros. Cuando escogemos manejar ebrios, nos ponemos a nosotros mismos y a otros en peligro. Con el libre albedrío viene la responsabilidad de las consecuencias de nuestras elecciones. A.W. Tozer sabiamente observó, "El carácter verdadero de la persona es revelado en el uso del libre albedrío."[11]

Por el lado divino de libre albedrío y la soberanía, Dios es soberano y efectúa todas las cosas de acuerdo a Su propósito. Para nosotros, eventos individuales parecerán aleatorios y confusos—tal como mirar al dorso de un hermoso tapiz. Los nudos e hilos enredados parecen hechos sin pensar, sin motivo, un desorden. Sin embargo, al contemplar al frente del tapiz, vemos como todos esos nudos enredados e hilos cruzándose crean la magnificencia artística. Para ver la hermosura, simplemente necesitamos una nueva perspectiva.

Desafortunadamente, nuestra perspectiva humana es muy diferente a la de Dios. No somos omniscientes, ni podemos ver el cuadro completo. Rara vez vemos el tapiz que Él teje por el frente. Por lo tanto, nuestro conflicto interior, duda, e impaciencia surgen. Frecuentemente olvidamos que Dios ve, entiende, y maneja las cosas que nosotros no entendemos, ni podremos entender jamás.

Para clarificar la diferencia intelectual, Dios nos dice, "'Porque mis pensamientos no son los de ustedes, ni sus caminos son los míos,' afirma el SEÑOR. 'Mis caminos y mis pensamientos son más altos que los de ustedes; ¡más altos que los cielos sobre la tierra!'" (Isaías 55:8-9).

A veces me pregunto, "*¿Por qué no detiene Dios a las personas de hacer las cosas malas? ¿Por qué no se mete y evita las cosas malas antes de que pasen a las personas que no las merecen?* Por la superficie, eso suena razonable. Si Dios es Todopoderoso y Justo, de seguro ha de conocer quien merece adversidad y quien no. Seguramente Él intervendría y evitaría las tempestades antes que sucedieran a las personas buenas, ¿verdad?

Sin embargo, esta es la razón por la cual Dios no hará eso. El momento que Él entra a invalidar el libre albedrío de la persona, ya no es libre. Por ejemplo, en el momento en que Dios detiene a un conductor ebrio de manejar bajo la influencia del alcohol, el concepto de libre albedrío termina y empieza la obediencia obligada y forzada. Y esto es una violación de la intención de Dios de libre albedrío.

Veamos pues, que Dios no quiere que le amemos y le sigamos por temor o obligación forzada. Quiere que lo hagamos libremente y de buena voluntad con un corazón agradecido. Desea nuestras elecciones morales más que la obediencia obligada. Nos dice, "Practicar la justicia y el derecho lo prefiere el SEÑOR a los sacrificios" (Proverbios 21:3).

Tal como el marido desea el afecto de su esposa de un corazón dispuesto y amoroso en lugar de obligación, Dios desea interacción amorosa y dispuesta con nosotros, no obediencia mandada. Pacientemente y amorosamente espera la invitación a su vida de cada persona. No interrumpe con fuerza sobre nuestras vidas. Al contrario, nos ama y desea nuestro amor dispuesto. Su amor todopoderoso sostiene el ejercicio de nuestro libre albedrío—aún cuando nuestras acciones rompen Su corazón y a veces lastiman a otras personas.

Siendo que Dios es Omnisciente, Él ve y entiende el cuadro completo y las razones resultantes justificantes para nuestras tempestades. Conoce todas las partes que se mueven detras del telón mientras soberanamente "hace todas las cosas conforme al designio de su voluntad" (Efecios 1:11). El tiene un plan, propósito, y meta final para cada persona individualmente al igual que el universo. Individualmente, quiere que todos vengan al conocimiento salvador de la verdad (1 Timoteo 2:4). Universalmente, maneja todo para establecer su reino eterno.

Sin embargo, aún cuando nuestro libre albedrío contradice la voluntad de Dios, soberanamente coordina nuestras acciones pecaminosas y elecciones inmorales para cumplir Su propósito final.

❧❧

La historia es el cuento del sufrimiento muchas veces desenfrenado, del desastre sólo a veces evitado. La voluntad de Dios no siempre es felicidad. Todavía no.[12]

❧❧

Esto nos llevará a preguntar: *¿Cuál es la diferencia entre Dios soberanamente orquestando nuestras elecciones personales para cumplir Su último propósito, y Su intervención a nuestras elecciones caprichosas?* Una analogía que escuché hace mucho puede ayudarnos a entender y contestar esta pregunta. Cuando un barco turístico sale del puerto, el destino final y su jornada están a la disposición del Capitán. Él controla el barco y sabe cómo y cuándo la nave llegará a su destino. Los pasajeros pueden ejercer su libre albedrío en una variedad de actividades. Pueden decidir quedarse en sus cabinas, comer siete comidas al día, o aún tirarse al mar. Sin embargo, sus acciones y elecciones generales no interrumpen el destino final del barco. Aunque esto es un ejemplo simplístico de un concepto complejo, revela cómo Dios nos permite ejercer nuestro libre albedrío como lo deseamos—pero Su soberanía maneja el resultado final para cumplir Su último propósito.

Veamos otros tres personajes Bíblicos quienes nos ayudan a explicar las tempestades providenciales. Ellos experimentaron adversidades inmerecidas como resultado de las acciones inmorales de otras personas, o de la desgracia aparentemente aleatoria. José creció con una inocencia despreocupada, confiando en Dios y resistiendo las tentaciones pecaminosas. Sin embargo, sufrió traición, secuestro, acusaciones falsas, y encarcelamiento ilícito a causa de las elecciones inmorales de otras personas. Job era un hombre justo quien temía a Dios, evitaba el mal, y vivía una vida intachable. Aún, por ninguna falta propia, perdió su familia, sus riquezas, y su salud. Finalmente, Juan el Bautista habló la verdad e hizo lo que Dios le había mandado. No obstante, fue encarcelado, y eventualmente decapitado, a causa de una bailarina y su madre vengativa e intrigante.

José Encarcelado Injustamente

A los que sufren, Dios los libra mediante el sufrimiento; se vale de la aflicción para instruirlos. (Job 36:15)

José fue un soñador despreocupado. Sus hermanos lo odiaban y lo vendieron a la esclavitud, fue encarcelado por algo que no hizo. Aguantó ataques espirituales, mentales, emocionales y físicos. Sin embargo, aunque otras personas le causaron horrendas e inmerecidas tempestades en su vida, él los perdonó. En lugar de culparlos, reconoció que la mano soberana de Dios estaba obrando detrás de las escenas.

Podríamos preguntarnos, *¿Cómo podría perdonar y no buscar la venganza o* *tomar represalias contra aquellos que le habían causado tanto dolor y sufrimiento?* A causa de su confianza fija en Dios y Su control soberano. Con los ojos de fe, veía las experiencias dolorosas, humillantes, injustas, y cambiantes; y reconoció, "Es verdad que ustedes pensaron hacerme mal, pero Dios transformó ese mal en bien" (Génesis 50:20). ¡Qué confianza increíble!

Junto con su fe inalterable, el punto de vista de José requiere sumisión humilde a cualquier cosa que pasa en la vida y una aceptación de la supremacía absoluta de Dios. Dando una mirada más cercana a los detalles de la vida de este joven nos ayuda a entenderlo mejor.

Encontramos la mayoría de su historia en los capítulos 37-50 del libro de Génesis. Cuando estemos tentados a quejarnos de nuestras familias locas y la heredad extraña, consideremos las características de la familia de José.

- Nació en una familia disfuncional, multi-mezclado con doce hermanos de cuatro mujeres diferentes—Leah y Raquel y sus dos sirvientas.
- Su familia constantemente se estaba mudando porque su padre, Jacob, estaba huyendo del abuelo engañoso, Laban, mientras que evitaba una confrontación con el enojo de su hermano, Esaú.
- Vivía en una tempestad doméstica de celos, resentimiento, y competencia a causa del amor de su padre hacia Raquel más que a Leah—y el amor hacia José más que a sus otros hijos.
- Su padre le dio una túnica especial de muchos colores como señal de su favoritismo, lo cual, naturalmente, intensificó el odio de sus hermanos.
- Añadiendo insulto a la herida, como joven inmaduro, José chismeaba a su padre de sus hermanos, luego les contó de dos sueños que predecían que ellos se arrodillarían ante él.

Para estas horas, estás pensando, *Oye, ¡parece un joven arrogante y malcriado que merece unas tempestades! ¡Necesita un poco de adversidad para bajarlo de su puesto privilegiado!* A cierto punto, tendrías la razón. Su manera indiferente y despreocupada donde ejercitaba su libre albedrío sólo aumentaba el desprecio de su familia. Pero comparado a todo lo demás que estaba a punto de experimentar, esta disputa familiar era sólo las brisas iniciales de la tempestad venidera. Las cosas se pondrían mucho más graves.

ॐ

Tempestad Diaria – "Me Pasó a Mí"

Dios, ¿por qué pasa esto? Pensé que estaba haciendo todo lo que pedías de mí. Siguiéndote, sirviéndote fielmente—siendo la persona para lo que me creaste. ¿Por qué no detuviste a mi marido cuando me dejó? Parecíamos tan felices juntos. Dios, ¡aún te servimos juntos! Entonces, para qué se juntó con mi mejor amiga—Dios, ¿de veras? ¡Esto me destroza el corazón! ¡Y causa escándalo a Tu Nombre! Seguramente, ¡esto no puede ser tu propósito! Ahora, quizás pierda mi casa en un juicio hipotecario porque no puedo hacer los pagos con sólo mi sueldo. Y estoy escuchando que están despidiendo a personas en el trabajo. Dios, en tan poco tiempo he pasado de una vida cómoda a un lugar donde todo se me ha quitado. Me siento tan traicionada, adolorida, sola, y temerosa. ¿Cómo podré confiar otra vez? ¿Cómo podré perdonar tal traición personal? ¿Cómo podré confiar en tí cuando has permitido que pase todo esto?

ॐ

Al estar pastoreando las ovejas de su padre un día, los hermanos mayores de José decidieron que habían aguantado lo suficiente de su arrogancia privilegiada. Jacob había enviado a José a visitar a sus hermanos y ellos vieron su vulnerabilidad como una oportunidad para deshacerse de él. Al fin estaba solo, fuera de la protección de su padre. Era tiempo de enseñarle a este mocoso una lección muy atrasada.

El odio de sus hermanos hervía en ira asesina. Al llegar José despreocupado, lo rodearon, lo tiraron en tierra, rompieron su hermosa túnica, y lo tiraron a un pozo seco. Después de muchos argumentos intensos, lo vendieron a una caravana de viajeros Ismaelitas que iban rumbo a Egipto.

¿Puedes imaginar tanto odio hacia un miembro de la familia como para venderlo a la esclavitud? *Pues, pensándolo bien ... ¡*No te creas! Al fin, hermanos mayores debían proteger a los hermanos menores, ¿verdad? Pues, eso no le pasó a José.

Imagínate a la edad de diecisiete años, más de mil cien kilómetros de tu casa en un país extraño, como esclavo—¡sin teléfono ni WIFI! No puedes hablar ni entender el idioma, no conoces a nadie, encuentras la comida asquerosa, extrañas la casa increíblemente—y estás completamente quebrantado de corazón por la traición de tus hermanos. ¡Qué caída monumental de hijo favorito a esclavo humilde! Oh, cuán rápidamente e irreparablemente las tempestades de la vida cambian nuestros ambientes, mentalidades, y futuro.

Eventualmente los comerciantes vendieron a José a Potifar, un oficial militar de alto rango del Faraón, posiblemente el capitán de su guardaespalda personal. ¡Háblame de la presión! En lugar de terminar en un hogar humilde con deberes menores, se encontró sirviendo a uno de los líderes militares más altos del país. Ya no recibía atenciones especiales como hijo favorito de su padre, ahora servía a otros en contra de su voluntad. Dios posiblemente permitió esta tempestad específica para remover cada rastro de arrogancia que José pudiera haber desarrollado en su estado privilegiado anterior.

Es aquí cuando empezamos a ver brillar el carácter de José a pesar de sus penurias. Al cumplir sus quehaceres diarios, "El SEÑOR estaba con José" (Génesis 39:2). En medio de su tempestad personal, Su mano oculta estaba sobre él. Aún Potifar notó algo especial en José y pronto le encargó todas sus posesiones.

Hasta aquí, parece que José rebotó muy bien, considerando las circunstancias. La mayoría de nosotros le daríamos palmadas en la espalda diciendo: "Hombre, me alegro que las cosas te hayan salido tan bien."

Sin embargo, su tempestad sigue.

Aparentemente José era fornido y guapo. Si hubieran estado disponibles sitios de romance de internet en aquellos tiempos, su perfil hubiera recibido bastantes visitas, toques, y caritas felices. Su audiencia social hubiera tenido repetidas "gustos" o fotos y correos compartidos o quizás ¡aún hubiera sido acosado!

Como suele suceder, donde hay una persona atractiva, hay otra persona presente que le busca la atención. Desafortunadamente para José, la persona que se sintió atraída por él fue la esposa de Potifar. ¿Recuerda a Potifar? ¿El dueño de José? ¿El oficial militar de alto rango? Claro, ese mismo. Su esposa estaba circulando a su nuevo sirviente—garras extendidas, los colmillos goteaban con deseo.

Al observar a José cumplir sus quehaceres, y manejar los asuntos de Potifar, su deseo sexual era más que una sóla tentación. Llegó a ser su búsqueda diaria. Diariamente dejaba caer insinuaciones sexuales en su intento de seducirlo.

Para su crédito, aunque era un jovencito de sangre roja con carga hormonal, él rehusó cada uno de sus avances. No sólo porque ella era casada con su amo, pero primordialmente no quería pecar contra Dios. ¡Qué resolución e integridad de un joven en una edad tan vulnerable! Muchos jóvenes hoy día pudieran evitarse incontables tempestades si seguían el ejemplo de José de convicción y pureza.

ʚ◦ɞ

La integridad significa hacer lo correcto, aún cuando no es popular. La popularidad te permite vivir con otros, pero la integridad te permite vivir contigo mismo.[13]

ʚ◦ɞ

Después de repetidas negativas, la esposa de Potifar intensificó su seducción. Llegó el día en que ya no podía esperar. Se lanzó hacia José, desesperadamente agarrándolo con deseos de tener un encuentro sexual. Como respuesta, José modeló las instrucciones del apóstol Pablo "huye de las malas pasiones de la juventud, y esmérate en seguir la justicia" (2 Timoteo 2:22). Su estado físico máximo fue útil en su escape ágil, dejando atrás su túnica rota en las manos de ella.

Ardiente del rechazo y la venganza, ella le habló a Potifar del encuentro. Por supuesto, adornó el cuento con falsedades, acusando a José de asalto sexual.

Como te podrás imaginar, Potifar se encolerizó. En lugar de escuchar la versión de José de lo que había pasado, o considerar el trabajo excelente que José había hecho, le creyó a su esposa. Pasó por alto todas las bendiciones que disfrutaba a causa del excelente manejo de sus cuentas por José. No, no habría justicia para José. Potifar inmediatamente lo lanzó a la cárcel. Por no hacer nada malo. Por defender lo honorable y justo. Por obedecer a Dios.

El confinamiento, las condiciones severas, y la humillación de la prisión pudieran haber sido el fin de José. Sería tan fácil volverse amargado y resentido contra Dios. Al fin, ¿por qué seguir creyendo que algo bueno va a pasar o que la justicia ocurrirá algún día? ¿Por qué seguir creyendo en Dios cuando todo en la vida señala Su desdén, falta de involucramiento, o aún Su existencia?

Increíblemente, las circunstancias de José no podían romper su resolución. Aún en la prisión, "el SEÑOR estaba con él y no dejó de mostrarle su amor. Hizo que se ganara la confianza del guardia de la cárcel" (Génesis 39:21). En esta situación horrible, encerrado como supuestamente un depredador sexual, Dios probó y refinó un poco más el carácter de José. "La palabra del SEÑOR probó que él era veraz" (Salmo 105:19).

Siendo fiel a Su carácter, Dios no olvidó ni abandonó a José. A causa de su resolución valiente bajo presión y su fidelidad en circunstancias horribles, Dios bendijo a José. Pronto recibió una promoción a subdirector de la prisión.

༄

El SEÑOR tu Dios te estará probando para saber si lo amas
con todo el corazón y con toda el alma. Solamente al SEÑOR
tu Dios debes seguir y rendir culto. Cumple sus mandamientos
y obedécelo; sírvele y aférrate a Él.
(Deuteronomio 13:3-4)

༄

Un día, dos compañeros de prisión tuvieron sus propios sueños locos y los compartieron con José. Estos dos no eran reos ordinarios; eran el panadero y el copero del rey. Aunque no conocemos específicamente los motivos por su encarcelamiento, parece que habían ofendido al rey de alguna manera.

Al contar a José sus sueños, Dios lo ayudó a interpretarlos. Buenas noticias para el copero—en tres días volvería a su puesto al lado del rey. Malas noticias para el panadero—en tres días sería ejecutado.

Cuando los sueños se cumplieron, José le pidió al copero que hablara al rey de su encarcelamiento bajo falsos cargos. Por cierto, el copero prometió hablarle al rey de parte de José. Conoces el antiguo adagio: no es lo que *sabes* pero a quien *conoces*. José trató de aprovecharse de esta oportunidad inesperada para salir de la prisión. Quizás pensó que, si el Faraón escuchara la verdad de su situación, le concedería la justicia, y lo soltaría.

Con toda honestidad, hubiéramos hecho lo mismo. Aún admitiendo que Dios es Soberano y controla todas las cosas, buscamos soluciones humanas a nuestras tempestades providenciales. Si creemos que alguien nos puede sacar de nuestro apuro, por cierto, lo buscamos.

Pero como José descubrió, Dios tiene su propio horario y método de hacer las cosas. Frecuentemente, el horario y método de Dios no coinciden con los nuestros.

❧

Dios hace tronar su voz y se producen maravillas:
¡Dios hace grandes cosas que rebasan nuestra comprensión!
(Job 37:5)

☙

Desafortunadamente, el copero se olvidó de José. Quizás estaba tan distraído por su buena fortuna que olvidó su promesa. Quizás tenía demasiado temor o timidez; o la oportunidad de hablar con el Faraón nunca se presentó. De cualquier forma, no habló a favor de José. Su memoria pobre nos sirve como recordatorio apacible: cuando cosas buenas nos suceden, siempre debemos recordar (y agradecer) a los que fueron parte de nuestro éxito.

Justo cuando José pensó que encontraría alivio de su tempestad, fue un hombre olvidado. Se quedó en la prisión *otros dos años*—sirviendo una sentencia que no merecía. Sin embargo, Dios no lo olvidó. Dios nunca olvida. Reconocer eso debería consolarnos al navegar por nuestras tempestades. Como siempre lo hace, Dios aún se movía detrás de la escena de la vida de José, orquestando eventos en Su propio tiempo y de acuerdo a Su propósito.

Desde una perspectiva humanística, ese retraso no parece ser justo para José. Si estuviéramos en su lugar, muchos de nosotros nos quejaríamos. *¡Ándale Dios! Creo en Ti. Hasta aquí he confiado en Ti. ¡No merezco estar en estas circunstancias tan terribles! ¿Por qué me sigues ignorando y pasando por alto todos mis intentos de salir de este lío?* Sin embargo, Dios no está atado por nuestro sentido de justicia ni está obligado a calmar las tempestades de cualquiera que se lo pide. No es una divina máquina expendedora, sacando bendiciones y favores cada vez que lo pedimos. Si está ligado a cualquier persona o cosa, es a Él mismo y el cumplimiento de Su propósito soberano.

De acuerdo al horario de Dios, dos años pasaron antes que José fuera un hombre libre. Dos años más de vida y comida en la prisión. Dos años más de una tempestad inmerecida. Me supongo que muchos de nosotros nos habríamos dado por vencidos, perdiendo la esperanza en tales circunstancias. Pero, José no. Se mantuvo firme en su fe, en la justicia y la misericordia de Dios.

Una noche el Faraón tuvo varios sueños extraños. Al despertar, mandó llamar a sus magos y sabios para interpretarlos. Cuando ninguno pudo, se enfureció. Al escuchar el alboroto, el copero al fin recordó su experiencia con José en la prisión. *Sabe, rey, conocí a un hombre en la cárcel ...*

Rápidamente el Faraón citó a José y le pidió que interpretara sus sueños. Fiel de carácter, José humildemente le dijo al Faraón, "No soy yo quien puede hacerlo, sino que es Dios quien le dará al Faraón una respuesta" (Génesis 41:16). Con una oportunidad de ascender y explicar todo lo malo que había soportado, José honró a Dios. Una vez que el Faraón escuchó los significados de los sueños, ascendió a José al puesto segundo de su reino.

De la prisión al palacio—en un sólo día. Así trabaja Dios. La respuesta de Dios excedió mucho más a las mayores peticiones de José. José pidió salir de la prisión; Dios contestó con una posición real de liderazgo. Acuérdate de esto cuando las cosas parecen oscuras y tus tempestades parecen sin esperanza. Dios puede voltear las cosas en un instante, así que prepárate cuando oras por la liberación.

Para mejor entender cómo Dios maneja todas las cosas—incluso retrasos aparentes—para cumplir Su propósito, vamos a analizar los sueños del Faraón. Predecían siete años prósperos de abundancia seguidos por siete años de una sequía catastrófica y una hambruna severa.

Usando la sabiduría dada por Dios y la posición de liderazgo, José logró que Egipto evitara el impacto completo del hambre. Como segundo en mando, estratégicamente ahorró provisiones durante los años de abundancia para que estuvieran disponibles durante la sequía. La hambruna fue tan devastadora y extensa que los países alrededor venían a Egipto para comprar provisiones.

Para José, entender su tempestad inmerecida dependía de su perspectiva. Desde el fondo de la noria o desde la celda de la prisión, la vida no tenía sentido. Sin embargo, desde su posición elevada de liderazgo y responsabilidad, José vio cómo Dios soberanamente y estratégicamente usó los eventos horribles, odiosos, e inmerecidos para ponerlo en el lugar preciso donde necesitaba estar para este propósito específico. A veces sólo vemos la obra de Dios en retrospectiva. Aquí nuevamente, los confusos nudos enredados al revés del tapiz hacen sentido sólo cuando miramos la belleza artística al frente.

Dios honró la fidelidad de José en medio de las tempestades injustas. Tal fidelidad es una de las cualidades que Dios busca en sus seguidores—

sin importar las adversidades. Su palabra claramente anima la fidelidad al confiar en Él y obedecerle. "El que es fiel en lo muy poco también es fiel en lo mucho" (Lucas 16:10, RVA-2015). "¡Hiciste bien, siervo bueno y fiel! En lo poco has sido fiel; te pondré a cargo de mucho más" (Mateo 25:21). El propósito es para Su gloria y plan, pero nos recompensa por confiar en Él y seguirle al navegar por nuestros mares tempestuosos.

༅⁓

Te he probado en el horno de aflicción.
Lo he hecho por mí, por mi mismo.
(Isaías 48:10-11)

⁓༅

José fue fiel en los oficios humildes y despreciados como esclavo y prisionero de tal manera que Dios sabía que podía encargarle autoridad y poder. Dios previó los retos involucrados con el hambre venidero y apuntó a un líder quien fielmente había navegado las tempestades en su propia vida.

Tomemos un descanso de José para visitar a su familia a más de mil cien kilómetros de distancia en Canaán. Aún a esa distancia, la hambruna divinamente planificada y señalada por Dios fue tan intensa que consumió sus cosechas también. Se les estaba acabando la comida. Naturalmente, al escuchar que había comida en Egipto, decidieron hacer el viaje.

Considera la ironía de la situación. Sin José en Egipto, no habría comida porque los Egipcios no habrían sabido de la sequía venidera. Y ¿cómo era que José estuvo en Egipto? Por las manos de sus hermanos crueles, quienes ahora estaban en camino a Egipto para su sobrevivencia—para comprar comida, sin saberlo, ¡de su hermanito que despreciaban!

Es de notar en retrospección, reconocemos cómo los eventos ilógicos y adversos de nuestra vida encajan mucho mejor de lo que parecen las circunstancias actuales. Al enfocarnos en la presente tempestad furiosa, los beneficios duraderos se pierden. La lección importante es esta: aunque enfrentemos condiciones diarias furiosas, nunca debemos perder la fe en Dios. No importa la circunstancia o situación terrible, Él aún está en control y activamente trabajando tras las bambalinas.

Después de muchos encuentros disfrazados con sus hermanos, José no podía contener secreta su identidad. Deseaba reconciliarse y reunirse con su familia. Cómo ha de haber llorado de gozo al exclamar: "¡Soy José, tu hermano!"

Sin embargo, al descubrir quién era, y recordar cómo lo habían tratado años atrás, la culpa les sobrecogió e instintivamente temieron por sus vidas. Podemos imaginarnos sus conversaciones a susurros. *Hombre, le hicimos unas cosas horribles cuando era muchacho. ¡Ahora es el Vice Presidente de Egipto! ¡Nunca nos dará comida! Peor que hacernos morir de hambre, ¡probablemente nos matará!*

¡Qué momento oportuno para José de tomar represalias! De experiencia personal, es bastante gratificante cuando el hermano menor se desarrolla de tal manera que llega a ser más grande y más fuerte que los hermanos mayores quienes acostumbraban acosarlo. *¡Ahora veamos cuánto les gusta!* Oh, pero ese ya no era aquel joven despreocupado, arrogante, chismoso, soñador que conocían. No, este era un hombre refinado por las tempestades de la vida. El pasó por las adversidades a ser un hombre más maduro, compasivo, paciente, y amoroso. De buena gana aseguró a sus hermanos: "No tengan miedo. ¿Puedo acaso tomar el lugar de Dios? Es verdad que ustedes pensaron hacerme mal, pero Dios transformó ese mal en bien para lograr lo que hoy estamos viendo: salvar la vida de mucha gente" (Génesis 50:19-20).

José podía perdonar porque confiaba en Dios completamente y dependía de Su control soberano para hacer algo increíble de sus circunstancias horribles. Sólo Dios podía prever la sequía futura y la necesidad de tener a José en ese puesto específico, al momento preciso, en el lugar particular para suplir las necesidades desesperadas no sólo de su familia, sino de muchos otros países.

Sólo Dios podía mover sobrenaturalmente y soberanamente a través de esos eventos horribles y decisiones inmorales para cumplir Su propósito. Aunque fue traicionado, odiado, vendio en esclavitud, acusado falsamente, e injustamente encarcelado, José pasó por la tempestad a ser un hombre mejor. A través de los ojos de fe él vió la mano de Dios pintando la orilla platina a las nubes de su tempestad.

ॐॐ

Es muy dulce al pasar la vida, el poder mirar hacia atrás
sobre eventos oscuros y misteriosos, y trazar la mano de Dios
donde antes veíamos sólo la malicia y la crueldad del hombre.[14]

ॐॐ

Estimado viajero atribulado, ¿te encuentras a la deriva en una tempestad inmerecida? ¿Otras personas te han herido intencionalmente por causa de su odio o celos? ¿Otras personas te han traicionado, te han calumniado, se han aprovechado de ti, o te han olvidado? Si no has hecho nada para merecer ese trato y eres un fiel seguidor de Dios, descansa seguro que Él no te ha olvidado ni abandonado.

No importa cuán terrible sea la experiencia, Dios ya la conoce, te ve y te oye en medio de todo, y está junto a ti al atravesarlo. Perdona a los que te han hecho mal. Somete tu bienestar presente y futuro al cuidado soberano y amoroso de Dios. Confía que Él está en control y está obrando encima de las nubes tempestuosas para cumplir Su último propósito a través de ti.

Job Sufriendo Injustamente

"Anhelo conocerlo a él y el poder de su resurrección, y participar en sus padecimientos, para ser semejante a él en su muerte." (Filipenses 3:10, RVA-2015)

Job era la persona más piadosa de su tiempo. Fue "un hombre muy bueno y honrado ... siempre obedecía a Dios en todo y evitaba hacer lo malo" (Job 1:1, TLA). No tenía idea que sería un jugador clave en una batalla espiritual entre Dios y Satanás. Por ninguna culpa propia, tempestades severas estaban siendo fabricadas que cambiarían su vida permanentemente.

En la historia de Job, es fácil perderse en la miseria de su situación, las muchas preguntas retóricas, acusaciones infundadas, y frustraciones confusas. Con toda honestidad, la historia de Job se parece a la vida de muchos de nosotros. Si no es en la prueba severa, entonces definitivamente en su aparente aleatoriedad de los eventos y la frustración de no obtener las respuestas inmediatas cuando las tempestades llegan. Sin embargo, el tema subyacente confirma que Dios permite providencialmente ciertos eventos para cumplir Su propósito—aún cuando no tienen sentido humano.

Al cumplir sus tareas diarias, Job estaba inadvertido de su audiencia espiritual. En una junta en alguna parte, escondido en algún rincón nublado del cielo, Dios alabó la fidelidad de Job en presencia de Satanás. Cuando Satanás replicó que Job sólo amaba a Dios a causa de todas sus bendiciones, Dios contrarrestó por confirmar que Job era un seguidor digno, quien permanecería fiel sin importar lo que le pasara. Quince siglos más tarde, el Apóstol Santiago conmemoró a Job por su resistencia firme a través del sufrimiento.

Honramos en gran manera a quienes resisten con firmeza en tiempo de dolor. Por ejemplo, han oído hablar de Job, un hombre de gran perseverancia. (Santiago 5:11, NTV)

En un momento extraño e inesperado, Dios le da a Satanás permiso de enviar una tempestad a la vida de Job para comprobar su fidelidad. Aquí nuevamente, podríamos batallar inicialmente con lo que aparenta ser un trato injusto e inmerecido. A pesar de todo, en retrospectiva, y desde la perspectiva de Dios, logró Su propósito divino. Satanás fue vencido y Job honró a Dios por pasar la prueba.

Dios permitió la adversidad para comprobar que Satanás estaba equivocado. Por cierto, siendo omnisciente, Dios ya sabía que Job iba a serle fiel. Pero Satanás no lo sabía, de otra manera nunca hubiera estado de acuerdo con el duelo. Además, Job no sabía cómo reaccionaría a una prueba severa. Adicionalmente, por sobrevivir y prosperar después de su tempestad, la historia de Job aún sigue animando a las personas hoy en día a soportar adversidad y sufrimiento.

Para descubrir el secreto de la fidelidad de Job, vamos a buscar pistas de cómo resistió la tempestad. Tenía siete hijos, tres hijas y riquezas increíbles. "Entre todos los habitantes del oriente era el personaje de mayor renombre" (Job 1:3). Sin embargo, en un día, lo perdió todo. Se acostó la noche anterior, sin ninguna sospecha que las próximas veinticuatro horas sacudirían su mundo. A través del siguiente día, en cuatro ocasiones diferentes, mensajeros llegaron con las noticias de pérdidas desastrosas. Con ola sobre ola destructiva, su tempestad divinamente señalada llegó.

La fe en Dios no ofrece seguridad contra la tragedia.[15]

La primera ola de la tempestad trajo la noticia que quinientas yuntas de bueyes y quinientas asnas fueron robadas. La segunda ola fue descrita como fuego que cayó del cielo y calcinó a siete mil ovejas. La tercera ola involucró el robo de tres mil camellos. Finalmente, la ola más cruel que sopló fue contra su posesión más preciosa y cercana al corazón—sus diez hijos. Murieron simultáneamente cuando un viento fuerte sopló del desierto, derrumbando la casa donde comían.

Job experimentó tempestades inmerecidas por mano de personas malvadas al igual que por eventos naturales inexplicados. Los cuales todos pasaron el mismo día. En situaciones que parecen fenomenales y sin sentido, es fácil culpar a Dios—o por lo menos preguntarle, *¿Por qué?*

ഇരിൽ

Tempestad Diaria – "Me Pasó a Mí"

Daveen era una amiga del colegio. Sólo tenía cuatro días más que yo, ella estaba llena de vida y energía—una guerrera espiritual quien disfrutaba compartir su fe. Pero, desde su niñez, batallaba con tumores cancerosos en la mayoría de sus órganos internos. Soportando tratamientos de cobalto a una edad tan tierna dejó efectos físicos permanentes. Quedó delgada y frágil físicamente, aunque su brillo espiritual lo superaba todo. Cuando era admitida al hospital, pedía una silla de ruedas para poderse impulsar de cuarto a cuarto al testificar de Cristo alegremente. Después de más problemas médicos, desarrolló neumonía, la cual eventualmente, le quitó la vida a la temprana edad de veinte años. Unos días antes de su partida, experimentó un evento futuro sobre lo cual exclamó: "Es hermoso, es hermoso."[16] Nunca olvidaré haber pasado la última noche con ella en el hospital, ni tampoco haber servido como uno de sus portadores de féretro. Muchos de nosotros cuestionamos a Dios. "¿Por qué ella? ¿Para qué pedirle que llevara una carga tan dolorosa en lugar de dársela a una persona malvada que la merecía? Ella es muy activa a largo plazo para el reino de Dios, ¿por qué quitarle la vida a una edad temprana? ¿Por qué, Dios? ¿Por qué?"

ഇരിൽ

A diferencia de la mayoría de las personas quienes se enfrentan con días desastrosos, Job no se enojó ni deshonró a Dios por permitir la llegada de la tempestad. No, sino que cayó en tierra y adoró, "El SEÑOR ha dado; el SEÑOR ha quitado. ¡Bendito sea el nombre del SEÑOR!" (Job 1:21).

¿Me estás tomando el pelo? El hombre acaba de perder todo, y lo único que dice es, *¡¡Alabado sea Dios!?* Pueda que sea sólo mi opinión, pero la reacción de Job parece ser lo opuesto de lo que haríamos muchos de nosotros si estuviéramos en una circunstancia semejante. Además, parece ser increíblemente cruel para que Dios permitiera que tal tempestad le llegara a alguien quien lo amaba, lo obedecía, y lo alababa.

Sin embargo, aquí hay una pregunta interesante: ¿Cuándo nos acercamos más a Dios—en las tempestades de la vida o cuando todo está calmado y maravilloso? Generalmente, cuando todo en la vida va bien, nos relajamos, nos volvemos complacientes, tomamos las cosas por sentado, y pensamos que merecemos lo que tenemos o creemos que lo hemos adquirido por nosotros mismos. Ah, pero dentro de las catástrofes de la vida, volvemos a Dios con vigor renovado.

❦

Dios no quiere que nos regocijemos en el sufrimiento sólo porque tiene un sentido perverso de humor. Quiere que reconozcamos que nuestras batallas nos acercan a Él. Las dificultades ... nos causan buscar a Dios, porque de otra manera quizás lo ignoramos con las circunstancias tranquilas. Ellas nos impresionan con nuestra necesidad de Dios. Exponen nuestra falta de autosuficiencia, y nos convencemos de nuestra dependencia en Él.[17]

❦

Para ser completamente claro, Dios confirma que Job no merecía las pérdidas desgarradoras. Después de que las tempestades se calmaron, Dios le preguntó a Satanás, "¿Te has puesto a pensar en mi siervo Job? No hay en la tierra nadie como él ... Y aunque tú me incitaste contra él para arruinarlo sin motivo, ¡todavía mantiene firme su integridad!" (Job 2:3). Naturalmente, pensaríamos que Job era la única persona que merecía más la protección de Dios sobre su vida, su familia, y sus posesiones. Aquí nuevamente, nuestro razonamiento humano no puede compararse con la omnisciencia divina de

Dios. Incluso, en su mejor momento, nuestra lógica simplemente no puede comprender el propósito soberano.

Los pensamientos de Dios, incluyendo los eventos y circunstancias que Él permite, son muy superiores a nuestros pensamientos. Algunas cosas nunca tendrán sentido. Sin embargo, las tempestades del sufrimiento inmerecido, el desastre, y la tristeza estrellándose imprevistamente sobre nuestras vidas son los catalizadores que nos hacen caer sobre nuestras rodillas ante Dios. Los vientos aulladores nos conmueven a clamar por Su ayuda, consuelo, y presencia. Solamente en las tempestades plenamente lo buscamos—aún si la respuesta a nuestro ¿por qué? nunca llega.

ᦉᦆ

En lugar de separarnos de Dios, el sufrimiento hace un buen trabajo de señalarnos hacia Él. Cuando buscas a Dios y escuchas Su voz, tus problemas presentes te acercarán a Él. Ahí, seguro en Sus brazos, quizás no recibes todas las respuestas que buscas— pero encontrarás el sentido en medio del dolor.[18]

ᦅᦊ

Justamente cuando Job pensó que la adversidad había terminado, otra ola se estrelló. Agregado a su tristeza y pérdida abrumadora, empezó a experimentar dificultades de salud. Le salieron llagas dolorosas desde las plantas de sus pies hasta la corona de su cabeza.

Para obtener una mejor perspectiva sobre el padecimiento de este hombre, considera el diagnóstico médico de Job. Las llagas son infecciones de la piel muy dolorosas que empiezan como un terrón rojo y duro, normalmente del tamaño de un centímetro. Al pasar los días, el terrón se hace más suavecito, más grande y mucho más doloroso. El área más común donde aparecen las llagas son los lugares más sensibles del cuerpo: la cara, el cuello, las axilas, los hombros y las nalgas.[19] Casi podemos sentir la condición desdichada de Job al lamentar, "La piel se me ha requemado y se me cae; el cuerpo me arde por la fiebre" (Job 30:30).

Imagínate, por un momento, sentado en el montón de cenizas de su vida. Bancarrota, afligido emocionalmente, la mente tambaleándose, el cuerpo cubierto de llagas. Sospecho que la mayoría de las personas se hubieran rendido a la desesperación, y se hubieran dado por vencidos con Dios. Sin embargo, cuando su esposa lo animó a maldecir a Dios y morir, su respuesta resuelta resuena a través de las edades. "Si de Dios sabemos recibir lo bueno, ¿no sabremos recibir también lo malo?" (Job 2:9-10).

Por cierto, presumimos que los familiares y amigos de Job se apresuraron para consolarlo y ayudar a restaurar una semejanza de su vida anterior. Sin embargo, esa presunción estaría equivocada. Ya conocemos la respuesta necia e insensible de su esposa. Entonces, cuando llegan sus cuatro amigos para visitarlo, la comodidad y la consolación fueron los últimos pensamientos en sus mentes.

Sus amigos tomaron turnos en acusarlo de algún pecado secreto. Cuestionaron su integridad. Lo culparon por su adversidad. Aún lo criticaron por retener su justicia. ¡Con semejantes amigos!... ¿no? En lugar de sólo acompañarlo, escucharlo, compartir su dolor, y consolarlo, sus esfuerzos además contribuyeron a su tempestad furiosa.

Al defenderse contra las acusaciones de sus amigos, Job cuestiona ¿por qué Dios había permitido su sufrimiento? Su respuesta humana, cruda a su tragedia refleja las respuestas de muchos de nosotros cuando aguantamos semejantes tempestades.

- Se arrepintió de haber nacido
- Le pidió a Dios que lo aplastara para sacarlo de su miseria
- Amargamente cuestionó por qué Dios no le perdonaba cualquier pecado que había cometido
- Averiguó si agradaba a Dios castigarlo
- Se frustró con sus amigos críticos
- Le rogó a Dios que contestara sus oraciones y clamor por alivio
- Admitió que los planes de la vida y los deseos de su corazón fueron destrozados
- Se lamentaba sobre el largo silencio de Dios
- Se preguntaba por qué las personas malas prosperaban mientras que las personas buenas sufrían
- Agonizaba sobre la injusticia e inequidad aparente del trato de la vida
- Acusó a Dios por negarle la justicia y causarle la amargura del alma
- Anhelaba la prosperidad pasada e intimidad previa con Dios

- Se acordaba de sus buenas obras pasadas y su compromiso de seguir a Dios

¿Suena familiar eso? Si puedes identificar con uno o más de estos sentimientos, debe animarnos saber que aún el justo Job pensó, sintió, y expresó cada uno. Sin embargo, en medio de sus dudas, frustraciones, y preguntas abrumadoras, la fe de Job en Dios permaneció fuerte. Vemos su confianza inquebrantable en Dios con sus palabras. "He aquí, aunque él me mate en él he de esperar" (Job 13:15, RVA-2015). "Yo sé que mi Redentor vive ... Yo mismo lo veré con mis propios ojos" (Job 19:25, 27).

Después de tolerar la discusión acalorada entre Job y sus amigos, Dios finalmente rompió el silencio. Asombrosamente, no corrigió las acusaciones ridículas y críticas que los amigos le arrojaron. No, Dios habló directamente a Job. En lugar de contestar las muchas preguntas de Job, Dios dirigió el enfoque de Job a algunas preguntas retóricas alucinantes.

Preguntó por qué Job trataba de entender la providencia divina con razonamiento humano. Dios le recordó que había creado todas las cosas y que está en control de todo—y ha estado desde antes del principio del tiempo. Delicadamente poniendo todas las tribulaciones de Job en perspectiva desde un punto de vista grande, Dios confrontó las preguntas de Job con la incomprensibilidad de Quién es. Retó el *por qué* de Job con "¿Sabes Quién Soy?"

୬ଡ଼ଓ

El SEÑOR dijo también a Job: "¿Corregirá al Todopoderoso quien contra él contiende? ¡Que responda a Dios quien se atreve a acusarlo!"
Entonces Job respondió al SEÑOR: "¿Qué puedo responderte, si soy tan indigno? ¡Me tapo la boca con la mano! Hablé una vez y no voy a responder; hablé otra vez, y no voy a insistir." El SEÑOR respondió a Job desde la tempestad. Le dijo: "Prepárate a hacerme frente. Yo te cuestionaré y tú me responderás."
(Job 40:1-7)

ୖଡ଼ଓ

Por favor nota un punto importante: Dios contestó a Job *desde la tempestad.* No calmó primeramente la tempestad ni alivió sus efectos dolorosos para tener una conversación calmada con Job. No, contestó a Job en medio de su caos y dolor.

De ésto, empezamos a comprender cómo Dios usa las tempestades para establecer nuestra confianza en Él. Titubea nuestro mundo para traernos a una intimidad más profunda con Él. Capta nuestra atención cuando finalmente admitimos, como lo hizo Job, "Yo sé bien que tú lo puedes todo, que no es posible frustrar ninguno de tus planes. Reconozco que he hablado de cosas que no alcanzo a comprender, de cosas demasiado maravillosas que me son desconocidas. Por tanto, me arrepiento en polvo y ceniza" (Job 42:2-3, 6). Aún una mirada rápida al control soberano de Dios nos ayuda a despejar nuestro orgullo, pensamientos humanísticos, y sentido de derecho equitativo.

En el análisis final, Job se rindió a la providencia de Dios, y Dios le bendijo duplicando todo lo que había tenido antes de la tempestad. Aunque no resucitó a sus diez hijos, Dios le dio otros diez—esencialmente, duplicando su familia. Notablemente, Job les dio a sus tres hijas nombres nuevos de afecto, prosperidad, y belleza. De las cenizas de su tempestad subió un nuevo *afecto* hacia Dios, una posición restaurada de *prosperidad*, y una refrescante *belleza* de Su justicia.

Mi amigo exhausto, ¿estás frustrado en medio de tu tempestad? ¿Las circunstancias inmerecidas han invadido la tranquilidad de tu vida, consumiendo todo lo que amas? ¿Amigos te han traicionado, acusado o juzgado? ¿Tus plegarias a Dios por respuestas; por consuelo y alivio quedan sin resolución? Si así es, mantente firme. Aunque Dios calla, no está ausente. Aunque permite tempestades inexplicables, viene montado sobre las olas hacia ti. Aunque rugen las tempestades, Él las controla todas con Su Voz de mando. Permite que Él cargue todas tus preocupaciones. Él aguanta la carga que llevas. Confía en Él porque ciertamente, Él tiene cuidado de tí (1 Pedro 5:7).

༄

Diré a Cristo todas mis pruebas, solo yo no las puedo llevar;
En mis angustias Cristo me ayuda, Él de los suyos sabe cuidar.[20]

༄

Juan el Bautista Comprensiblemente Dudoso

¡Dichosos si sufren por causa de la justicia! Si es la voluntad de Dios, es preferible sufrir por hacer el bien que por hacer el mal. (1 Pedro 3:14, 17)

Juan el Bautista surgió como el último de los grandes profetas. Su historia es tan significante que los cuatro escritores de los evangelios, Mateo, Marcos, Lucas, y Juan lo mencionan. Dios lo llamó desde el nacimiento y lo ungió para presentar a Jesús al mundo. Uno de sus legados inspirados fue el de tener su nacimiento predicho por dos profetas prominentes, Isaías y Malaquías, y anunciado por el ángel, Gabriel. Aunque Juan nunca hizo ningún milagro, Jesús dijo, "Entre los mortales no ha habido nadie más grande que Juan" (Lucas 7:28). Sin embargo, este gran legado no lo protegió de las tempestades de la vida.

¡Qué privilegio y responsabilidad enorme de presentar a Jesús como el Mesías prometido al mundo! Por siglos, los Israelitas se preguntaban y esperaban el cumplimiento profético. Finalmente, el día llegó cuando Gabriel, el mismo ángel que anunciaría el nacimiento de Jesús, apareció al padre de Juan, el sacerdote llamado Zacarías.

Zacarías y su esposa, Elisabet, ambos descendían del linaje sacerdotal de Aarón. Si recordamos, Aarón era el hermano de Moisés y el primer sacerdote de Israel. Con tal herencia piadosa, Zacarías y Elisabet ambos eran "rectos ante los ojos de Dios." Aún así, las nubes de tristeza y esperanzas incumplidas colgaban sobre sus cabezas. No pudieron tener hijos, y ya estaban pasados de la edad de engendrar hijos (Lucas 1:6-7).

Un día, al ofrecer Zacarías incienso a Dios en el templo, Gabriel lo asustó. Consideremos, estar cara a cara con un ángel asustaría a cualquiera. Nadie entraba a esa parte del templo sino el sacerdote asignado. De hacerlo significaba la muerte inmediata. Así que, el susto de ver a alguien, mucho menos a un ángel, asustó a Zacarías. En ese ambiente sagrado, este mensajero celestial anunció el nacimiento inesperado y milagroso de Juan.

Gabriel aseguró a Zacarías que tendrían un hijo quien sería un "gozo y alegría, y muchos se regocijarán por su nacimiento, porque él será un gran hombre delante del Señor" (Lucas 1:14-15). Como nos podemos imaginar, una vez que las personas se dieron cuenta quién era Juan, lo agolparían con anticipación emocionada. *Pues, amigo, ¿dónde está el Mesías? ¿Quién es? ¿Cuándo nos liberará de estos Romanos paganos, brutales, y tiránicos?*

Gabriel además confirmó que el Espíritu de Dios ungiría a Juan desde su nacimiento. Su propósito divino era preparar al mundo para la llegada de Cristo. ¿Qué tal suena ese anuncio de nacimiento?

Seis meses más tarde, Elisabet, quien estaba embarazada, dio la bienvenida a una visita—su prima María, quien estaba encinta de Jesús. Al escuchar que María saludara a Elisabet, Juan empezó a patear de alegría aún en el vientre de su madre (Lucas 1:41). Aún antes de nacer, Juan reconoció la presencia del Hijo de Dios, Jesucristo. Esta capacidad mental y conciencia pre-natal nos confirma que somos milagros únicos de Dios desde la concepción.

ᘏᕲ

"Tú creaste mis entrañas; me formaste en el vientre de mi madre. ¡Te alabo porque soy una creación admirable! ¡Tus obras son maravillosas y esto lo sé muy bien! Mis huesos no te fueron desconocidos cuando en lo más recóndito era yo formado, cuando en lo más profundo de la tierra era yo entretejido. Tus ojos vieron mi cuerpo en gestación: todo estaba ya escrito en tu libro; todos mis días se estaban diseñando, aunque no existía uno solo de ellos." (Salmo 139:13-16)

ᕲᘏ

Como adulto, Juan pasó mucho de su tiempo solo en el desierto de Judea. En la soledad desolada, lejos de las distracciones de la sociedad, Dios le hablaba seguido. Una vez que inició su ministerio, fielmente cumplió las responsabilidades de su destino ordenado por Dios. Jesús confirmó, Juan "ha dado testimonio de la verdad" (Juan 5:33, RVA-2015).

De lo que sabemos hasta ahora, sería razonable suponer que alguien con semejante propósito divino y legado espiritual no encontraría tempestades. Sin embargo, esa suposición estaría equivocada. Aún aquellos que Dios llama específicamente y predestina para cumplir algún propósito específico experimentan tempestades en sus vidas.

ᘓᘐ

Tempestad Diaria – "Me Pasó a Mí"

El cancer ha vuelto. En retrospectiva, sospechaba que algo
pasaba antes que los doctores me lo confirmaron. Hace dos años,
sabía que todo iba a estar bien después de la quimioterapia y
el trasplante de médula ósea. Cuando me dieron el diagnóstico
original mi ex-esposo abandonó a nuestro hijo pequeño y a mí al
decir que no lo aguantaba. Pero mejoré y mi hijo y yo estábamos
bien. El futuro parecía brillar nuevamente. Ahora la enfermedad
ha vuelto con una venganza implacable. Sólo tengo de tres a
seis meses de vida. No hay nada que los médicos puedan hacer.
A los veintiocho años de edad, ¡soy demasiado joven para esta
enfermedad temida! ¿Por qué yo? ¡No he hecho nada para
merecer esto! ¿Por qué no me sana Dios? ¿Por qué no contesta mi
oración y viene a rescatarme? ¿Quién cuidará de mi hijo cuando
yo no esté?

ഇന്റെ

Con el legado y el propósito ungidos de Juan el Bautista, nuestras mentes fácilmente lo pueden pintar como un caballero suave con una personalidad carismática, su discurso educado, y ropa de moda. Al fin, ¡estaba anunciando a Jesucristo como el Salvador del mundo! De todas las personas, su vestuario incluiría trajes de Giorgio Armani, su carro sería un Ferrari, y su educación sería un título de Comunicación de una escuela prestigiosa. Si pintaste algo semejante, tu imaginación no está en línea con la verdad.

Juan era un hombre salvaje. Vivió solo en el desierto, su rostro mostraba ser azotado por el viento y sin cuidados personales. Comía langostas y miel silvestre, y se vestía de ropa de pieles de camello (Marcos 1:6). Si nos encontraríamos con una persona semejante, sospecho que la mayoría de nosotros no le daríamos una segunda mirada. Aún, quizás pensaríamos que no tenía hogar y le indicaríamos al albergue más cercano.

Sin embargo, atraía muchas multitudes. Muchos se preguntaban si era Elías resucitado, o el Mesías esperado. Valientemente llamaba a las personas a arrepentirse y que pidieran el perdón a Dios por sus pecados, luego los bautizaba como símbolo de su arrepentimiento. Empujaba los límites aún más cuando retaba a los líderes religiosos a arrepentirse de sus pecados (Mateo 3:7-10). Como nota aparte, esta advertencia valiente puso énfasis a la gran diferencia entre ser religioso y tener una relación personal y genuina con Jesucristo.

Teniendo una responsabilidad tan pesada como la tuvo Juan, quizás sería una tentación para alguno proclamar su propia superioridad. *Oigan, conozco al Mesías venidero. ¡Él y yo somos muy allegados! No me molestes, ¡conozco al Hombre!* Sin embargo, a través de todo, Juan nunca se proclamó ser alguien especial. Aún con notoriedad y éxito, fielmente señaló a las personas hacia Jesús el Cristo, el Mesías prometido, al reconocer humildemente la preeminencia de Jesús y su propia insignificancia (Juan 3:10).

Un día al estar bautizando, Juan vió a Jesús parado en la fila larga de personas esperando ser bautizadas. Conociendo quién era Jesús, Juan se rehusó a bautizarlo. ¡De ninguna manera el siervo bautizaría a su Maestro! Al contrario, le pidió a Jesús que lo bautizara a él. Sin embargo, Jesús cumplió su destino completamente y convenció a Juan a proceder.

Imagínate la escena por un momento. ¡El Creador de todo, bautizado en el agua que Él mismo creó! Jesús fácilmente pudiera haberse volteado con Juan a susurrarle, *¿Ves este río? Yo lo creé. ¿Sientes la sensación mojada? Yo lo hice. Es emocionante, ¿verdad?*

Al salir del agua, Juan recibió una confirmación espiritual que Jesús era el Cristo prometido, el Hijo de Dios:

Ví al Espíritu descender del cielo como una paloma y permanecer sobre él. Yo mismo no lo conocía, pero el que me envió a bautizar con agua me dijo: "Aquel sobre quien veas que el Espíritu desciende y permanece es el que bautiza con el Espíritu Santo." Yo lo he visto y por eso testifico que este es el Hijo de Dios. (Juan 1:32-34)

Después de esa experiencia, Juan dirigió al público hacia Jesús. Proclamó, "¡Aquí tienen el Cordero de Dios, que quita el pecado del mundo!" (Juan 1:29). La fama y publicidad no lo habían cambiado. Permaneció fiel a su llamado y fue valiente en su método, sin embargo, fue humilde de corazón en apuntar a las personas hacia Cristo.

Parece una escena perfecta, ¿verdad? Pensaríamos que la historia terminaría con Juan gozando de su jubilación, escribiendo su biografía, y planeando giras nacionales para predicar. Nuevamente, estaríamos equivocados. Los vientos feroces de la decepción, la desilusión, y el desánimo se acercaron a su horizonte.

Al hablar la verdad que Dios le había dado, Juan retaba a las personas a arrepentirse de sus pecados. Insistía que cambiaran su manera de vivir, invitándolos a dejar sus hábitos pecaminosos. Como parte de su mensaje, señaló al Rey Herodes por su matrimonio ilícito con su cuñada. Como haría cualquier líder público avergonzado, Herodes inmediatamente detuvo a Juan y lo encarceló. Quería matarlo, pero temía incitar un levantamiento público porque muchas personas lo consideraban un profeta sagrado (Mateo 14:5).

Así que Juan estuvo detenido—el bebé anunciado milagrosamente por un ángel. El mensajero predestinado por Dios y profetizado por dos profetas prominentes del Antiguo Testamento. El presentador humilde de Jesús. El fiel proclamador de la verdad. Encarcelado. Desilusionado. Desanimado. Averiguando cómo terminó en una situación tan terrible. Indagando si todo había valido la pena. Preguntándose si Jesús en verdad era Quien se proclamaba ser.

Cuando las tempestades de la vida aumentan, la respuesta natural y humana es cuestionar a Dios y averiguar por qué permite las adversidades. Dudamos que Dios tenga un propósito o aún que esté en control de los detalles de nuestras vidas. Nos sentimos indefensos, solos, aún enojados cuando nuestros ruegos pidiéndole a Dios que cambie nuestras circunstancias quedan sin respuesta. Enfrentémoslo, duele esperar, y orar por ciertos resultados y ser decepcionado. Muy seguido, ese dolor evoluciona en desánimo y cinismo. Sin embargo, tenemos que tener cuidado de no caer allí. Dios nos instruye a guardar el corazón, no endurecerlo (Proverbios 4:23).

En su desánimo, Juan envió dos mensajeros a Jesús para una afirmación personal. Quería saber si Jesús en verdad era el Mesías Prometido o si debía seguir esperándolo. Cuando pasamos tiempo solos, este nos provee una gran oportunidad de reflexionar. Sin embargo, pasando tiempo solo en la prisión, dio a Juan oportunidad amplia de dudar y lamentar lo que le había puesto en ese lugar.

Juan enfrentaba la posibilidad inesperada de que quizás se había equivocado en algún momento. En su desesperación, se le olvidó su legado espiritual. Pasó por alto lo que Dios había compartido con él en el desierto. Descontó la paloma celestial que descendió sobre Jesús después de su bautismo. No recordó la voz del cielo que confirmaba, "Este es mi Hijo amado; estoy muy complacido con Él" (Mateo 3:17). Se enfocó sobre sus expectativas incumplidas y olvidó su destino.

ॐॐ

Alimenta tu fe y la duda morirá de hambre.[21]

ॐॐ

Las tempestades de la vida llegan inesperadamente y Satanás usa esos momentos dolorosos y vulnerables para atacar, avivando nuestra duda y desánimo. Cuestionamos a Dios, descontamos Su soberanía, y averiguamos si pasamos por alto algún detalle por el camino. Aunque Juan era el mensajero escogido por Dios, aún era humano. Aún estaba sujeto a la guerra espiritual, aún estaba propenso a la duda. Sin embargo, hizo lo inteligente—algo que todos deberíamos hacer si fuéramos sabios en medio de nuestras tempestades. Se acercó a Jesús.

Hebreos 12:1b-2 nos instruye, "corramos con perseverancia la carrera que tenemos por delante. Fijemos la mirada en Jesús." Cuando las tempestades estallan en nuestra vida, intencionalmente necesitamos enfocar nuestro corazón, mente, y alma firmemente en Jesús. Él es el único puerto estable, confiable y seguro en el caos de las tempestades de la vida.

Jesús respondió a la incertidumbre de Juan con un informe alentador acerca de los milagros que hacía. Confirmó que el evangelio estaba extendiéndose según lo planeado. Pero, asombrosamente, Jesús no rescató a Juan de la prisión. Tampoco hizo petición a Herodes para la libertad de Juan. No escenificó un alboroto, ni animó una protesta silenciosa. No, no habría un escape milagroso para Juan.

Cuando Jesús respondió, ni siquiera reconoció el encarcelamiento de Juan. Al contrario, le dijo (y estoy usando creatividad), *Juan, aguanta. Hiciste tu trabajo de una manera excelente y muchas cosas maravillosas están sucediendo. Las personas están siendo unidas a Mi reino y Mi plan final está siendo cumplido.* Cuando nos sentamos en nuestras mazmorras de desesperación y leemos la Palabra de Dios, casi podemos escuchar que Jesús susurra los mismos ánimos a nosotros.

Pronto después de recibir esta confirmación de Jesús, Juan murió en la prisión por el capricho de una bailarina, una mujer vengativa, y un rey sin carácter. Fue decapitado por hablar la verdad y hacer lo que Dios le había llamado hacer. No exhibió ninguna arrogancia infantil como lo demostró José. No había una apuesta cósmica entre Dios y Satanás como lo fue en el caso de Job. No, Juan aguantó las tempestades severas, aunque fue ordenado por Dios e hizo todo lo que Dios le pidió.

Notablemente, aunque eran familia, y Juan presentó a Jesús al mundo, Jesús no evitó las tempestades de Juan. Como Señor Soberano, Jesús sabía que soplaban en la dirección de Juan, y ni siquiera le mandó una advertencia. Jesús simplemente lo animó a enfocar su atención sobre el reino eterno que le esperaba. Un reino sin injusticia, sin prisión, sin dudas, y sin tempestades.

A veces Dios sí cambia nuestras circunstancias y calma nuestras tempestades—pero muchas veces no. Sin embargo, porque Jesús escogió no cambiar ni quitar las circunstancias de Juan, no presumimos que él sea indiferente o insensible ante nuestra adversidad. Al escuchar de la ejecución de Juan, Jesús observó un momento de silencio, de soledad y tristeza para honrar a su familiar, a su amigo, y a su mensajero escogido caído (Mateo 14:13).

$$\infty$$

Mucho valor tiene a los ojos del SEÑOR
la muerte de sus fieles.
(Salmo 116:15)

$$\infty$$

¿Te encuentras inundado por tempestades inesperadas y aparentemente injustificadas? ¿Fielmente has cumplido lo que creías que Dios pedía de ti, sólo para que te encuentres en una situación conmovedora sin salida? ¿Han entrado dudas mientras que una guerra espiritual asalta tu mente?

Mi querido y abatido compañero de viaje, aunque las tempestades rugen y las olas espumosas golpean tu fe, aprieta tu cojín de cubierta. Tápate con toda la armadura de Dios. Mantén tu mirada fija en tu Salvador, no en las paredes de tu prisión y sufrimiento. Continúa confiando que Dios obrará todo para tu bien y para Su gloria. Su plan final—y eres parte de ello— prevalecerá.

Refugio de la Tempestad

Dios quiere que escojamos amarlo voluntariamente, aún cuando esa elección cause dolor; porque estamos comprometidos con Él, y no nuestros buenos sentimientos y recompensas. Quiere que nos aferremos a Él, como lo hizo Job, aún cuando tenemos razones de negarlo ardientemente.[22]

Encontrar alivio de las tempestades *providenciales* pueda suceder o no como esperamos, o incluso durante nuestra vida. José, Job, y Juan el Bautista todos confirman que algunas tempestades suceden por mano de otras personas o eventos sobrenaturales—de los cuales Dios soberanamente permite. Pueden ser de poca duración; pueden permanecer toda una vida. Posiblemente no hayamos hecho nada para merecer nuestras luchas y dificultades. De hecho, podremos estar haciendo exactamente lo que Dios nos ha pedido, en el lugar exacto. Aún así, tempestades devastadoras pueden soplar en nuestras vidas.

Es natural que nos sintamos frustrados e impacientes con los aparentes retrasos o silencio de Dios cuando clamamos a Él. Esto es por lo general cuando rogamos o aún tratamos de manipularlo para calmar nuestras tempestades. Reclamamos uno o más de Sus muchas promesas de alivio, suponiendo que lo vamos a obligar a actuar favorablemente. "Bueno es el SEÑOR; es refugio en el día de la angustia" (Nahúm 1:7). "Muchas son las angustias del justo, pero el SEÑOR lo librará de todas ellas" (Salmo 34:19).

Sin embargo, por tratar de influenciar el favor de Dios de esta manera, no entendemos que nuestra liberación quizás no llegará en este mundo presente. Si el alivio de nuestras tempestades sí llega como respuesta a una oración específica, considéralo un regalo milagroso de Dios. Si no llega, por favor reconoce que puede retrasar el rescate completo y perfecto hasta el mundo celestial venidero.

Dios no rescató a José de sus dificultades. Orquestó los eventos de su vida para caber dentro de Su plan final de salvar a los Israelitas. Dios no rescató a Job de su tribulación ni contestó sus muchas preguntas. Se reveló a Sí mismo como el Señor Soberano y Gobernador de todo. Dios no rescató a Juan el Bautista de su prisión ni de su martirio. Lo animó con las buenas nuevas de la expansión de Su reino, el reino donde Juan pronto entraría por medio de la espada del verdugo.

Aún Jesús soportó las tempestades permitidas providencialmente. Cuando Pilato preguntó, "¿No te das cuenta de que tengo poder para ponerte en libertad o para mandar que te crucifiquen?" Jesús respondió, "No tendrías ningún poder sobre mí si no se te hubiera dado de arriba" (Juan 19:10-11). Al entregar a Pilato el libre albedrío para escoger él mismo (y no anularlo), Dios el Padre le permitió la oportunidad de torturar y matar a Jesús. Desde una perspectiva humana, esto parece irracional y de corazón frío. Sin embargo, de esta tempestad agudísima, el plan final de Dios para la salvación surgió completo. Desde la cruz Jesús declaró, "Consumado es" (Juan 19:30, RVA-2015).

Al navegar las olas tumultuosas de tempestades permitidas providencialmente, recordemos que Dios cumple todas las cosas de acuerdo a Su propósito soberano. Lo hace mientras frustra las intenciones malignas de personas equivocadas y nuestro adversario principal, el diablo. Dios cumplirá su propósito a pesar de todo el comportamiento asqueroso, vil, perverso humano, y demoníaco combinado.

Al averiguar por qué Dios permite tal comportamiento pecaminoso e intenciones viles, hay consuelo en saber que Él tiene maniobras, a pesar de nuestro caos, para hacer llegar Su orden. Como Dios soberano, Él tiene un propósito para todos y cada uno. Solamente pide que confiemos en Él.

Nos enfrentamos con varios retos cuando aprendemos a confiar en Dios dentro de nuestras tempestades, aunque no completamente entendemos las razones. Un reto en particular que es muy difícil es *esperar pacientemente* para el rescate de la tempestad. Otro reto a superar es nuestra *decepción* con Dios cuando Él no calma la tempestad precisamente cuándo y cómo se lo pedimos.

Los métodos de Dios y Su sincronización son bastante diferentes a nuestras expectativas inmediatas y temporales. Posiblemente Él no pronuncia: "Sea la paz" en nuestra tempestad, ni nos quita de las circunstancias, ni el dolor. Pero sí promete estar con nosotros, caminar a nuestro lado, darnos fuerzas, ayudarnos, y arrullarnos suavemente en Sus brazos (Isaías 41:10). De esta manera, se revela a Sí mismo íntimamente al confiar nosotros más en Él y depender más plenamente en Su control soberano.

Muy seguido en las Escrituras, Dios nos recuerda mirar hacia atrás al mismo tiempo de mirar hacia el futuro. Al mirar hacia atrás, recordamos Sus promesas y bendiciones. Al mirar hacia el futuro, anticipamos Su reino eterno donde las tempestades ya no azotan.

Hasta que lleguemos a la ribera del cielo, Dios anima a Su pueblo a vivir sin temor, a estar firmes, y a esperar la intervención de Él a nuestro favor.

- "¡No teman! Estén firmes y verán la liberación que el SEÑOR hará a favor de ustedes" (Éxodo 14:13, RVA-2015).
- "Pero ustedes no tendrán que intervenir en esta batalla. Simplemente, quédense quietos en sus puestos, para que vean la salvación que el SEÑOR les dará. ¡No tengan miedo ni se acobarden!" (2 Crónicas 20:17).
- "Fortalézcanse con el gran poder del Señor. Pónganse toda la armadura de Dios, para que cuando llegue el día malo puedan resistir hasta el fin con firmeza" (Efesios 6:10, 13).

Al sufrir a través de tempestades inmerecidas, dos cosas demandan nuestra atención. El *significado* (aún si no lo podemos entender completamente ahora) y la *esperanza* de liberación (aún si no llega inmediatamente). El significado revela el propósito final de Dios. La esperanza confirma nuestra dependencia en la liberación de Dios, o Su gracia durante la tempestad. Independientemente de las circunstancias o grado de nuestro sufrimiento, el objetivo principal de Dios es transformarnos a la semejanza de Cristo (Romanos 8:29).

Siendo Dios Omnisciente, ya conocía nuestra tempestad y su resultado. Como Dios Omnipotente, controla cada detalle. Como Dios Omnipresente, cabalga junto a nosotros, descansando sobre la cubierta de nuestra embarcación ladeante. El deseo de Su corazón es que le creamos, le amemos, y dependamos de Su gracia infinita, al mismo tiempo de confiar que Él está orquestando los detalles detrás de la escena para cumplir Su plan maestro. Usando Su Palabra para animarnos, estemos firmes en nuestra fe, permanezcamos fuertes en Su poder, y encontremos nuestro descanso acurrucado en Sus abrazos.

༺꘎༻

En lugar de pedir que Dios cambie tus circunstancias,
pídale que use tus circunstancias para cambiarte a tí.[23]

༺꘎༻

─── ⚬⚬⚬ ───

Capítulo 5

Preparación Planeada

Un Mayor Propósito Futuro

Cuando mis vagabundeos por el desierto se alargan,
y la inmensidad estéril seca mi alma.
El calor abrasador y la erosión de las arenas
explotan con conclusión abrumadora.
¿Podría ser que Dios está obrando—
para consumir lo inútil de mi vida?
¿Mi desierto tiene propósito de castigo
o preparación para un florecimiento futuro?

Las temporadas de gran calamidad y confusión han sido productivas para las mentes más brillantes. El mineral más puro es producido en el horno más caliente.[24]

MUCHO ANTES de que fueran las joyerías caras e impresionantes, los diamantes soportaban un proceso extremo y agotador. Fueron formados por aplicar calor intenso y presión extrema al carbón puro durante un período prolongado.[25] Entonces, aguantan muchos cortes tediosos y precisos por joyeros altamente expertos quienes le dan forma al asombroso producto final.

Por cierto, pocas personas recuerdan estos detalles de refinamiento al contemplar los diamantes valiosos y deslumbrante adornados en elegantes joyas. La belleza del producto final ensombrece el proceso difícil.

Por medio de un proceso semejante, Dios permite que las tempestades de la vida edifiquen, moldeen, y refinen a Sus hijos. Él reconoce el resultado maravilloso de cada persona—después de ser refinada. Él conoce el potencial que existe dentro de los talentos, dones, habilidades y personalidad de cada individuo. Para maximizar ese potencial, permite o coordina los eventos apropiados de la vida. Aunque sea muy difícil para nosotros entender, Él sabe cuáles dolores, fracasos, decepciones, y otras experiencias refinadoras son necesarias para prepararnos completamente y mejorar el carácter de cada persona hacia su fuerza y madurez plena.

Cuando mi papá estaba en el Seminario Bíblico, el hogar de su natalicio se incendió y quedó destruido. Una de las reliquias familiares era el diamante del anillo matrimonial de su mamá. Cuando había fallecido años anteriores, el anillo había sido guardado con toda seguridad en la casa. Sin embargo, el incendio implacable quemó todo—pocas relíquias quedaron. Después, al estar cerniendo las cenizas en el sótano, algo le llamó la atención a mi papá. Allí, en medio de la tragedia, encontró la cajita de metal que contenía el anillo. La argolla de oro había sido derretida, pero el diamante, que había sido formado bajo una presión y calor mucho más intenso, brillaba sin daño alguno.

Al encontrarnos en nuestros incendios, ¿estamos dispuestos a aceptarlos y aguantarlos como un proceso de refinación, de madurez, y de firmeza? Comparado con el trato intenso que los diamantes aguantan, ¿estamos dispuestos a ver las situaciones y circunstancias adversas de la vida como la manera que Dios transforma una vida completamente dependiente de Él? ¿Estamos dispuestos a "pasar por el fuego" para desarrollar la fuerza y el carácter necesario para cumplir la misión que Dios tiene para nosotros?

❧

Dios nos pone en el desierto para probarnos, para estirar nuestros músculos espirituales. Nuestras raíces espirituales crecen profundas sólo cuando los vientos en nuestro alrededor son fuertes. Quita las pruebas, y seremos espiritualmente débiles.[26]

❦

Hasta ahora hemos visto tempestades de *castigo* y de *permiso providencial*. Ahora nos enfrentamos con la realidad que Dios planea algunas tempestades para refinarnos, para fortalecernos, y para *prepararnos* para un destino futuro mayor. Algunas tempestades aún sirven con un propósito doble; por ejemplo, *castigo* por errores pasados junto con *preparación* para el destino que Dios ha planeado. No importa el propósito, al encontrarnos en las tempestades, tenemos que escoger. Nos podemos amargar y estar deprimidos a causa de las circunstancias difíciles; o podemos pacientemente y humildemente aprender lo que nos falta, permitir que el proceso de Dios de purificación completa llegue a nuestras vidas, y luego estar listos para Su plan futuro aún mayor.

❧

Pues ya saben que la prueba de su fe produce perseverancia. Y la perseverancia debe llevar a feliz término la obra, para que sean perfectos e íntegros sin que les falte nada.
(Santiago 1:3-4)

❦

Uno de los propósitos para estas tempestades es remover lo que Dios no quiere y lo que no necesitamos. Dios puede guiarnos a través de lo que parece ser un desierto seco y ardiente para nuestras almas. Hay un vacío, un sentido de falta sin resolver. Lo que antes nos energizaba ya no produce gozo. Lo que antes nos retaba y animaba ya no es atractivo. Al presentarnos con una inquietud insatisfecha, Dios obtiene nuestra atención en Su deseo de remover todo el "equipaje" innecesario que llevamos.

Ah, podemos negarlo, enmascararlo, o esconder el equipaje exceso, no obstante, es gravoso. Podría ser orgullo, ira no resuelta, juicios críticos, rebelión, impaciencia, falta de respeto, falta de empatía, depresión, resentimiento, un espíritu sin perdonar, autosuficiencia, o cualquier otra característica indeseable y no entregada—que Dios desea remover. Hasta que la tempestad del desierto lo quema completamente, Dios permanence despiadado en Su búsqueda de la transformación.

Otro propósito para las tempestades de preparación quizás sea para reforzar nuestro carácter y resolución que ya poseemos. Dios puede usar la adversidad para hacernos más efectivos para Su tarea sagrada, Su llamado supremo, Su propósito divino. Si somos honestos, tenemos que admitir que son tiempos difíciles de la vida que nos ayudan a crecer en nuestra fe, estirándonos más allá de lo que es cómodo, y profundizando nuestra dependencia sobre Dios. Sus tempestades nos llevan a las rodillas. Aún posiblemente nos hacen buscar por qué Dios nos creó y cuál es Su plan para nuestras vidas.

ℰℭ

Tempestad Diaria – "Me Pasó a Mí"

¿Por qué estoy aquí? ¿Por qué nací? No puedo descubrirlo. A nadie le interesa cómo me siento—lo que temo, adónde voy, lo que me pasa. No hay nadie con quien pueda compartir mi vida. Nadie se preocupa por compartir una palabra amable. Me podría morir hoy y nadie me echaría de menos. Actualmente, la muerte terminaría el dolor de vivir esta vida vacía y sin sentido. No hay nada que me detenga en esta existencia sin valor. He previsto el final de mi vida. Si lo hiciera, ¿alguno aparte de mi familia inmediata asistiría a mi funeral? Dudo que se derramaría alguna lágrima. Sorprendidos y perplejos quizás, pero dudo que alguno genuinamente estaría triste. No conocen el dolor que siento adentro—la soledad absoluta, el dolor desgarrador en el alma, el sentido confuso de lo nada. Nadie me ve. Soy una cáscara inexistente para todos. ¿Por qué continuar esta vida de soledad, dolor, sin sentido patético?

ℰℭ

Sí podríamos mirar tras las cortinas de la eternidad, estaríamos sorprendidos de ver lo que Dios tiene planeado—destinos más grandes de lo que pudiéramos imaginar. Para prepararnos, puede que permita tempestades en nuestras vidas para zarandear nuestro mundo mientras que Él edifica nuestro carácter, fortalece nuestra resolución, y moldea nuestra integridad.

Una vez que Él capta nuestra atención, una vez que hemos pasado por Su preparación, una vez que estamos completamente dependientes de Él en lugar de nuestras propias habilidades, Él revela Su plan. Cuando exitosamente hemos sobrevivido a nuestra tempestad, estamos preparados para prosperar en Su mayor misión. Semejantes a diamantes, después de la prueba viene el brillo.

Salmo 139:23-24 hermosamente delinea el proceso de refinamiento de sobrevivir y prosperar:

- *Examíname, oh Dios, y conoce mi corazón* es el gemido para que Dios nos limpie del pecado y remueva cualquier hábito desenfrenado (bultos, cargas)
- *Pruébame y conoce mis ansiedades* es el deseo para que Dios nos pruebe y refine para hacernos más semejantes a Él.
- *Guíame por el camino eterno* refiere a seguir obedientemente el camino al mayor futuro de Dios

En teoría, se oye fácil. Sin embargo, en práctica, se toma un compromiso inquebrantable de por vida. El calor, la presión, los cortes precisos requeridos para crear un diamante brilloso no suceden en una noche—tampoco la transformación refinante de Dios. Así que, por más difícil y contraintuitivo sea, resiste la tentación de saltar por la borda y remar frenéticamente a través de la tempestad. Permanece firme y permite que el plan perfecto y el proceso de Dios transforme tu vida a como a Él le parece mejor.

ᘓᕈ

*La alabanza más profunda de tu vida se hará
en los momentos de mayor oscuridad y dolor.*[27]

ᕈᘓ

Los próximos tres personajes Bíblicos aguantaron largas tempestades que los prepararon para su grandeza futura. La ira asesina de Moisés y su impaciencia con la promesa de Dios lo condujo lejos de la seguridad cómoda del palacio en Egipto hasta los páramos estériles del desierto de Sinaí. Vagó durante cuarenta años en el calor abrasador antes que el arbusto de Dios que ardía lo lanzó a su mayor misión. David pasó trece años entre el tiempo que Dios lo escogió como rey de Israel, huyendo para proteger su vida en el desierto, hasta que ascendió al trono. La vida impredecible y estresante de esconderse de Saul inculcó la dependencia necesaria en Dios que David necesitaría como rey de Israel. Ester subió de la oscuridad inocente a ser la reina cuyo pensamiento estratégico salvó la vida de su pueblo de la aniquilación. Su confianza en Dios y disposición de sacrificarse al momento preciso ayudó a preservar la nación por medio de la cual Jesús más tarde vendría al mundo.

Moisés Ardiente en el Desierto

El Señor, quien te asentó en el desierto, sabe precisamente qué tipo de experiencia de páramo necesitas. Sabe el lugar preciso donde las distracciones de la vida serán silenciadas, y podrás escuchar Su voz.[28]

Moisés no era un niño ordinario. Cuando nació, los Israelitas eran esclavos en Egipto bajo la mano implacable del reinado de los Faraones. Casi trescientos años habían pasado desde que José subió a prominencia, y trajo prosperidad a los Israelitas.

Dios continúo bendiciendo a Su pueblo y ellos "se multiplicaron y fueron haciéndose más y más poderosos. El país se fue llenando de ellos" (Éxodo 1:7). Como explica el comentario Halley, al tiempo del Éxodo de Egipto, habían 603,550 hombres Hebreos mayores de veinte años. Eso pone una población completa de aproximadamente tres millones.[29]

Él nuevo soberano de Egipto se le olvidó o ignoró cómo José (un Israelita) salvó a Egipto de la extinción. Consideraba que los extranjeros Hebreos eran una amenaza a su reino. Su mentalidad rebelde y arrogante y acción subsecuente revela lo que pasa cuando olvidamos las bendiciones previas de Dios. Si cada soberano previo de Egipto rutinariamente hubiera recordado cómo Dios, por medio de José, los salvó del hambre; quizás no hubieran desarrollado una idea fanática de los Israelitas. Esto subraya una perspectiva sabia y alentadora al navegar nuestras tempestades actuales: al recordar afectuosamente las bendiciones pasadas de Dios fomenta corazones de gratitud y una fe más fuerte—y quizás te guarda de tempestades futuras.

Con supremacía militar e infraestructura gubernamental, los soberanos de Egipto fácilmente esclavizaron a los Israelitas. Crearon condiciones de trabajo opresivas y empezaron a purgar la población Hebrea por demandar que cada varón recién nacido fuera ejecutado. Por implementar esta práctica atroz, una nueva generación de hombres Hebreos no podría surgir para amenazar y posiblemente derrotar el régimen Egipcio tiránico.

Dios confirmó que veía y se preocupaba de las condiciones insoportables de los Israelitas. "Ciertamente he visto la opresión que sufre mi pueblo en Egipto. Los he escuchado quejarse de sus capataces, y conozco bien sus penurias" (Éxodo 3:7). Tales eran las circunstancias bajo las cuales nació Moisés.

Como siempre, Dios intervino providencialmente para coordinar los eventos de acuerdo a Su plan. Moisés nació dentro de una familia que temía a Dios y que arriesgaron sus vidas en salvar y proteger a su hijo recién nacido. En lugar de tirarlo a su muerte en el río Nilo como el Faraón había mandado (Éxodo 1:22), la madre de Moisés lo escondió en su hogar por tres meses. Cuando ya no podía encubrirlo (¿has intentado esconder a un infante hambriento, triste, cansado?), ella lo colocó en una canasta impermeable y estratégicamente la posicionó entre los juncos a la orilla del río. Sabía que la hija del Faraón venía seguido a bañarse, así que la madre ansiosa esperaba hacer estallar compasión en el corazón de ella para salvar a Moisés.

Fiel a su rutina, la hija del Faraón llegó al río. Al escuchar el llanto de Moisés, lo rescató y eventualmente lo llevó al palacio como su hijo. Según el famoso historiador, Josephus, Moisés ha de haber sido un niño muy lindo.

La belleza del niño fue tan notable y natural que en muchas ocasiones detuvo a los espectadores, y los hacía quedar más tiempo al contemplarlo.[30]

Siendo hijo adoptivo de la heredera real, Moisés "fue instruido en toda la sabiduría de los egipcios, y era poderoso en palabra y en obra" (Hechos 7:22). Como un príncipe prominente, mandaba el ejército de Egipto y se distinguió como un hombre militar poderoso y estratégico con grandes victorias sobre la invasión del ejército de Etiopía.[31]

Criado y educado en Egipto, pero nacido Hebreo, Moisés estaba excepcionalmente calificado para mezclarse con ambos grupos de personas. Su herencia le dio credibilidad con los Israelitas. Su adopción Egipcia, educación, etiqueta, y estado le concedió acceso al Faraón.

Por decir, Moisés tenía todo a su favor y estaba en línea para ser el próximo rey de Egipto—o al menos, segundo en mando. Era robustamente guapo, tenía carisma, educación, riqueza, poder, y prestigio. ¿Cómo podría alguna tempestad de la vida alcanzar a tal hombre, mucho más afectarlo negativamente?

Durante los años formativos de la niñez, Dios incitó a la hija del Faraón a permitir que la madre biológica lo amamantara y lo criara. Esto dio a su madre una oportunidad de inculcar en él las tradiciones y la fe Hebrea en el único Dios verdadero, Jehová—el Dios de Abraham, de Isaac, y de Jacob. Ella le enseñó que Dios rescataría a Su pueblo escogido algún día para llevarlos a la Tierra Prometida.

Esta enseñanza indudablemente hizo un impacto sobre Moisés porque eventualmente dejó su riqueza y prestigio del palacio y "prefirió ser maltratado con el pueblo de Dios a disfrutar de los efímeros placeres del pecado" (Hebreos 11:24-25). Valoró la desgracia por el bien del reino de Dios más que su riqueza, estado, y comodidad. A cierto punto, algo cambió en Moisés. Conociendo el legado espiritual de los Israelitas, le ha de haber quebrantado el corazón al ver la opresión, los azotes, y maltratos de la labor de esclavitud.

Un día, vio a un Egipcio golpeando salvajemente a un Hebreo. Sabiendo que Dios había prometido liberar a Su pueblo, quizás Moisés vio esto como una oportunidad de iniciar la liberación. Quizás pensó, *Este trato brutal no es justo. No está bien y alguien necesita arreglarlo. Quizás empezaré una revolución con este Egipcio aquí.*

En lugar de buscar la dirección de Dios, Moisés mató al Egipcio, pensando que estaba defendiendo a un hermano Hebreo. Poco sabía que su decisión al cometer asesinato en un ataque de ira descontrolada le costaría caro. Al actuar con sus propias fuerzas y en el momento oportuno, careció del poder, la provisión, el momento, y la bendición de Dios. También nos pasa a nosotros cuando tratamos de resolver las adversidades de la vida—sí, aún nuestro destino—en nuestras propias fuerzas.

Algunos días después, Moisés intentó resolver un argumento entre dos hombres Hebreos. Cuando uno le preguntó si lo iba a matar tal como había matado al Egipcio, me supongo que el corazón de Moisés dio un vuelco. Había enterrado el cuerpo y nadie debía saberlo. Sin embargo, su asesinato secreto ya no era secreto. Irónicamente, años después Moisés escribió, "pueden estar seguros de que no escaparán de su pecado" (Números 32:23). Lo que pensamos que está hecho en secreto, Dios (y a veces otras personas) aún ve, oye, y sabe completamente (Lucas 12:2-3).

෧෨ Q෬

Tempestad Diaria – "Me Pasó a Mí"

Dios, he perdido todo—trabajo, familia, y hogar. Mis amigos no me llaman, mi familia está avergonzada, mis amigos de la iglesia me juzgan. Me siento torpe y avergonzada solo con estar entre las personas. ¿Cómo pude ser tan estúpida? Sólo hace seis meses fui una historia de éxito móvil y ascendente. Excedí mis metas de ventas, mis clientes me amaban. Mi jefe mencionó una posibilidad de una promoción. Todo lo que tenía que hacer era aguantar hasta la fecha. Pero el dinero era escaso, mis hijos necesitaban frenos dentales, la colegiatura de mi esposo, los pagos del carro y la casa. Así que hice lo inconcebible. Empecé a coger dinero de la cuenta para gastos menores de la compañía. Al principio, sólo eran sumas pequeñas. Después de unos meses, sin embargo, no era suficiente—y era tan fácil tomar el dinero. Me justificaba por pensar que lo pagaría una vez que recibiera la promoción. Pero en lugar de una promoción, me descubrieron y fui arrestada. Agradecidamente, siendo que era mi primera convicción, el juez fue indulgente. Tengo que restaurar el dinero, junto con una multa, pero el servicio a la comunidad es humillante. Perdí mi trabajo, ahora nadie me da trabajo con mis antecedentes penales. ¿Qué voy a hacer? ¿Cómo puedo volver de esto? ¿Quién jamás me querrá o confiará?

෧෨ q෬

Cuando las noticias del homicida llegaron hasta el Faraón, puso una demanda sobre la cabeza de Moisés. Si Moisés hubiera escogido permanecer en las gracias de Egipto, posiblemente pudieran haber ocultado el crimen. Sin embargo, siendo que se alió con los Israelitas, llegó a ser un fugitivo. Ningún Hebreo, hijo adoptivo o no, podría matar a un Egipcio y ser inocente. Si sus acciones no fueran castigadas, posiblemente causaría una revolución. Aquellos tres millones de esclavos quizás harían un intento de derribar a sus gobernadores opresivos.

Moisés hizo lo único que podía hacer—corrió para salvarse la vida, hasta el desierto desolado y pedregoso a lo que hoy día es conocido como Arabia Saudíta. Allí en el terreno brusco, solo, culpable, temeroso, confuso, sin hogar, y muy retirado de los placeres y delicias de su realeza, Moisés encontró su tempestad. Lo sopló desde el palacio hasta una casa de pobres.

Algunas de nuestras tempestades se asemejan a lo que Moisés experimentó—un desierto seco, ardiente, que seca el alma. Día tras día, el sol incandescente y quemante y las relucientes olas de calor desorientan nuestra mente. Vagamos por el desierto ardiente, polvoso buscando el oasis sólo para encontrar que hemos estado caminando en círculos y no estamos cerca del alivio. Eso describe la tempestad de Moisés—una que duró cuarenta años.

℘℘

Los momentos más difíciles de mi vida son cuando no veo a Dios obrando en mí. Puede que esté revisando los lugares desapercibidos de mi vida para asegurarse de que puedo manejar el estrés y las tempestades que Él sabe que se avecinan.[32]

℘℘

Al pasar los años, Moisés indudablemente atravesó por las emociones humanas habituales de pérdida, frustración, enojo, culpa, remordimiento, desánimo, y soledad. El silencio del desierto y la soledad ofrecían tiempo amplio para pensar de su pasado, su enojo, su impaciencia, y el intento de asesinato contra aquellos que brutalmente mataban a su pueblo.

Probablemente pasó los primeros varios años justificando sus acciones y lamentando lo que había perdido. No obstante, al pasar lentamente el tiempo, Dios usó esa experiencia del desierto para refinarlo y prepararlo para un futuro espectacular.

Ves, Moisés tenía unas características, comportamientos, y mentalidades que tenían que cambiar antes que Dios lo pudiera encomendar con su tarea destinada. Habiendo vivido una vida de realeza con tratos preferidos, probablemente dieron a Moisés una mentalidad orgullosa y privilegiada. Su educación y éxitos militares posiblemente alimentaban su independencia y su autosuficiencia. Todos estos rasgos combinados posiblemente avivaron el enojo y la impaciencia que últimamente lo llevaron al asesinato.

Afortunadamente, en su gracia y misericordia, Dios se especializa en remover nuestro pasado pecaminoso al refinarnos en vasos dignos para Su servicio. Este refinamiento fue el propósito de la experiencia de cuarenta años en el desierto para Moisés. Sí, Dios lo *castigó* por tomar los asuntos en sus propias manos, y adelantarse en el plan y el tiempo. Pero Dios además lo *preparó* para una responsabilidad futura mucho mayor.

৩৽৻৶

La soledad y lo áspero del desierto desarrollaron
cualidades sólidas, imposibles de adquirir
en la delicadeza del palacio.[33]

৵৽৻৶

Para llevar a cabo la promoción futura, Moisés tenía que aprender cómo sobrevivir en el desierto. Necesitaba saber dónde estaban las fuentes de agua y cuáles barrancos eran intransitables, y sin salidas. Tenía que aprender cuáles serpientes eran venenosas y cuáles no—y cómo curar sus mordidas. Tenía que descubrir el vestuario apropiado que lo protegería contra los rayos del sol sin sofocarlo con calor insoportable. Necesitaba aprender paciencia para tratar con las demandas futuras del liderazgo. Lo que Moisés necesitaba, para cumplir la tarea futura de Dios, no lo pudo aprender en el palacio. Las lecciones de la "Universidad del Desierto de Dios" lo prepararon para guiar a los Israelitas a través del desierto en su viaje de cuarenta años.

En maneras semejantes, Dios nos lleva a través de los desiertos de la vida. A veces para disciplinarnos, pero siempre para refinarnos. Su meta principal es formarnos, moldearnos, y transformarnos a las personas que Él necesita para Sus propósitos futuros y Su reino venidero.

Quizás necesitamos el calor del desierto para quemar unos de nuestros hábitos pecaminosos. Quizás necesitamos la arena abrasiva para lijar algo de nuestras actitudes arrogantes. Quizás necesitamos la soledad remota, lejos de las distracciones y rutinas de nuestra vida anterior, para que Él reciba nuestra atención completa. Solamente en nuestra tempestad del desierto escuchamos la voz de Dios desde el arbusto ardiente. Solamente en el ambiente difícil de la adversidad puede ser desarrollado nuestro carácter a su mayor valor.

~∞~

Alrededor de la llegada del siglo 20, una barra de acero valía $5. Sin embargo, al ser forjada en herraduras, su valor era $10. Al ser hecha en agujas, su valor era $350. Al ser usada para hacer cuchillas para navajas de bolsillo, su valor era $32,000. Al ser hecha en resortes para relojes, su valor aumentó a $250,000. ¡Qué golpeteo tuvo que aguantar la barra para tener tanto valor! Pero, ¡cuanto más que fue martillada, formada, y sujeta al fuego, golpeada y pulida, mayor era su valor![34]

~∞~

Mi estimado viajero del desierto, deshuesado y reseco, al arrastrar tus pies sobre la arena quemante de tu tempestad, mantén viva la esperanza. Dios está contigo. Dice, "No se acuerden de las cosas pasadas ni consideren las cosas antiguas. He aquí que yo hago una cosa nueva; pronto surgirá. ¿No la conocerán? Otra vez les haré un camino en el desierto, y ríos en el sequedal" (Isaías 43:18-19, RVA-2015).

Evita revivir y lamentar los errores pasados o circunstancias que te trajeron al desierto. Te animo a que aprendas lo que puedas de tu tempestad. Mantén abierto tu corazón a lo que Dios te revela. Es el Maestro de segundas oportunidades y nuevos comienzos. Aunque te sientas andrajoso, exhausto, y desgastado, descansa confiadamente en el oasis de Su amor y bebe profundamente de la fuente de Su gracia.

~∞~

*Al pie de la cruz de Cristo, con gusto tomaría mi lugar,
La sombra de una roca poderosa en tierra fatigada;
Un hogar en el desierto, un descanso por el camino,
Contra el calor abrazador del mediodía,
Y la carga del día.*[35]

~∞~

David Huyendo para Salvarse la Vida

Dios está conspirando para nuestro bien. En todos los contratiempos y resbalones, Él está ordenando nuestro mejor futuro. Cada evento de nuestros días está diseñado para acercarnos hacia Dios y a nuestro destino.[36]

Probablemente conocemos mejor a David por matar a Goliat, por cometer adulterio con Betsabé, por matar al esposo de Betsabé, por escribir muchos Salmos, y por ser el rey más celebrado de Israel. Sin embargo, Dios lo conoció como "un hombre según Su corazón" (1 Samuel 13:14, RVA-2015). David amaba a Dios profundamente y apasionadamente. Aún su nombre significa *bien amado.*[37] Seguramente, pecó horriblemente en su jornada—y pagó un precio terrible. Sin embargo, siempre volvió a Dios.

Encontramos un resumen adecuado en 1 Reyes 15:5: "Pues David había hecho lo que agrada al SEÑOR, y en toda su vida no había dejado de cumplir ninguno de los mandamientos del SEÑOR, excepto en el caso de Urías el Hitita." Lo veo interesante que Dios aún recordó el asesinato de Urías, aunque había perdonado a David de sus pecados. Esto nos recuerda que a veces nuestros errores pasados, aunque perdonados, permanecen como parte de nuestra reputación y futuro. Este verso nos debe motivar a pensar larga y duramente al enfrentarnos con las opciones del pecado. Las elecciones que hacemos puedan tener implicaciones de por vida. Como dice Chuck Swindoll, "La confesión y el arrepentimiento ayudan a sanar la herida, pero nunca pueden borrar las cicatrices."[38]

Al mirarlo más de cerca, encontramos que David fue sensible a la dirección de Dios y sumiso a su llamado (Salmo 119:11, 16). Escuchamos su deseo apasionado de una relación íntima con Dios: "Como ansía el venado las corrientes de las aguas, así te ansía a ti, oh Dios, el alma mía" (Salmo 42:1, RVA-2015). De ninguna manera fue perfecto. No obstante, después de su gran pecado, escuchamos su arrepentimiento y sentimos su quebranto al llorar por el perdón y la restauración.

ঔৎ

Ten piedad de mí, oh Dios, conforme a tu gran amor;
conforme a tu misericordia, borra mis transgresiones.

Lávame de toda mi maldad, y límpiame de mi pecado.
Yo reconozco mis transgresiones; siempre tengo presente mi pecado.
Contra ti he pecado, solo contra ti, y he hecho lo que es malo ante tus ojos;
por eso, tu sentencia es justa, y tu juicio, irreprochable.
Crea en mí, oh Dios, un corazón limpio y renueva un espírit firme dentro de mí.
No me alejes de tu presencia ni me quites tu Santo Espíritu.
Devuélveme la alegría de tu salvación; que un espíritu de obediencia me
sostenga. (Salmo 51:1-4, 10-12)

☙◦❧

Así que, ¿quién es este hombre que es según el corazón de Dios? Si piensas que nació con una brújula divina en las manos y disfrutó de una vida de viento en popa, piensa otra vez. Era el menor y muchas veces olvidado hijo de una familia de pastores. Lo primero que escuchamos de él es cuando Samuel llegó a la casa de su padre buscando ungir al próximo rey de Israel. ¿Dónde está David? Está en el campo con las ovejas, fielmente cumpliendo sus responsabilidades sin ser distraído con las festividades de la visita de un hombre santo.

Para entender mejor por qué Samuel estaba buscando elegir al próximo rey de Israel, necesitamos tomar un paso a un lado para contemplar al rey vigente, Saul. Él se había desviado en su relación con Dios descaradamente, desobedeciéndole, y dejó de buscar Su dirección en sus decisiones diarias. De tal manera, Dios inició el proceso de reemplazarlo.

Esto nos da una perspectiva de la mente de Dios. El agradece nuestra participación en Su plan general. Sin embargo, cuando lo desobedecemos o lo ignoramos, y nos extraviamos de Su plan, a menudo honra nuestras decisiones de libre albedrío y escoge a otra persona quien está dispuesta a obedecerle y seguirle. Encontró tal corazón dispuesto en David.

ও◦ৎ

Las oportunidades nunca son perdidas; otras personas las encuentran.

☙◦❧

Al enviar a Samuel a la casa de David, Dios confirmó que el próximo rey de Israel vendría de aquella familia. Isaí, el padre orgulloso, desfiló a cada uno de sus siete hijos delante de Samuel. Cada hombre poseía cualidades visibles y reputacionales que influenciaron a Samuel a escogerlo basado en el razonamiento humano. Pero Dios le susurró, "Samuel, no escogas basado en apariencias externas—mira el corazón."

En su afán de reemplazar a Saúl, la búsqueda de Samuel en encontrar un hombre igual a Saúl le impedía ver al escogido de Dios. De manera semejante, a veces perdemos lo mejor de Dios porque nuestros ojos, corazones, y mentes están consumidos con lo que nosotros queremos que sea y no con el plan de Dios. Olvidamos que Dios conoce lo que necesitamos aún antes de saber que lo necesitamos. Así como Samuel, al enfrentarnos con una decisión, es sabio esperar la clara y directa dirección de Dios antes de seguir con decisiones y planes personales. Proverbios 16:9 confirma que quizás tengamos nuestro corazón puesto en cierta dirección, pero Dios dirige nuestros pasos.

Después de descartar a todos los siete hermanos, Samuel le preguntó a Isaí si tenía otros hijos. *¡Oh, espéreme!* Isaí de pronto recordó a su hijo menor, quien fielmente está cuidando del rebaño de la familia. Háblame de "Si no lo veo, no lo recuerdo."

Rápidamente Isaí envió unos mensajeros para traer a David para presentarlo delante de Samuel—quien inmediatamente sintió la aprobación de Dios. Como era costumbre, Samuel ungió a David en presencia de su familia.

Siendo un joven de aproximadamente diecisiete años, me imagino que éste anuncio lo llenó de emoción y anticipación. Si hubiéramos estado presentes ese día, quizás lo hubiéramos escuchado decir, "Bueno, si soy el próximo rey, mandamos pedir un carruaje de limusina para llegar al palacio en estilo para la ceremonia oficial. ¡Iniciemos mi reinado!"

No tan rápido. Nubes oscuras se estaban formando en el horizonte.

Dios quizás lo escogió para ser el próximo rey, pero estaba lejos de estar listo para semejante tarea. Trece años turbulentos pasarían antes que David ascendiera al trono designado por Dios. Este futuro rey pasaría esos trece años huyendo para salvar su vida de Saúl, el rey actual, celoso y conspirador.

Esos trece años de deambular en el desierto prepararon a David para ser un rey exitoso. En ese ambiente árido y abrasivo, aprendió unas habilidades de supervivencia, exitosamente se escondió de sus enemigos, y atrajo una banda leal de guerreros marginados quienes llegaron a ser una unidad de lucha cohesiva.

A través de todas estas circunstancias y luchas adversas, Dios desarrolló las cualidades de carácter en David necesarias para su enorme responsabilidad futura. 1 Samuel capítulos 17-31 revelan cómo varios eventos en la vida de David maduraron su carácter, sus habilidades, su fe, su visión, su diplomacia, y su integridad.

- Matar a un león y a un oso al proteger sus ovejas profundizó su autoestima.
- Derrotar a Goliat fortaleció su fe en Dios al expandir su reputación.
- Nutrir su amistad con el hijo de Saúl, Jonatán, estableciendo su conexión con información privilegiada del palacio, que le salvó la vida varias veces.
- Tocar música para el temperamental Rey Saúl le ofreció visión a las presiones del palacio, y conciencia de cómo las acciones del rey afectaban a los que le rodeaban.
- Guiar al ejército de Saúl le permitió aprender y desarrollar estrategias militares exitosas.
- Rechazar los intentos repetidos de Saúl de ganar favores personales lo mantuvo con los pies en tierra, independiente, y consciente de sus principios humildes.
- Servir como capitán de los guardaespaldas del rey inculcó un sentido de confianza requerido entre su círculo interno.
- Guiar un grupo de hombres descontentos endeudados creó una base leal quienes llegaron a ser el núcleo de su ejército real.
- Pelear varias batallas contra fuerzas mayores profundizó su dependencia en Dios.
- Rehusar matar al Rey Saúl, aunque tuvo la oportunidad varias veces, magnificó su respeto de la posición real y maduró su paciencia en la sincronización y el propósito general de Dios.

La mayoría de estas oportunidades de aprendizaje involucraron niveles altos de temor, una pelea desesperada de supervivencia, y la necesidad de adaptarse rápidamente a situaciones cambiantes. Esto enfatiza nuestro potencial para el crecimiento ante la adversidad. ¿Cómo podemos superar el temor si nunca lo enfrentamos? ¿Cómo sabemos que en verdad creemos algo hasta que de ello mismo depende nuestra vida? ¿Cómo podemos madurar y crecer en fuerzas si nunca enfrentamos situaciones de desafíos que aumentan nuestra fe?

ಐೋ೮

Tempestad Diaria – "Me Pasó a Mí"

Dios, estoy tan cansado de esperar. Claramente me enseñaste el camino a seguir. Lo escuché tan claramente como si me estuvieras hablando cara a cara. En fe, vendí mi casa, renuncié a mi trabajo, y me puse a disposición de ese llamado que estaba seguro venía de Ti. ¡Pero eso hace tres años! La casa no se ha vendido, el mercado del trabajo ha cerrado. ¿Ahora cómo voy a sobrevivir? Mis amigos me creen tonto por actualmente creer en Ti. ¡Ahora me enfrento a la ruina financiera! ¿Me equivoqué? ¿Actué con demasiada prisa? ¿No debí haber actuado con fe cuando sentí Tu llamado y dirección? Conoces mi corazón, Dios. Estoy dispuesto a seguirte. Pero ya no escucho Tu voz ni siento Tu dirección. ¿Adónde Te fuiste? ¡Necesito Tu ayuda y la necesito ahora!

ಐೋ೮

Algunas de las tempestades más traumáticas de la vida son aquellas que rugen en nuestra mente. Cuando los vientos del temor, la duda, la confusión, y la incertidumbre soplan sobre la corriente creciente de peligro físico, nuestras advertencias de tormenta entran en alerta máxima. Entonces, en lugar de dar pasos de fe para seguir a Dios, permitimos que la ansiedad nos paralice. Por esta razón, la Palabra de Dios repetidas veces nos instruye a controlar nuestra mente, nuestros pensamientos, y nuestras mentalidades. Una mente sin controlar puede ser un enemigo formidable.

Aunque David supo que Dios lo escogió y lo ungió para una tarea futura maravillosa, aún experimentó angustia mental en luchas diarias. Escucha su desesperación al llorar ante Dios en medio de una de sus tempestades:

¡Sálvame, Dios mío, ¡porque las aguas ya me llegan al cuello! Me estoy hundiendo en un pantano profundo y no tengo dónde apoyar el pie. Estoy

en medio de profundas aguas y me arrastra la corriente. Cansado estoy de pedir ayuda; tengo reseca la garganta. Mis ojos languidecen, esperando la ayuda de mi Dios. Sácame del lodo; no permitas que me hunda. Líbrame de los que me odian y de las aguas profundas. No dejes que me arrastre la corriente; no permitas que me trague el abismo, ni que el foso cierre sus fauces sobre mi. Respóndeme, SEÑOR, por tu bondad y tu gran amor; por tu inmensa misericordia, vuélvete hacia mí. No escondas tu rostro de este siervo tuyo; respóndeme pronto, que estoy angustiado. (Salmo 69:1-3, 14-17)

Raspándose en las rocas irregulares de una colina lejana. Escondiéndose en cuevas oscuras y pegajosas. Jadeando contra el aire caliente y seco del desierto. Noches de velada, guardándose contra ataques silenciosos. David aguantó con éxito tales tempestades a causa de su fe tenaz en Dios y su enfoque inquebrantable en la promesa de Dios de un trono futuro.

Tempestades temibles, ambientes cambiantes, circunstancias difíciles, estirándose y creciendo más allá de lo cómodo—todos ayudan a establecer nuestra identidad. Son las herramientas que Dios ocupa para desarrollar el carácter y las características necesarias para llegar a ser la persona que nos creó.

૭૦૦

La adversidad nos prepara para el destino que Dios planea para nosotros.

ઠ૦ઠ

A través de todo, David mantuvo en mente su meta final. Con cada nueva dificultad, ha de haber recordado a Samuel ungiéndolo como rey de Israel. Cada amanecer despertó su esperanza renovada de que estaba un día más cerca del trono.

Todos enfrentamos luchas y retos que tenemos que superar. Pero seremos sabios en hacerlo con los ojos puestos en el premio. El apóstol Pablo lo comparó a extenderse hacia la meta para ganar el premio por el cual Dios nos ha llamado (Filipenses 3:14). Como corredores olímpicos intencionalmente se enfocan en la línea de meta a través de la carrera completa, mantengámonos enfocados en las promesas de Dios. Tal mentalidad no se preocupa de los corredores adelante, al lado, ni detrás, ni está distraído por la audiencia frenética en las estanterías grandes.

Cuando Jesús le dijo a Pedro que le siguiera, Pedro tuvo la audacia de preguntar qué era lo que Juan debía hacer. La respuesta de Jesús aplica igualmente hoy día: "¿A ti qué? Tú sígueme" (Juan 21:22). Seremos sabios en mantenernos atentos a la carrera que Dios pone delante de nosotros, corriendo pacientemente, y con propósito.

En su libro maestro, *Los 7 Hábitos de Personas Altamente Efectivas*, Steve Covey nos anima a iniciar cada nuevo reto con el fin apropiado en mente:

> *Cuán distintas son nuestras vidas cuando en verdad conocemos lo que es profundamente importante para nosotros, y, manteniendo ese cuadro en mente, nos administramos cada día a ser y hacer lo que realmente importa. Si la escalera no está inclinada sobre la pared correcta, cada paso que damos solamente nos lleva a la meta equivocada más rápido. Podremos estar muy ocupados, podremos ser muy eficientes, pero también seremos verdaderamente efectivos sólo cuando iniciamos con la meta en mente.[39]*

Semejante a la educación de Moisés por cuarenta años en la Universidad del Desierto de Dios, David pasó su tiempo de desarrollo huyendo, sudando, peleando, trepándose, y sobreviviendo en el desierto. Chuck Swindoll explica: la Soberanía de Dios lo llevó allí para entrenarlo en la soledad, la oscuridad de fama, la monotonía, y la realidad.[40] Estos ambientes también son los que Dios usa para desarrollarnos.

- Al pasar por tempestades de *soledad,* Dios tiene nuestra plena atención sin las distracciones de la vida cuando todo va bien, de acuerdo a nuestro plan. Una de las lecciones más valiosas que aprendí en mis tempestades pasadas es que Dios nos separa de lo que distrae. El discernimiento afilado y la disciplina nos guardan contra aquellas personas que pensando bien quieren rescatarnos prematuramente de nuestra tempestad. Aunque tal consuelo es un alivio, sólo detiene lo que Dios está tratando de realizar.

Edificamos integridad duradera en la *oscuridad.* Esto es quienes somos y lo que hacemos cuando nadie nos ve. Fidelidad en la oscuridad confirma que somos de confianza en el centro de atención. Recuerden: fiel en lo poco, encomendado con mucho; infiel en lo poco, confiado con nada (Lucas 16:10).

En la *monotonía,* rutina insignificante de la vida, desarrollamos fidelidad con los detalles pequeños. La consistencia, aunque a veces aburrida, es lo que forma los hábitos. Haciendo lo correcto cada vez para poderlos hacer excepcionalmente.

Al enfrentarnos con la *realidad* de la vida, desarrollamos habilidades necesarias para el futuro por incorporar lecciones aprendidas hoy a decisiones que afectan mañana. Seremos sabios en desarrollar una perspectiva eterna que influencia las acciones, el comportamiento, las elecciones y las decisiones de hoy pensando en la eternidad.

꙳

Cuando Dios desarrolla nuestras cualidades interiores,
nunca tiene prisa.[41]

꙳

La vida sería una navegación serena y tranquila si Dios revelara Su plan futuro simplemente por escribir instrucciones específicas, las envolviera en cajitas de regalo con moños lujosos, y nos las diera antes de tomar nuestro primer paso de fe o una vuelta equivocada. Sin embargo, así no hace Su obra. En Su Soberanía, Él conoce que el dolor y la experiencia ganada durante el proceso del desarrollo son lo que nos prepara para el futuro que nos espera.

Para ser el rey que Dios había escogido, David necesitaba soportar las dificultades de vivir en un páramo árido y seco. Necesitaba desarrollar los instintos de sobrevivir. Necesitaba pelear algunas batallas para atraer y construir un ejército leal que serviría y protegería su reinado futuro. Necesitaba aquellas pruebas—aquellos momentos bajos, solitarios—para tornar su corazón completamente hacia Dios. Necesitaba aquellas luchas para desarrollar persistencia personal y dependencia completa en Dios para su seguridad, sustento, y último propósito en la vida.

Oh, viajero abatido por la tempestad, quizás estás frustrado y cansado con el estrés y las luchas de la vida. Quizás estás mentalmente exhausto por las complicadas giras y vueltas de tu ambiente presente. Si aprendes algo de David, que sea esto: independientemente de las tempestades y los aparentes retrasos en el alivio que buscas, decídete seguir a Dios apasionadamente y resuelto con todo tu corazón. No importa el resultado.

Cuando las tempestades de la *confusión* te amenazan, confía en Su Palabra que no cambia. Cuando las inundaciones de *duda* suben a tu mente, descansa en Su presencia permanente. Cuando los vientos fríos del *temor* te aprietan el corazón, llama a Aquel quien puede calmar cada tempestad y Quien repetidas veces dice, "No temas." Confía en el plan Soberano de Dios. Aún en medio de las tempestades crujientes de la vida, refúgiate en las palabras bien conocidas de David de paz, serenidad, y confianza en Dios.

> *El SEÑOR es mi pastor; nada me faltará. En prados de tiernos pastos me hace descansar. Junto a aguas tranquilas me conduce. Confortará mi alma y me guiará por sendas de justicia por amor de su nombre. Ciertamente el bien y la misericordia me seguirán todos los días de mi vida. (Salmo 23:1-3, 6, RVA-2015)*

Ester Abrazando Su Destino

Cosas malas sí suceden; cómo respondo a ellas define mi carácter y la calidad de mi vida. Puedo escoger sentarme en tristeza perpetua, inmovilizado por la gravedad de mi pérdida, o puedo escoger levantarme del dolor y atesorar el regalo más precioso que tengo—la vida misma.[42]

> *Si alguna persona hubiera sido calificada a estar enojada con Dios por las experiencias dolorosas e injustas de la vida, sería Ester. La muerte de sus padres, cuando ella era niña, la dejó huérfana al cuidado de su primo mayor, Mardoqueo, quien con amor la crió como su hija. Vivían en el exilio porque Nabucodonosor había conquistado a los Israelitas y los había llevado a Babilonia como esclavos. Haciendo peor la situación, los Medo-Persia brutalmente defendieron a Babilonia (Daniel 5:30). Así que cuando sentimos que nuestras vidas están en ruinas, pensemos en Ester creciendo con todo aquel quebrantamiento de corazón, confusión, y agitación geopolítica.*

Al desarrollar su historia, encontramos que ella era una señorita muy atractiva. Sin embargo, aún su belleza llegó a ser una carga pesada. Atrajo la atención lujuriosa de Asuero, el rey Perso (generalmente identificado como Artajerjes I) quien buscaba la mujer más hermosa de la tierra. Cuando sus secuaces la espiaron, la secuestraron y la entregaron al harén del rey.

Aunque sus experiencias horribles de la vida parecían aleatorias e injustas, encontramos a Dios detrás de las escenas, silencioso, invisible, sin embargo, activamente orquestando los eventos que la trajeron al lugar de la realeza, prestigio, poder, y victoria.

ℰↄℭℛ

Tempestad Diaria – "Me Pasó a Mí"

¡Dios, que lío! ¡Empecé la vida tan bien! Gocé de caminar íntimamente contigo y parecías bendecirme. Pero, en algún momento del camino, todo cambió. Circunstancias fuera de mi control empezaron a llover implacablemente. Sin lugar a duda, ni se siente que estoy viviendo MI vida. ¡Estoy atrapado en la pesadilla de otra persona, y deseo que me despiertes! ¡NO me apunté para esta vida! Tenía un plan, un propósito a seguir. Pero ahora, nada tiene sentido—simplemente no se siente correcto. Parece que soy extranjero viviendo en un planeta desconocido en un cuerpo ajeno. ¡Estoy tan perdido! ¿Por qué estoy aquí? ¿Cuándo viró mi vida del plan? ¿Cuándo me enseñarás cómo volver al camino correcto?

ℰↄℭℛ

Lo más difícil es creerlo, el escritor de la historia de Ester nunca menciona a Dios. La narrativa Bíblica no se refiere a Él como si estuviera haciendo nada, ni describe la fe de Ester en Él. Pero, plenamente vemos cómo Dios usa las tempestades dolorosas y aparentemente aleatorias de su vida para llevar a cabo Su plan final.

Al soportar la adversidad, somos sabios en recordar que Dios tiene un plan. Aunque no podemos ver ni sentir Sus promesas, aunque nuestras lágrimas permanecen toda la noche, el gozo llega en la mañana (Salmo 30:5). Cuando la noche más oscura de nuestra tempestad prueba nuestra fe, aguanta—el amanecer viene. Aunque Dios parece ser invisible, silencioso, y no se interesa, siempre está presente e íntimamente consciente de nuestras circunstancias.

Recuerden, Jesús fue "despreciado y rechazado por los hombres, varón de dolores, habituado al sufrimiento" (Isaías 53:3). Al entender que Él conoce nuestro dolor, iniciamos la jornada con la confianza de nuestro quebrantamiento y adversidad puesta en Él.

Imagina a Ester como una señorita. Vivió su vida como una extranjera en una tierra extraña. Mardoqueo le enseñó su herencia, llenando su mente tierna con su sabiduría. Ella venció su duelo de niñez, la pérdida de sus padres y equilibró su vida como parte de un pueblo conquistado sirviendo en tierra ajena. Sobre el consejo de su primo ella guardó el secreto de su nacionalidad Judía. Trató de acoplarse lo mejor que pudo en la oscuridad de una vida insignificante.

Entonces llegó otra tempestad.

Para preparar el escenario para la próxima tempestad, encontramos que el Rey Asuero había experimentado algunos problemas domésticos y había depuesto a su esposa, Vasti, la reina. Previamente ella había desobedecido la orden del rey en presentarse al banquete para los nobles y los oficiales del gobierno. Todos habían estado tomando mucho, así que Vasti rehusó desfilarse como la dulce del rey ante esos hombres borrachos irrespetuosos. Naturalmente, él la sacó como su reina. En esencia, la tempestad de Vasti introdujo la tempestad de Ester.

Siendo que Vasti era una mujer exquisita y hermosa, Asuero se conformaría con nada menos que reemplazarla. Para tener "la más bella de todas," envió sus oficiales a través del reino en búsqueda de las mujeres más atractivas. Una vez encontrada, no podían rehusar o pelear. Su única opción era someterse a su crueldad, acoso, y humillación.

Debido a su belleza pasmosa, los hombres notaron a Ester inmediatamente al estar caminando despreocupadamente por el mercado. Desafortunadamente, su inocencia no la protegió de la próxima tempestad. Antes de reconocer lo que había pasado, los rufianes del rey la apresaron, y se la llevaron para incluirla en la ronda de chicas para el rey.

Ahorita mismo estás pensando, *¿Cómo podría un Dios Soberano permitir tal trato tan horrible? ¿Por qué no protegió a Ester quien ya había sufrido tanto en su vida? ¿No merece ella un descanso? ¿Cuándo cesará toda su desgracia?*

Recordemos, Dios no sobrepasa el libre albedrío del hombre. Al ejercer ese libre albedrío, a veces creamos tempestades injustas y desagradables para otros. Por ninguna falta propia de Ester, Dios castigó a los Israelitas por rechazarlo y por iniciar la adoración de dioses falsos. Por ninguna falta propia de Ester, Dios permitió que los Babilonios conquistaran y esclavizaran a los Judios. Adicionalmente, Ester no tenía la culpa en la desobediencia de Vasti. Desafortunadamente, el castigo por el pecado de otras personas causó la situación horrible para Ester.

⤍⤏

Es dudable que Dios puede bendecir a uno grandemente
hasta que lo haya lastimado profundamente.[43]

⤎⤌

A veces la adversidad que encontramos es el resultado de las malas elecciones de otras personas. Conductores borrachos matan a personas inocentes. Mujeres jóvenes adictas dan a luz a bebés adictos quienes batallan con problemas médicos toda su vida. Padres abusivos cicatrizan emocionalmente y físicamente a sus hijos de por vida. Tiranos despiadados cometen hechos brutales de violación y genocidio. En esencia, cosas malas pasan porque las personas toman malas decisiones con su libre albedrío.

Dándole crédito a Ester, ella mantuvo una disposición abierta y positiva con cada tempestad. Se ganó el favor de cada persona que la miraba. Junto con cuatrocientas otras mujeres atractivas,[44] Ester esperó en el harén del rey para su cita con él.

Ahora, podría haber entrado a su presencia con una mala actitud, como lo hacen algunas personas cuando se encuentran con trabajos o oportunidades que en realidad no desean. Al fin, ¿quién iba a querer una relación con una persona aparentemente tan arrogante, indiferente, y exigente como éste? Sin embargo, vemos que su carácter brilla al enfrentarse a este nuevo reto con gracia y equilibrio.

Cuando Asuero vio a Ester, inmediatamente la escogió como su nueva reina. Aparentemente basó su elección estrictamente sobre su belleza física, no su mente, su encanto, ni su carisma. Sospecho que ella necesitó de verdadera fuerza interior para aceptar una relación forzada con un rey extranjero, pagano. Recuerdan, aún guardaba el secreto de su nacionalidad Judía.

Ahora que era reina, todo sería perfecto, ¿verdad? No precisamente.

A veces en la vida, un alivio breve de una ola estrellante es sólo una pausa para tomar aire antes que llegue la siguiente ola. En el caso de Ester, otra ola de tempestad estaba llegando por la mano del vil Amán, uno de los nobles del rey.

Amán estaba buscando un puesto mejor en la corte del rey. En el ambiente corporativo de hoy día, el podría ser comparado a un aspirante delincuente. Como muchas veces se da el caso, con las personas que buscan usar el sistema para su propia ventaja, él fue codicioso y astuto en sus responsabilidades diarias. Pasando mucho tiempo en la presencia del rey resultó en una opinión exagerada de sí mismo. Literalmente esperaba que todos lo adoraran. Para guardar la paz, todos lo adoraban—con la excepción de Mardoqueo.

Como Mardoqueo rehusaba consentir al ego inflado y autoestima de Amán, ésto lo enfureció tanto que divisó un plan para deshacerse de su problema irritante. Siendo un político sabio, engañó al rey Asuero para que escribiera una orden ejecutiva para "exterminar, matar, y aniquilar a todos los Judios—jóvenes y ancianos, mujeres y niño—y saquear sus bienes (Ester 3:13). Esto debía suceder en un solo día específico. Amán ha de haber pensado, *¡Enseñaré a ese miserable tonto que conmigo no se juega!* Su odio incontrolable hacia un solo hombre ahora estaba dirigido hacia la destrucción de un grupo completo de personas. Desafortunadamente, su plan astuto para Mardoqueo involuntariamente creó otra tempestad para Ester.

ꝏ◦ꝏ

Malentender la naturaleza y la amenaza del mal
es arriesgar el ser sorprendido por él.[45]

ꝏ◦ꝏ

Al escuchar el decreto asesino, Mardoqueo le pidió a Ester que le ayudara a cambiar la mente del rey. Al fin, el rey la veía favorablemente, por lo tanto, por qué no animarla a aprovechar un favor estratégico. De todas las personas en el reino, ella era la más adecuada en pedirle a Asuero anular la nueva ley. Sin embargo, había un problema pequeño, nadie entraba a la presencia del rey sin ser invitado—de hacerlo sería la muerte inmediata.

Ahora el rey había hecho una ley, que ninguno de su propio pueblo debía acercarse a él a menos de que fuera llamado, cuando estaba sentado en su trono; hombres con hachas en sus manos estaban alrededor de su trono, para castigar al que se acercaba a él sin ser llamado.[46]

Cuando Ester explicó lo que le pedía podría causarle la muerte, Mardoqueo amablemente pero firmemente le recordó de su situación precaria. A pesar de su rol como reina, una vez que cualquiera descubriera que era Judía, también moriría. Con el corazón y la mente llenos de fe, Mardoqueo claramente delineó el plan Soberano de Dios para Ester:

Si ahora te quedas absolutamente callada, de otra parte vendrán el alivio y la liberación para los Judíos, pero tú y la familia de tu padre perecerán. ¿Quién sabe si precisamente has llegado al trono para un mometo como este? (Ester 4:14)

"Precisamente para un momento como éste."

Mardoqueo creyó la promesa de Dios para la liberación de los Israelitas. Consideró la ascensión de Ester al trono como programada y ordenada por Dios, no un hecho aleatorio por un rey solitario. Y siendo que su puesto era por designación divina, si se detenía a capitalizar esta oportunidad, Dios escogería otra persona quien estaría dispuesta a aprovechar el momento.

Ves, así trabaja Dios. Ofrece a cada uno la oportunidad de participar en Su plan maestro. Rehusar Su invitación sólo nos disminuye a nosotros mismos; nuestra negación nunca amenaza Su Plan. Dios tiene control completo sobre toda acción, evento, y circunstancia. Nuestras experiencias pasadas y presentes desarrollan quienes llegamos a ser, nos acomodan en nuestra posición presente, y nos proveen con las elecciones que afectan nuestro futuro. Él llama a cada uno de nosotros, entonces precisamente coloca a cada uno donde Él desea, y asigna a cada uno un rol adecuado para su personalidad, habilidades, talentos, dones, y capacidades que nos ha dado. Nos da todo lo necesario para asociarnos exitosamente con Él en Su obra. Todo lo que pide de nosotros es estar dispuestos y disponibles.

Piensa en todas las partes móviles de esta historia. Dios usó la tempestad horrible de Ester para traerla a este momento exacto en la historia. La preparó para este reto específico que amenazaba su vida. Con su promoción de reina, Dios le dio la posición precisa y el poder necesario para rescatar a su pueblo de la destrucción masiva. Todo lo que necesitaba era la fe y la determinación para cumplir el plan de Dios para su vida.

Aunque Dios la situó específicamente para influenciar la decisión del rey, el desarrollo del plan no era sin riesgo personal. Necesitaba un paso gigantesco de fe. El plan y los propósitos de Dios rara vez son sin riesgo. La ausencia de riesgo no requiere fe. Pero, sin fe es imposible agradar a Dios (Hebreos 11:6). Así que, para fortalecer nuestra fe, Dios aumenta el riesgo al seguirle y confiarle.

En el caso de Ester, su riesgo involucraba posiblemente la muerte. Pero escogió andar en fe y, si fuera necesario, sacrificarse la vida para salvar a su pueblo. Valientemente aceptó el riesgo de pararse en la presencia del rey sin ser invitada. "Me presentaré ante el rey, por más que vaya en contra de la ley. ¡Y, si perezco, que perezca!" (Ester 4:16).

⧼∽⧽

[Dios] Busqué entre ellos un hombre que levantara el muro
y que se pusiera en la brecha delante de mí,
intercediendo por la tierra para que yo no la destruyera;
pero no lo hallé. (Ezequiel 22:30, RVA-2015)

⧼∽⧽

Considerando todo lo que Ester ya había experimentado, hubiera sido fácil tomar un plan cauteloso. Pudiera haber pensado, *Oye, he sobrevivido unas cosas feas. Mi vida ha sido muy injusta. Por ninguna culpa mía, tengo suficientes cicatrices emocionales y físicas. Ahora estoy en una posición de realeza y nadie me puede tocar. Creo que me quedaré quieta y permitiré que el pueblo se las arregle como pueda. Merezco paz, tranquilidad y relajamiento.*

Sin embargo, sus tempestades la hicieron una mejor persona no amargada. La refinaron; no la definieron. Ya no se consideraba una esclava huérfana sujeta a la incertidumbre aleatoria de la vida. No, era la reina quien se pondría en oposición a la injusticia y cumpliría su propósito soberanamente ordenado.

Una vez que decidió pasar delante del rey, estoy seguro que ella estaba nerviosa. Con la boca seca y las manos pegajosas, la podemos imaginar caminando lentamente por el pasillo del palacio, cada paso resonaba, haciéndola recordar su riesgo. Si el rey no reaccionaba amablemente, pronto estaría muerta y la búsqueda para una nueva reina seguiría. Sin embargo, continuó—un pie delante del otro, cada paso fortaleciendo su resolución. La fe normalmente no involucra mover montañas.

No obstante, no olvidemos—Dios está en el negocio de coordinar los detalles. Cuando el rey la vio, apresuradamente le dio la bienvenida a su presencia.

Pasó la prueba de la entrada. Dios recompensó su fe. Cuando el rey preguntó por la razón de su visita inesperada, valientemente pidió tres cosas: su favor, su permiso, y su aprobación. Pidió su *favor* en concederle sus próximas peticiones, su *permiso* de salvarse a ella y a su pueblo de la muerte, y su *aprobación* para establecer un nuevo edito que detuviera el plan malvado de Amán.

Cuando nos enfrentamos con las tempestades de la vida, el panorama tal vez parezca temeroso con riesgo. Podremos sentir que la vida nos ha encerrado sin alternativas más que aceptar nuestras circunstancias difíciles y el supuesto destino condenado. Pero, nunca tenemos que conformarnos con menos del plan perfecto de Dios. Siempre tenemos otra opción—podemos pedirle a Dios, el Rey Eterno, Su favor, Su permiso, y Su aprobación.

❧

Cuídate y ten calma. No temas ...
A menos que ustedes tengan una fe firme,
no puedo hacer que permanezcan firmes.
(Isaías 7:4, RVA-2015; 7:9, NTV)

❧

Los hijos de Dios no necesitan temer y preocuparse de que Él los acepte porque ya lo ha hecho (Efesios 1:5-6). Ya tenemos Su *favor* por medio de Cristo Jesús y la salvación que Él ofrece. Ya tenemos *permiso* de acercarnos confiadamente para "que alcancemos misericordia y hallemos gracia para el oportuno socorro" (Hebreos 4:16, RVA-2015). Ya tenemos su aprobación al escucharle, obedecerle, y confiarle completamente.

En ese lugar de favor, permiso, y aprobación, Él nos anima a traer nuestras preocupaciones y nuestras ansiedades a Él—no importa cuán grandes o pequeñas—porque Él tiene cuidado de nosotros (1 Pedro 5:7). Promete contestar nuestras oraciones y proveer para nuestras necesidades (Filipenses 4:19). Así que, en medio de la tempestad, podemos seguir caminando por el pasillo temeroso con fe. Cumpliendo el evento próximo. Tomando el siguiente paso, y el siguiente. Caminando calmadamente, confiadamente, y sin temor con las fuerzas y luz que Él da.

Al final, Asuero aceptó a Ester, escuchó su petición y aprobó la escapatoria legal que salvó a su pueblo. Además, mató a Amán y ascendió a Mardoqueo al segundo en mando de su reino. Todo esto fue posible porque ella estuvo dispuesta a tomar pasos de fe en arriesgar todo y confiar en el Dios Soberano quien orquesta todas las partes móviles para Su propósito. Nuestro gran y maravilloso Dios sobresale en exceder nuestras necesidades y a veces nuestros deseos—sobrepasa aún lo que podemos pensar o pedir (Efesios 3:20).

Ester entendió que su rol real, su poder, y su prestigio la colocaron al momento preciso en el lugar para llevar a cabo su destino divino. Las tempestades de su vida la prepararon para ese momento específico. Donde un lugar de realeza sólo podría estar disponible en un pais ajeno. En su tierra natal, solamente hubiera sido otra de las muchachas. Sin el movimiento soberano de Dios en sus tempestades, no había manera humanamente hablando para que su vida se cruzara con el rey Perso.

No importa cuán doloroso es el momento presente, nuestras tempestades tienen el potencial de cosas mucho mayores. La libertad de ejercer y proclamar ese potencial queda en cómo escogemos reaccionar.

Viajero abatido y cicatrizado, si has aguantado las terribles tempestades que parecen aleatorias de la vida, aférrate a tu fe. Cuando toda esperanza parece ser perdida y la desesperación te amenaza con las nubes de derrota, acuérdate de Quién eres. Ninguna de estas tempestades y dificultades—actualmente nada—te pueden separar del cuidado de tu Padre Celestial (Romanos 8:38-39).

Cuando ola tras ola continúan abrumando tu barco, valientemente pide al Maestro del mar Su favor, Su gracia, y Su paz. Toma un paso pequeño de fe y confía en Él para el resultado. Entonces, toma otro.

No has llegado a este lugar en vano; donde te encuentras no es sorpresa para Dios. Él entiende las marejadas inesperadas que están inundando tu mundo. Todos los eventos de tu vida pueden estar acomodándose para recibir la respuesta exacta a tus oraciones. Dios está obrando a través de los detalles de tus circunstancias y Él ya ve el resultado cumpliendo Su propósito Soberano en tu vida.

Refugio de la Tempestad

Porque brotarán aguas en el desierto y torrentes en el sequedal. La arena ardiente se convertirá en estanque, la tierra sedienta en manantiales burbujeantes. (Isaías 35:6-7)

Las tempestades de *preparación* duran tanto tiempo como sea necesario para cumplir el propósito deseado de Dios. Claro, su duración depende de nuestra disposición y rendimiento a lo que Él está haciendo. Entre más resistimos o lo ignoramos, más la tormenta se enfurece. Lo más rápido que nos ponemos de acuerdo en participar con Dios en Su plan, lo más pronto las amenazas del viento cesan. El secreto es no esperar mucho—quizás acepte nuestra pasividad o rechazo y ofrecerá la oportunidad a otros.

He descubierto que cuando resisto, ignoro, o falto en aceptar lo que Dios quiere hacer a través de mí, sólo prolongo mi arduo viaje por La Universidad del Desierto de Dios. Si huyo del calor de la tempestad, o lo ignoro llenando mi vida con distracciones, simplemente tardo el proceso de la refinación. Pensémoslo de esta manera: si un pedazo de carbón resiste el calor intenso y la presión extrema, nunca llegaría a ser un diamante.

Confirmando su fe inquebrantable en Dios, Job dijo, "Sin embargo, él conoce el camino en que ando; cuando él me haya probado saldré como oro" (Job 23:10, RVA-2015). La palabra *probado* literalmente quiere decir examinado, puesto a prueba a través de luchas.

En un proceso comparado a cómo son formados los diamantes, el oro es refinado en temperaturas mayores de mil grados centígrados. En los tiempos antiguos, un orfebre se sentaba junto al fuego caliente de oro fundido, en un crisol, revolviendo y desnatando el oro para remover las impurezas y escoria que subían a la superficie.[47] Calor extremo es necesario para separar las impurezas no deseadas del oro.

Algo semejante nos pasa cuando experimentamos las tempestades refinantes de la vida. Dios quita nuestros hábitos y rasgos no deseados al participar nosotros en Su propósito, permitiendo que desempeñe su obra de transformación.

Aceptando y sometiendo voluntariamente a las tempestades de *preparación* de Dios, lo vemos como un Padre amante Quien obra todas las cosas para nuestro bien (Romanos 8:28). Dios tiene lugares, planes, y propósitos específicos para cada persona y nos encuentra en nuestras tempestades para prepararnos para ellas. A nosotros nos queda confiar mientras que Él completa la transformación necesaria. De ser asi, vemos nuestras tempestades como refinación no definición.

ৡৣঽ৸

Podrás tener adversidad, pero la adversidad nunca debe tenerte a ti.

ৡৣঽ৸

¿Qué proceso de refinación está ocurriendo en tu vida? ¿Qué huracán golpea tu paisaje mientras que Dios te prepara para un futuro mayor? ¿Le darás permiso y acceso completo para realizar Su obra en las áreas de tu vida? ¿Has llegado al punto donde tú, como el apóstol Pablo, celebras tus tempestadas porque reconoces su efecto transformador?

Así que nos regocijamos en la esperanza de alcanzar la gloria de Dios. Y no solo en esto, sino también en nuestros sufrimientos, porque sabemos que el sufrimiento produce perseverancia; la perseverancia, entereza de carácter; la entereza de carácter, esperanza. Y esta esperanza no nos defrauda, porque Dios ha derramado su amor en nuestro corazón por el Espíritu Santo que nos ha dado. (Romanos 5:2-5)

Cuando la vida te avienta la tempestad más amenazante, y no ves salida, descansa seguramente reconociendo que Dios tiene todas las cosas bajo control. Todas tus experiencias dolorosas, temerosas, y confusas te hacen la persona que eres hoy—la persona que Dios está preparando para Su propósito y gloria. Aunque los eventos de la vida puedan doler y parecer amenazantes, y sin sentido, confía que Dios tiene Su mano íntimamente involucrada en los detalles.

Al referir al intento de asesinato, el presidente Ronald Reagan ofreció esta perspectiva del control de Dios sobre los detalles, aún en circunstancias horribles:

Miro todas las cosas malas que pudieron haber pasado ese día—sin embargo, Dios controló cada circunstancia. Creo que me salvó la vida por un propósito ... He tomado una decisión de volver a comprometer el resto de mi vida, y el resto de mi presidencia a Dios.[48]

Al considerar nuestras tempestades, busquemos lo que Dios está haciendo. Si no nos está *castigando*, quizás nos está *preparando*. Aún si nuestras tempestades son el resultado de las elecciones de libre albedrío de otras personas, Dios quizás está orquestando las dificultades actuales para refinarnos—para transformarnos y equiparnos para una tarea mayor.

Seremos sabios en aprender todo lo que podemos de nuestras tempestades. Escucha el susurro de Dios sobre los vientos aulladores. No te alejes del favor de Dios ni desprecies Su bendición. Abre tu corazón y mente mientras que Él quema el "equipaje" innecesario. Nunca nos dejará dónde estamos. Él nos está trayendo, amorosamente y soberanamente, a través del desierto refinante a la abundancia de Su destino mayor. ¡Cuando estamos donde Él nos necesita, prepárate para el tiempo más grande de tu vida!

༄

Sin presión, no hay diamante.[49]

༄

Capítulo 6

―∞∞∞―

Prueba Perpetua

Un Testimonio o Advertencia para Otros

El refugio de una cueva me llama
para ofrecer alivio fresco del calor tórrido.
La humedad pegajosa, las sombras profundas y oscuras;
al estar escondido en el retiro desolado.
Aún, ¿es éste Su mejor plan para mí—
o estoy retirádome del llamado a la batalla?
O, ¿aún simplemente sigo resistiendo;
no queriendo rendirme completamente?

Pruebas, penurias, y dificultades son permitidas por Dios para nuestra perfección. Ya sea que las permite o las planea. Si Dios intencionalmente ha dispuesto un camino dificultoso para nosotros, tiene un propósito. Pero no siempre se trata de nosotros. Dios quizás planea dolor, sufrimiento, o distracción sobre nuestro camino para enseñar a otros de Su amor, constancia, y misericordia. La manera en que reaccionamos al estrés refleja lo que creemos de Dios, y permite que otros vean Su fidelidad.[50]

ALGUNAS TEMPESTADES SOPLAN en nuestras vidas para revelar cómo la gracia, paz, y fidelidad de Dios nos sostiene durante las pruebas de la vida. Este sostenimiento no tiene nada que ver con el panorama religioso de "fingir hasta lograr." Más bien, es una oportunidad de aceptar la voluntad y dirección soberana de Dios al mismo tiempo de permitir que aquellos que nos rodean vean en acción Su gracia al sostenernos.

Como Cristianos, el mundo vigila nuestras vidas—creyentes y no creyentes de igual manera. Notan si nuestro hablar se empareja con nuestro andar. Si hablamos del consuelo y paz de Dios, ellos observan cómo respondemos durante una adversidad inesperada y dolorosa. Si hablamos de fielmente seguir a Cristo, ellos miran y escuchan como Él nos dirige fuera de nuestras zonas cómodas. Por esta razón, Dios puede pedirnos que seamos testimonio positivo hacia otros al navegar nuestras tempestades fielmente con gracia y éxito.

Además de ser testigos, a veces, estas tempestades sirven como advertencia para otros. Cuando prosperamos en medio de los vientos y las olas crueles de la vida, nuestras tempestades puedan ser la advertencia que otros necesitan para hacerlos pensar de cómo manejar semejante prueba.

Por ejemplo, si una madre joven, Cristiana sufre la muerte inesperada de su esposo, y exhibe la gracia consoladora de Dios y la paz reconfortante en su duelo, los inconversos puedan comparar su respuesta a cómo ellos soportan semejante pesar. Sin la presencia y consuelo de Dios, tales tempestades son más dolorosas y sus efectos mucho más largos. Esto puede ser el catalizador que atrae al incrédulo a una relación personal con Dios. Siendo que los Cristianos están listos para la eternidad, sus muertes inesperadas puedan instigar al incrédulo a considerar su propio fallecimiento y por consiguiente su destino eterno. Adicionalmente, al observar a una persona no solamente superar sino prosperar en las tempestades de la vida, puede motivar a otros creyentes a una intimidad más profunda con Dios.

Te preguntarás, *¿Cómo pueden los Cristianos superar y prosperar a pesar de las tempestades de la vida? ¿Cuál es la diferencia?* A diferencia de los inconversos, los Cristianos aseguran su fuente de esperanza y fuerza en Dios. Jeremías explica esto en su analogía del árbol que florece en medio de la sequía. "Bendito el hombre que confía en el SEÑOR, y cuya confianza es el SEÑOR. Será como un árbol plantado junto a las aguas y que extiende sus raíces a la corriente. No temerá cuando venga el calor, sino que sus hojas estarán verdes. En el año de sequía no se inquietará ni dejará de dar fruto" (Jeremías 17:7-8, RVA-2015).

A pesar de estar seco, las estaciones áridas de sequía pueden venir, los Cristianos estiran sus raíces profundamente al Agua Viviente pura y sin límite. Jesús dijo, "¡Si alguno tiene sed, que venga a mí y beba! De aquel que cree en mí, como dice la Escritura, brotarán ríos de agua viva" (Juan 7:37-38).

No importa la tempestad, aunque fuera como testimonio o advertencia a otros, hay gran consuelo en saber que nuestro amante Padre Celestial está soberanamente en control. Ninguna tempestad puede desarraigar, ninguna sequía puede destruir a la persona que accede a las profundidades del reservorio de Dios.

Aunque sea difícil de entender o creer que Dios permitiría semejantes tempestades, quizás sea la única manera de alcanzar a unas personas. Mira, ama a todos completamente y con pureza—Él quiere sólo lo que sea mejor para nosotros. Él nos conoce mejor que nos conocemos a nosotros mismos. Él ve a través de nuestras máscaras y los muros, y está familiarizado íntimamente con cada persona. Él nos diseñó con propósitos únicos en la vida, lo cual puede involucrar sufrimiento como testimonio o advertencia para otros.

Pocas personas están dispuestas a aceptar las tempestades de la vida—no importa quienes se puedan beneficiar. Sin embargo, he descubierto que cuando ignoro, rehuso, o sólo reconozco parcialmente el llamado amante de Dios, Él coordina estratégicamente eventos en mi vida que perforan la dureza de mi corazón y me empujan hacia mi destino único. Aunque a veces, Su mejor plan pueda no sentirse muy bien, puedo confiar en Sus cuidados amorosos para desarrollarme y equiparme para lo que Él me creó. A pesar del resultado, o impacto en otros, encuentro satisfacción verdadera y contentamiento sólo cuando camino donde Dios me guía.

༡ৼ৵

El Señor no solamente supervisa nuestros pensamientos, pero basado en lo que Él percibe allí, delicadamente nos confronta. Si cerramos nuestros oídos a su reprensión suave, usará medidas más severas de disciplina. Pero no lo va a dejar pasar. No es un Padre irresponsable.[51]

ৡৼ৵

A veces, pasan accidentes que parecen ser hechos aleatorios, fácilmente prevenidos por un Dios amante. Por lo regular podemos atribuir la mayoría al descuido humano, negligencia, o elecciones pecaminosas. Un carro choca por el descuido del conductor o por enviar un texto distraído al manejar. El descuido de un electricista causa un incendio al hogar que trágicamente toma la vida de inocentes. Una firma médica hace atajos en su investigación, debido a limitaciones financieras, que resulta en efectos secundarios potencialmente mortales de sus productos. Sí, Dios *pudo haber detenido* cada accidente. Sin embargo, al respetar el libre albedrío de cada individuo, sobrenaturalmente usa cada instante como *testimonio* a Su fiel control sobre todo o como una *advertencia* para acercarnos a Él.

ৡ⊙ঙ

Tempestad Diaria – "Me Pasó a Mí"

Estaba haciendo las compras cuando mi esposo me llamó. Estaba en casa dándome tiempo de respirar sola de nuestros hijos pequeños. Desesperadamente necesitaba un descanso. Cuidar de una criatura de dos años y otra de once meses tenía sus recompensas, pero cansaba. Cuando sonó el teléfono escuché la urgencia en su voz de pánico, "¡Necesitas venir a casa inmediatamente!" Dándole lo más recio que podía al coche por nuestra calle, noté los carros de policía y vehículos de emergencia que bloqueaban el camino. Frenando rápidamente, corrí a la casa. Antes de poder llegar, un técnico me detuvo con un abrazo total. "¡Señora, no puede entrar!" Al detenerse él, vi salir un bombero con mi hija infante en sus brazos. Desvaneciéndome al césped porque mis piernas no me sostenían, mi corazón se

119

destrozó. Aparentemente mi esposo puso a los niños en la tina para bañarlos, luego bajó al segundo piso por unos momentos. Durante ese tiempo, mi hija se resbaló debajo del agua. Sus intentos de revivirla fracasaron y escuché que uno de ellos decía, "Lo siento mucho, la hemos perdido." Caminé sin rumbo a la calle, con lágrimas inundando mis ojos. Levantando mis manos al cielo sollocé, "¿Por qué, Dios? ¿POR QUÉ? Con tantas personas malas, torcidas, e inmorales en el mundo, ¿por qué tenías que llevarte a mi bebé inocente?"

℘℘℘

Al estar aquí en la tierra, Jesús estaba familiarizado con quebrantamiento y tristeza. Sufrió dolor no imaginable. Dicho eso, además de conocernos íntimamente, Él entiende nuestro dolor y ministra a cada corazón en su punto específico de dolor. En aquellos momentos de quebrantamiento, cuando las lágrimas calientes caen por las mejillas enrojecidas, cuando la mente da vueltas con dudas y temor, cuando el alma late con un dolor emocional, no puede haber otra alternativa que invitar la presencia consoladora y la paz a invadir nuestro ser—para entonces exhibirlo a otros.

Tres personajes Bíblicos soportaron tales tempestades de testimonios o advertencias. Al mirar sus vidas, aprendemos cómo Dios a veces interviene y orquesta los detalles de los eventos de la vida para transformar a ciertos individuos mientras da ejemplos para otros. Elías llamó fuego del cielo, luego huyó para salvarse la vida en temor de la reina vengativa. Su oración subsecuente suicida en la soledad de una cueva produjo un encuentro con Dios que nos alienta hasta hoy día. El Rey Nabucodonosor orgullosamente pensó que él era la razón de su gran riqueza, prestigio, y la expansión de su reino. Sin embargo, perdió uso de razón hasta que reconoció a Dios como gobernante soberano que promueve a quien Él quiere de acuerdo a Su plan. Abraham el justo, salió con fe cuando Dios lo llamó específicamente. Dios lo escogió para ser el padre de los Israelítas, aunque ya estaba pasado de la edad fértil. Entonces cuando llegó su hijo prometido, Dios le pidió que entregara el deseo de su corazón sobre el altar de completa confianza y obediencia.

Elías Autocompación en la Cueva

Nos lleva a una noche oscura. Nos desteta de todos los placeres por darnos tiempos áridos y oscuridad interna. Al hacerlo, nos puede quitar todos los vicios y virtudes que hemos creado. Ningún alma puede crecer profundamente en la vida espiritual a menos que Dios obre pasivamente en el alma por medio de la Noche Oscura.[52]

Algunas tempestades de la vida son tan feroces que nos apartamos a las cuevas del retiro, aislamiento, temor, depresión, y aún posiblemente pensamientos del suicidio. El dolor es tan real y abrumador, nos despegamos de todo y de todos para internalizar nuestra desesperación. Tal era el caso del profeta del Antiguo Testamento, Elías.

Elías era un hombre de contrastes. Aparece de ningún lugar, sin embargo, tenía acceso inmediato al Rey Acab. Su vestimenta y moda eran espantosas, pero estaba completamente tranquilo en el ambiente pulido y prestigioso del palacio. Profetizó que pronto llegaría un hambre de tres años como respuesta a su oración de que no lloviera; entonces sobrevivió con comida provista por cuervos y una viuda pobre. Su contraste más grande y probablemente más famoso sucedió cuando valientemente llamó fuego del cielo que mató a cuatrocientos cincuenta profetas falsos de Baal, luego huyó con temor cuando la reina Jezabel colocó una recompensa sobre su cabeza.

Aún el nombre Elías era un testigo audaz en una época de oscuridad espiritual. Significa, *Mi Dios es Jehová*,[53] y demostraba un contraste fuerte con los dioses falsos que los Israelitas adoraban en aquel tiempo. En 1 Reyes capítulos 13-16 revelan al pueblo de Dios cayendo progresivamente en espiral hacia el pecado—de la idolatría, conspiración, asesinato, deshonra, engaño, y rechazo flagrante de Dios. Cada rey nuevo era cada vez más malvado, renunciando a cualquier participación y consideración de Dios y Su reino. Contra esta escena malvada, *Mi Dios es Jehová* aparece como testigo valiente del único Dios verdadero.

¡Háblame de una posición muy solitaria y vulnerable! Como muchos Cristianos alrededor del mundo hoy, Elías estaba solo en medio de la maldad abrumadora y contra tendencias aparentemente inmutables. Pero estuvo firme como testigo al poder de Dios sobre todo—y el juicio venidero.

En su intento de llamar a las personas al arrepentimiento, Dios ungió a

Elías con el poder de llevar a cabo milagros que incluyeron llamar fuego del cielo, sobrenaturalmente proveer comida para una viuda y su hijo, y levantar a un niño de la muerte. Sin embargo, alguien tan fuerte, tan ungido, aún sufrió los efectos adversos de las tempestades por los eventos de la vida.

ᏚᏬᏒ

Tempestad Diaria – "Me Pasó a Mí"

¿Dónde estás, Dios? ¡Estoy quebrantada de corazón y completamente devastada! Lo conocí en la iglesia y supuse que era el hombre piadoso que se mostraba ser. Yo estaba haciendo todo lo que pensé que querías de mi—leyendo la Biblia, orando regularmente, creciendo en el conocimiento de Ti y aplicándolo a mi vida, y sirviéndote. Entonces en nuestra luna de miel, mi marido nuevo empezó a abusarme verbalmente, emocionalmente, y físicamente. ¡En nuestra luna de miel, Dios! Esto continuó desde el primer día. Así que pasé a modo de superviviente como el abuso llegó a ser la expectativa de nuestro matrimonio. Además del abuso, se involucró mucho en drogas, alcohol, juegos de azar y pornografía—entonces empezó a dormir con cualquiera. Aún antes de habernos divorciado, mudó a su joven amante a lo que había sido nuestro hogar. ¡Mi hogar! Entonces atacó mi reputación al contarles a nuestros amigos y familiares que fui infiel, que estaba involucrada en actividades demoníacas, y mezclada en todo tipo de conspiración loca. Estoy sola sin nada. Confío en Ti, Dios, puedes hacer todo. ¿Podrías haber prevenido todo esto, por qué no lo hiciste? Pudieras haberme enseñado lo que era antes de casarme. Estoy tratando de no ser amargada. Estoy tratando de responder en una forma que te honre. Pero estoy en estado de shock. El dolor y la traición son tan abrumadoras. Sólo quiero retirarme de todo y de todos.

ᏚᏬᏒ

Cuando Elías profetizó que no habría lluvia por tres años, esto quería decir que no habría comida porque las cosechas se morirían por falta de agua.

Los animales entonces morirían a causa de los campos marchitos. En esencia, era la sentencia de muerte para todos. Esto era el juicio de Dios por la maldad que Su pueblo había tolerado, promovido, y celebrado a través de la tierra.

La sequía también significaba nada de comida para Elías.

No hay problema. Dios lo envió a un arroyo específico donde le dio de comer providencialmente con la ayuda de los cuervos carroñeros. Siendo omnívoros, los cuervos comen ambos animales y plantas, vivos o muertos[54] así que podían sobrevivir a cualquier prueba.

Ahora, no conozco tus pensamientos al respecto, pero al pensar en el tipo de comida que estos cuervos traían a Elías, me estremece. Pero lo que trajeron era mejor que pasar hambre. Esta comida, junto con el agua del arroyo, fue como Dios proveyó para Elías.

Entonces se secó el arroyo.

¿Alguna vez te ha pasado? Enseguida de hacer lo que creías que Dios quería, tu arroyo se seca. Después de un período de renovación espiritual e intimidad con Dios, la vida se derrumba. Y los arroyos no sólo se secan espiritualmente. También se secan mentalmente, emocionalmente, físicamente, y financieramente … Los sueños estallan contra las piedras de la dura realidad. La esperanza se desvanece con las marejadas de la decepción. Problemas de salud golpean contra la tierra en ritmo pulsante. Y en ese estado de desánimo y frustración, la duda empieza a erosionar la fe que se necesitó para seguir la dirección de Dios.

Además de que su arroyo actual se secó, Elías se enfrentó con otras experiencias de arroyos secos:

- Dios lo llevó a una viuda para comida y refugio, pero ella solamente tenía suficiente para una última comida antes que ella y su hijo se prepararan para morir.
- Poco después de una provisión milagrosa de comida para la viuda y su hijo, el hijo se encuentra grave y se muere—y ella acusó a Elías.
- Dios instruyó a Elías que le dijera al Rey Acab que pronto moriría—después de la cual, el rey envió soldados para matarlo.

Ahora, si yo fuera Elías, estaría tentado a pedirle a Dios que dejara de mandarme a hacer cosas. Si todo lo que Él pide me explota en la cara, o me pone en peligro, *¿Qué pasa con eso?* Quizás empezaría a repasar mi vida, buscando pecados sin confesar que merecen la desaprobación o la disciplina de Dios. No obstante, Elías se mantuvo fiel a la palabra de Dios y a cumplir su propósito personal.

El momento más grande para Elías en que su arroyo-se-seca viene sobre los talones de una gran victoria espiritual. Al defender el poder de Dios sobre todos los dioses falsos, retó a los profetas falsos a un desafío de *mi-Dios-es-mejor-que-tu-dios* sobre el Monte Carmelo. ¡Confió tan profundamente en Dios que invitó a todos a observar!

El reto que propuso era este: ambos lados construirían un altar de sacrificio, ofrecerían un sacrificio, entonces llamarían a su deidad respectiva para ver cual contestaría. Conociendo el resultado de antemano, Elías permitió que los cuatrocientos cincuenta profetas falsos tomaran su turno primero. Entonces él se divirtió mirándolos orar, gritar, danzar, y cortarse al invocar a sus dioses. Aún se burló de sus esfuerzos sin respuesta por sugerir que debían gritar más fuerte—¡quizás sus dioses estaban ocupados o estaban dormidos!

Después de un día largo y brutal, sin respuesta de los dioses falsos, Elías decidió que le tocaba su turno. Recogió doce piedras para su altar, colocó leña y el sacrificio encima, entonces cavó una zanja alrededor. Como demostración adicional de su fe inquebrantable en Dios, empapó el altar completo con agua—no una vez, ¡sino tres veces! Siguió vertiendo agua hasta que la zanja estaba llena. ¡Durante una sequía, nada menos! Esto va como una ilustración de que ninguna escasez debe impedirnos de seguir la dirección de Dios.

Al terminar, confiadamente pidió que Dios se revelara como el único verdadero Dios. Por cierto, quizás retrocedió unos pasos conociendo lo que estaba por acontecer.

En ese momento, cayó el fuego del SEÑOR y quemó el holocausto, la leña, las piedras, y el suelo, y hasta lamió el agua de la zanja. (1 Reyes 18:38)

¡Qué victoria! ¡Todos estaban conmovidos de ver que Dios actualmente se presentó! *¡Imagínalo!* Esta respuesta ardiente a su oración incitó a los Israelitas a caer sobre sus rostros, adorando a Dios. Para completar su victoria moral, Elías ordenó que los cuatrocientos cincuenta profetas falsos fueran matados. Su juicio severo vino como resultado del engaño y extravío del pueblo de Dios.

Allí lo tienes. Dios mostró Su poder y presencia; Elías eliminó la influencia inmoral de los falsos profetas, y promovió un avivamiento que retornó el país a Dios. Es bueno que todo termine bien, ¿verdad?

No tan rápido—a Elías le estaba llegando una tempestad sorpresa.

Las noticias de la fogata divina enfureciéron a la Reina Jezabel. Aquellos eran *sus* dioses de los que él se burlaba. Aquellos eran *sus* profetas a los que había matado. *¡¿Cómo es posible que él se atreva a molestar su nido?!* Inmediatamente envió a sus asesinos para buscarlo. Aún la milagrosa exhibición pública del poder de Dios no la desanimó de su malvada agenda ni cambió su corazón perverso. Algunas personas están tan determinadas en sus malvadas intenciones que pasan por alto las advertencias de Dios—luego se enfrentan con consecuencias terribles. Jezabel ignoró las advertencias de Dios y luego murió de una manera horrible y humillante.

Sabiendo que habían asesinos dirigiéndose hacia Elías, plenamente esperamos que grite, *"Tráigamelo, ¡Reina Jeezy! Acabo de pedir fuego del cielo, entonces maté a cuatrocientos cincuenta hombres. ¡No tengo problema en subir esa cuenta para que te incluya!"*

Tristemente, esa no fue su reacción. Él cedió, literalmente. Se asustó cuando su avivamiento moral se encontró con la resistencia malvada. Su victoria espiritual no tenía ni un día cuando corrió al desierto en temor. Volvió a su zona de comodidad—la soledad y el silencio del desierto. En su tiempo de crisis, se retiró a lo conocido en lugar de seguir adelante con lo que Dios le había encomendado. Pero, Dios no lo dejó en su lugar conocido de comodidad, y desánimo. Lo ayudó a sobrevivir y prosperar a pesar de la tempestad.

La historia de Elías nos consuela por confirmar que cuando retrocedemos con temor de nuestras tempestades, Dios no nos abandona ni abandona Su plan para nosotros. Aún cuando dudamos de Su control, Dios permanece junto a nosotros, orquestando los detalles, esperando que dejemos de correr y empecemos a descansar en Él.

࿐

Es imposible correr del Dios Omnipresente,
ser más listo que el Dios Omnisciente,
y vencer al Dios Todopoderoso.
¿Por qué intentarlo?

࿐

El temor, la depresión, y los pensamientos de suicidio inundaron a Elías. Lo encontramos encorvado en la oscuridad de la cueva fría y húmeda del desierto, agotado, abatido, solo, y lejos de la victoria del Monte Carmelo. Increíblemente, aún después de su experiencia reciente de gran victoria, pide a Dios que lo mate.

Encuentro la respuesta de Dios muy interesante. "¿Qué haces aquí?" Obviamente Dios ya conocía la respuesta, pero me supongo quería que Elías se tomara un momento de introspección en silencio. Quizás quería que Elías verbalizara el por qué había dudado de Dios y había abandonado el propósito que le había dado. A veces, hablar de nuestras preocupaciones y cuidados con Dios llega a ser parte de la respuesta a las preguntas que surgen de nuestras tempestades. Ves, Dios hace eso—en nuestra adversidad, hace preguntas retóricas que inicialmente parecen fáciles de contestar, sin embargo, contienen verdades subyacentes y profundas.

Por ejemplo, cuando Jesús encontró al hombre paralítico en el estanque de Betesda, le preguntó, "¿Quieres quedar sano?" (Juan 5:6). Ahora, si yo hubiese sido aquel hombre, mi respuesta no placentera hubiera sido una rotunda, "¿Qué tipo de pregunta es esa para hacerle a un hombre discapacitado? ¡Por cierto, quiero quedar sano!" La pregunta de Jesús aún puede parecer insensible considerando que el hombre había estado en esa condición por treinta y ocho años. Sin embargo, Jesús quería investigar más profundamente. Creo que preguntaba por el motivo y deseo verdadero. En esencia, preguntó al hombre si deseaba verdaderamente la sanidad o si estaba contento con quedarse dónde y cómo estaba. La misma confrontación retórica es lo que Dios intentaba cuando preguntó a Elías.

✷✷✷

Las preguntas retóricas de Dios apuntan hacia la integridad transformacional y no la sanidad sintomática.

✷✷✷

Cuando Elías respondió, se hundió en la autocompasión. Temor y enojo fueron arrojados de su boca mientras que él recordaba que había hecho exactamente lo que Dios le había pedido y ahora las personas estaban tratando de matarlo. *¡Muchas gracias por protegerme!*

Sin embargo, Dios no lo aceptó. Animó a su profeta, que era corto de vista, "Sal y preséntate ante mí en la montaña, porque estoy a punto de pasar por allí" (1 Reyes 19:11). Entonces Dios dió otra demostración de su poder. Flexionó sus músculos sobrenaturales con otra tempestad poderosa, un terremoto inquietante, y una tempestad de fuego furiosa. Ninguno de estos acontecimientos confirmaba la presencia de Dios.

Entonces Dios obtuvo la atención de Elías con un susurro suave.

Imagínalo. Habló silenciosamente en medio del caos de Elías. Con ese susurro suave, que causó escalofrío, Dios le aseguró a Elías de Su propósito, lo promovió a acción, y lo animó a cumplir el trabajo que había planeado para él.

¡Alabado sea el Señor! Nunca nos abandona, aún en nuestros momentos más difíciles. Nos encuentra donde más lo necesitamos. Cuando tememos nuestras circunstancias adversas, nos reenfoca la atención y reorienta nuestras prioridades a la misión que nos queda por delante. Cuando nuestros ojos se vuelven egocéntricos o fijos sobre los vientos y las olas, nos llama a Sí mismo.

La pregunta surge: ¿Respondemos a las preguntas retóricas de Dios superficialmente o estamos dispuestos a investigar más profundamente los asuntos que Dios quiere que veamos? ¿Esperamos la voz suave y apacible de Dios o nos mantenemos fijos en el ruido de la tempestad? Aah, comprendo plenamente cuán difícil es ignorar el aullido del viento, el relámpago iluminante, y las tormentas estrellántes de las tempestades de la vida. Son complicadas, temibles, incómodas, y llaman la atención. Es difícil capear la tempestad mientras tratamos de percibir la voz. Sin embargo, Su llamado de amor susurrado comunica la paz a nuestras vidas y nos invita a salir de nuestra cueva de derrota y desesperación.

ᔔᘓ

Dios nos llama fuera de las cuevas porque, dentro de nuestra cueva las voces del temor y la duda y el pavor monopolizan nuestras mentes. Pero sobre la montaña ... te recuerda que Él está sentado sobre cualquier circunstancia que se eleva contra ti.[55]

ᔔᘓ

Cuando las tempestades llegan, los sentimientos de temor, de pavor, de incertidumbre, de ansiedad, o de confusión son reacciones naturales. Pero, he encontrado que si permito que tales emociones controlen mi corazón, que paralizan mi mente, y restringen mis acciones, usualmente es por decisión personal. Puedo escoger permitir que el abatimiento me arrastre, o puedo escoger creer que Dios está en control de cada parte de mi vida. Puedo escoger escuchar Su susurro.

Al enfocarse alguien sobre las olas y el viento rompiéndose sobre uno, fomenta más temor y ansiedad. Al recordar la pérdida que mis tempestades han creado, me previene de ver la mano de Dios en los detalles y Su llamado a acción futura. Concentrarme en la ferocidad de la tempestad en lugar de escuchar el susurro de Dios, sólo me hace más vulnerable a la duda, la depresión, la decepción, y otras tentaciones emocionales.

Recuerda, Dios nos llama a fijar nuestras mentes sobre las cosas de arriba, no de este mundo (Colosenses 3:2). Esto involucra cambiar intencionalmente nuestra mente dudosa y mirar las cosas desde la perspectiva de Dios. Al hacer esto, nuestra mentalidad cambia de una de temor y preocupación a una de confianza y completa dependencia en Dios.

El desierto, la cueva, la tempestad—todos son lugares de estrés aislado destinados a acercarnos a la intimidad más cercana con Dios. Cada uno representa diferentes estaciones de pensamientos, presiones, dudas, temores, incertidumbres, y estrés abrumador. Mientras que nos enfoquemos sobre la oscuridad de la cueva, el calor del desierto, o la furia de la tempestad, menos probable es que lo veremos a Él y más alta la probabilidad que Él nos deje en aquellas circunstancias hasta que capte nuestra atención completa. Su meta es fortalecer nuestra confianza sobre Él mientras nos transforma a Su semejanza. En medio de todo, aún susurra, "Quédense quietos, reconozcan que yo soy Dios" (Salmo 46:10). Podemos elegir escuchar Su susurro.

Temeroso y abatido viajero, al enfrentar tus tempestades furiosas cuando todo dentro de ti dice, ¡*Corre, escóndete, retírate, aíslate!* Te animo a que permitas que la pregunta retórica, aunque desafiante, penetre tus nubes negras. En lugar de aislarte, toma Su mano mientras te guía fuera de la cueva. En lugar de retirarte, quédate firme en la presencia de Dios. En lugar de esconderte con miedo o correr hasta marearte con ocupaciones, tranquilízate y escucha la voz suave y apacible de Dios. El susurro apacible ya viene en camino.

༥⚮ઌ

Así que no temas, porque yo estoy contigo; no te
angusties, porque yo soy tu Dios. Te fortaleceré y te
ayudaré; te sostendré con la diestra de mi justicia.
(Isaías 41:10)

 તર⚮⚬

Nabucodonosor Humillado por Orgullo

¡Alabado sea por siempre el nombre de Dios! Suyos son la sabiduría y el poder. Él
cambia los tiempos y las épocas, pone y depone reyes. (Daniel 2:20-21)

Nabucodonosor era el rey exitoso de Babilonia quien se enorgulleció sobremanera. Encontramos su historia en los primeros cuatro capítulos del libro de Daniel. Aparte de su significado histórico, una tempestad en lo particular nos llama la atención porque confirma el control soberano de Dios a pesar de los logros orgullosos de Nabucodonosor.

Su orgullo empezó temprano con una herencia real—su padre fundó el imperio Babilónico. Bajo el reinado de su padre, Nabucodonosor guió varias invasiones militares exitosas, conquistando a Egipto, a Fenicia, y a Jerusalén. Al estar en Egipto, recibió noticias de la muerte de su padre y volvió apresuradamente para asumir el trono vacante.

Durante su reinado de cuarenta y tres años, edificó monumentos prominentes, palacios grandes, canales para agua, acueductos, y jardines colgantes. Fortificó a Babilonia con muros masivos a la vez de mejorar ciudades a través de su reino "en una escala de grandeza y magnificencia que sobrepasaba todo de ese tipo en la historia."[56] De una perspectiva estrictamente de logros, su reino fue un éxito extremo. Pero su orgullo y autosuficiencia lo guió a una cita con la tempestad de Dios.

༥⚮ઌ

El orgullo va delante de la destrucción,
y la arrogancia antes de la caída.
(Proverbios 16:18, NTV)

તર⚮⚬

Después de varias campañas militares exitosas foráneas y programas de construcción extensivos, Nabucodonosor creyó que él era la única razón de su éxito. Para su crédito, su reinado prosperó. No obstante, Dios le recordó que "Dios es el único que juzga; él decide quién se levantará y quien caerá" (Salmo 75:7, NTV).

La tempestad de este rey advierte contra el orgullo personal. Aunque el trabajo duro y persistente contribuye a nuestro éxito, Dios aún controla nuestros destinos y el favor que Él otorga. La experiencia de Nabucodonosor además advierte contra la ignorancia de la soberanía de Dios sobre todos.

Aún el nombre es significativo. Quiere decir, *Nebo es el protector contra la desgracia.*[57] Nebo fue un dios Babilónico bien instruido en aprendizaje y letras. Los adoradores creían que este dios determinaba el destino asignado a los hombres por los dioses.[58] Aunque Nabucodonosor adoraba a Nebo, la realidad es que este dios falso (y cualquier otro dios falso) no tenía ningún efecto sobre su destino. Esa capacidad sólo le pertenece a Jehová, el único Dios verdadero.

ഇ൙ര

Tempestad Diaria – Me Pasó a Mí"

En la cima de mi carrera, gozaba de un gran estatus social y respeto por mis logros personales y profesionales. Lo tuve todo— una esposa, hijos, una casa grande, un trabajo magnífico, una educación sólida, una gran reputación, todo. Bien educado, promocionable, carismático, estuve en la vía rápida a la fama, la fortuna, y el poder, fui inalcansable. Así que empecé a romper las reglas—no legales ni éticas, sino morales. Pequeñas y despacio al principio, pero pronto mis deseos incontrolables me consumieron. Siendo que logré escapar con las pequeñas reglas, empujé los límites más allá. Creí que era demasiado grande, demasiado bueno, demasiado maravilloso para ser atrapado. Pasé por alto mi punto ciego principal de personas celosas quienes envidiaban mi éxito. Mientras hacía alarde de mi libertad percibida, ellos esperaban la oportunidad para destruirme. Pues, la encontraron— relaciones amorosas secretas con varias empleadas. Mis acciones traicionaron mis responsabilidades de liderato, rompieron la confianza de mis compañeros y superiores, empañó mi reputación, y me costó la carrera, mi familia, y la seguridad financiera. A causa de mi orgullo y acciones indisciplinadas, perdí todo. ¿Qué estaba pensando? ¿Cómo pude haber sido tan arrogante para sacrificar mi reputación, mi integridad, y mi futuro? Dios, ¿qué hago ahora?

ഇ൩

Quizás sea fácil preguntarse, *¿Qué hay tan especial de Nabucodonosor que su advertencia de tempestad sirva de advertencia para mí? ¿Qué tipo de adversidad podría pasarle a una persona tan exitosa y poderosa, y quien obviamente tenía todo lo que deseaba? Él era rey y podía controlar casi cada circunstancia.*

¿Recuerdas la Ley de la Siembra y la Cosecha? "No se engañen: de Dios nadie se burla. Cada uno cosecha lo que siembra" (Gálatas 6:7). Cosechamos lo que sembramos. Si sembramos trigo, nuestra cosecha es trigo. Si sembramos papas, seríamos necios de esperar fresas. Al aplicar esto a la vida, seríamos necios de esperar las bendiciones de Dios mientras que lo desafiamos habitualmente con el pecado e ignoramos Su instrucción. Por cierto, el libre albedrío nos permite que pensemos, decidamos, nos comportemos, y vivamos como elegimos. Pero tenemos que enfrentar las consecuencias como resultados de nuestras elecciones.

ᑌᗢᒪ

La arrogancia y la autosuficiencia burlan del control soberano de Dios.

ᑫᗢᑌ

Cuando creemos que hemos logrado el éxito con nuestras propias fuerzas y méritos, Dios suavemente nos recuerda que sin Él no somos nada. Sin Él, los pulmones dejan de respirar y el corazón deja de latir. Sin Él, la vida últimamente no tiene sentido y no es satisfactoria. Sin su orquestación precisa de cada detalle, no hay modo de saber cuán diferente serían nuestras vidas. Cuando pasamos por alto o ignoramos cuán íntimamente Dios es responsable y se involucra en todo, Él nos envía recordatorios suaves para reenfocar nuestros ojos sobre Él.

Nabucodonosor tuvo varios recordatorios sobre quién era Dios y cómo interviene en los esfuerzos humanos. Pudo haber hecho caso a cualquiera de ellos, y evitar la tempestad venidera. Desafortunadamente, no eligió ninguno.

Una noche tuvo un sueño horrible. Como a muchos de nosotros, se le olvidó cuando despertó. Sin embargo, le molestó tanto que pidió que sus consejeros lo ayudaran a recordarlo. Cuando todos le fallaron, Dios le dio a Daniel una visión sobrenatural para ayudar al rey a recordar su sueño y también interpretarlo.

Daniel era un Israelita quien había sido capturado y traído a Babilonia siendo un joven cuando Nabucodonosor saqueó a Jerusalén en 605 A.C. Aunque era forastero en una tierra pagana, el "propuso en su corazón" (Daniel 1:8) de mantenerse comprometido a su fe y su relación personal con Dios. Tal fuerza espiritual notable, íntegra y su perspectiva lo posicionó para su cita predestinada con el rey.

Sin tener ningun crédito personal o habilidad para interpretar sueños, le dijo al Rey Nabucodonosor, "Hay un Dios en el cielo quien revela misterios." A lo cual el rey respondió, "¡Tu Dios es el Dios de dioses y el Soberano de los reyes!" (Daniel 2:47). Nabucodonosor lo reconoció como el único Dios verdadero—*sabía* acerca de Dios, pero le faltó poner su fe *en* Él y rendir su voluntad *a* Él.

Poco después, Nabucodonosor construyó una gran imagen de oro y ordenó que todos la adoraran, con la amenaza de muerte para aquellos que se rehusaban. Pues, Daniel y sus tres amigos, también Judíos cautivos, quienes crecieron en Babilonia, se rehusaron y así recordaron al rey de su encuentro con Jehová, quien interpretaba sueños. "El Dios al que servimos puede librarnos del horno y de las manos de Su Majestad. Pero incluso si no lo hace, queremos que sepa, Su Majestad, que no serviremos a sus dioses ni adoraremos la estatua que usted ha erigido" (Daniel 3:17-18). Nota su compromiso de adorar al único Dios verdadero aún si no los salvarían del intento malvado del rey. Ellos confiaban en Dios aún si no calmaba su tempestad. No traicionarían sus valores morales, ni convicciones, pero quedarían firmes a pesar de su adversidad.

Como podemos imaginar, Nabucodonosor se enfureció y ordenó que fueran lanzados al horno ardiente preparados para aquellos quienes se atrevían a desobedecerle. Sin embargo, sobrevivieron al fuego. Adicionalmente, el rey los vio caminando tranquilamente entre las llamas con una cuarta persona quien Nabucodonosor describió como "uno que parecía el hijo de los dioses."

Aunque Dios no los rescató de su tempestad, él caminó con ellos en medio del horno ardiente.

Completamente aturdido, el rey los llamó fuera del horno. Irónicamente, los había aventado al fuego atados, sin embargo, él les pide que salgan por sí solos. Sin saberlo, él confiaba en la liberación completa de Dios cuando pidió que lo hicieran. Al estar de pie delante de él sin ningún daño, alabó a Dios por haberlos salvado milagrosamente de una muerte segura. Tuvo un encuentro cercano con el poder de Dios—vio lo que Dios podía *hacer*, pero no permitió que Dios *cambiara* su vida.

Tiempo después, el rey tuvo otro sueño extraño y no perdió tiempo en citar a Daniel. Cuando Daniel le reveló el sueño, también le advirtió que venía una caída humillante si Nabucodonosor no renunciaba a su pecado y "hacia lo recto" (Daniel 4:1-17). Esto era aún otra advertencia de Dios para captar la atención del rey, pero avanzó sin precaución y continuó su camino orgulloso.

A veces, la adversidad llega a causa del orgullo o la ignorancia deliberada de las advertencias de Dios. Tal como lo hizo con Nabucodonosor, Dios está junto a nuestra Carretera Altiva y nos dirige hacia la Salida Humilde. Desafortunadamente, a menudo nos aceleramos, ignorando sus advertencias. Sólo cuando estallamos con nuestras tempestades recordamos a Dios y rogamos Su misericordia y protección. Si tan solamente hubiéramos escuchado, hubiéramos reconocido Su autoridad, y hubiéramos rendido nuestras vidas a Él anteriormente, quizás hubiéramos evitado la tempestad.

Nuestra adversidad correctiva además sirve
como advertencia preventiva para otros.

Un día, mientras que Nabucodonosor recorría su magnífico palacio, pensaba en la grandeza de su reino y sus logros personales. Una nota al margen, esto es normalmente cuando se inicia el problema—cuando permitimos pensamientos desprevenidos. A veces olvidamos que la mente es un campo de batalla espiritual donde muchas batallas son perdidas.

En Romanos capítulo 8, Pablo advierte cómo la guerra espiritual comienza en la mente. La realidad espantosa es que nuestros pensamientos pueden llegar a ser los enemigos que nos destruyen. Sin embargo, Dios nos da las armas necesarias para ganar la guerra mental. Debemos "llevar cautivos todo pensamiento para que obedezca a Cristo" (2 Corintios 10:5). En esencia, deliberadamente hacemos que Jesús sea el portero de cada pensamiento. Si a Él no le agrada ciertos pensamientos, los echamos fuera, e inmediatamente pensamos en otra cosa. Por favor entiende, esto lleva mucho más esfuerzo que sólo el control mental. Requiere la ayuda del Espíritu Santo de Dios y una conciencia activa de cada mentalidad.

Desde el Huerto de Edén, cuando la serpiente incitó a Eva a cuestionar a Dios, nuestras mentes tienen la habilidad fascinante de engañarnos. Empezamos por pensar, luego analizar, y finalmente fantasear de realidades que no existen. En esa mentalidad, nos volvemos vulnerables al engaño de Satanás. Luego entra la duda, seguido por el temor. Oh sí, podríamos evitar muchas tempestades simplemente por controlar nuestros pensamientos.

Tal mentalidad indisciplinada causó la derrota de Nabucodonosor. Al caminar por su reino, su gran riqueza, los edificios magníficos, los muros reforzados y fortalezas llenaron su corazón de orgullo. Pensó:

"¿No es esta la gran Babilonia que he construido como capital del reino, con mi enorme poder y para la gloria de mi majestad?" (Daniel 4:30)

Este rey orgulloso olvidó sus encuentros previos con Dios. Olvidó su proclamación de: "Dios sobre todos los dioses." Olvidó su amenaza de matar a cualquiera que rehusaba adorar a Dios. Tomó el crédito único por su poder, sus logros, las estructuras enormes, y sus jardines colgantes renombrados mundialmente.

En ese momento de arrogancia, llegó su tempestad.

Casi podemos imaginar que Dios dijo, "Oh, ¿quieres tomar el crédito por todos tus logros y éxitos como si Yo no tuviera nada que ver con ellos? Está bien, entonces—quizás una pequeña temporada de locura te ayudará a realinear tus prioridades y perspectiva de quien SOY."

Dios confirmó el orgullo de Nabucodonosor. Él perdió el derecho a su posición y poder. Con un leve empujón del propósito de Dios, algo se rompió en la mente de Nabucodonosor.

❧❧

*Como castigo por su orgullo y vanidad, esa forma extraña de locura
fue enviada sobre él ... dónde él que lo sufre se imagina como
bestia, y, dejando los lugares frecuentados por los hombres, uno
insiste en vivir la vida de una bestia.*[59]

∽✦

La condición de su mentalidad deformada lo forzó a salir del palacio. Vivió con los animales, comiendo hierbas en los campos abiertos. Su cabello creció como plumas de águila, sus uñas crecieron como garras de pájaro. Este rey poderoso, exitoso, y orgulloso cambió instantáneamente a un hombre trastornado, viviendo como animal. Eso es lo que Dios piensa de nuestro orgullo egocéntrico y raciocinio arrogante. Con un sólo pensamiento, Él nos puede rebajar a nuestras rodillas.

Dios lo mantuvo en esa condición por siete largos años. Sólo cuando reconoció, "que el Altísimo es el Soberano de todos los reinos del mundo, y que se los entrega a quien Él quiere" (Daniel 4:32), Dios le restauró su juicio. Sólo entonces verdaderamente entendió Nabucodonosor que su buena fortuna venía de Dios. Sólo entonces, alabó, dio honor, y glorificó a Dios.

Una vez que reconoció el control total de Dios sobre todo, Dios misericordiosamente calmó su tempestad, sanó su mente, y le restauró su trono. Al recobrar sus sentidos, Nabucodonosor alabó y adoró a Dios: "Dios hace lo que quiere con los poderes celestiales y con los pueblos de la tierra. No hay quien se oponga a su poder ni quien le pida cuentas de sus actos" (Daniel 4:35).

Viajero exhausto, ¿has considerado que tu tempestad pueda ser el resultado de pasar por alto la soberanía de Dios o por falta de reconocer Su coordinación de eventos en tu vida? ¿Puede ser que hayas vivido en orgullo y tomado el crédito por tantas bendiciones de Dios? Por favor permite que las experiencias de Nabucodonosor queden como una advertencia audaz. Reafirma que Dios orquesta cada detalle de nuestra vida—y envía advertencias para atraer nuestra atención antes que caiga el desastre.

Él guía y dirige, si tan solamente escucháramos y haríamos caso de sus advertencias. El orgullo nos traiciona y nos ciega. Es uno de los pecados que Dios odia específicamente (Proverbios 6:16-19). Si te enalteces, Él te humillará; si te humillas, Él te exaltará (Mateo 23:12). Dios se opone a los soberbios, pero da gracia a los humildes (Santiago 4:6). El alivio de este tipo de tempestad sólo puede venir por abrir el corazón y someter cualquier área que no está rendida a Él.

ॐ

Él [Dios] puede humillar a los que andan con soberbia.
(Daniel 4:37, RVA-2015)

ॐ

Abraham Entregando lo Mejor de Si Mismo

No pasa mucho tiempo antes de poder perder nuestro filo—para desarrollar un espíritu superficial a las cosas espirituales. Empezamos a pretender seguir los movimientos religiosos, mientras que todo el tiempo estamos involucrados en verdades no vividas. Cuando ocurre eso, hemos dejado de tomar en serio a Dios.[60]

Dios trae algunas tempestades para probar y fortalecer nuestra fe, mantenernos humildes delante de Él, y ayudarnos a reconocer que no podemos realizar nada en nuestra fuerza. Estas tempestades generalmente involucran situaciones dolorosas diseñadas para dar un salto cualitativo en nuestra transformación hacia la semejanza de Cristo, y motivar nuestra confianza incuestionable en Él. Muy seguido, estas tempestades son de abnegación y rendición total a la dirección, los deseos, y la voluntad de Dios.

Aparte de las tempestades de *castigo* que invitamos a nuestras vidas por las malas o pecaminosas elecciones, la mayoría de las tempestades de adversidad están fuera de nuestro control. Simplemente suceden, y nos sorprenden. Pero, a veces Dios permite tempestades que están *dentro* de nuestro control—cuando intencionalmente pide que rindamos algo que atesoramos grandemente, quizás aún algo que Él previamente nos dio como respuesta a nuestra oración.

Usando el proceso de pensamiento humano, parece ilógico devolver algo a Dios—sabiendo que actualmente puede quitárnoslo. Sin embargo, Él nos recuerda, "Así como no sabes por dónde va el viento ... tampoco entiendes la obra de Dios" (Eclesiastés 11:5). No siempre entendemos lo que Dios está haciendo ni cómo interactúa en cada circunstancia. Si entendiéramos todo lo que Dios hace, no necesitaríamos fe ni confianza. Al final, la llave principal de la fe involucra no conocer los detalles. Así que para engrandecer nuestra

136

fe y fortalecer nuestra dependencia en Él, Dios pide que le confiemos en Él a través de las tempestades de rendimiento.

Una tempestad de rendimiento personal difiere grandemente a la adversidad inesperada. Una tempestad de pérdida voluntaria reta nuestra fe, alcanzando la médula de nuestra voluntad. Si oramos, *Dios, por favor ayúdame en esta adversidad*, es más fácil que orar, *Señor, no mi voluntad, sino la Tuya sea hecha.*

De seguro, rápidamente nos asociamos con Dios cuando las cosas malas nos pasan *a* nosotros. Corremos a Él en oración para encontrar consuelo en Su presencia. Su protección, provisión, y paz nos tranquiliza el corazón adolorido y las mentes confusas.

Pero, ¿qué pasa cuando Dios es *la fuente* de nuestro dolor?

Cuando Dios pide que rindamos algo que tenemos profundamente en el corazón, ¿aún sigue siendo nuestro protector, proveedor, y fuente de paz? ¿Aún es nuestro Dios grande y asombroso? ¿Aún lo adoramos, alabamos, y confiamos cuando nos pide que abandonemos la cosa precisa que amamos, que tiernamente recibimos de Él? ¿Podemos honestamente y de todo corazón rendir a Dios lo más precioso de nuestra vida, ya sea un ser querido, una carrera exitosa, una posesión preciada, o un logro personal? Cierto es que, Dios es la fuente de todo lo que tenemos. Como tal, Él tiene el derecho de pedir cualquier cosa cuando sabe que beneficiará nuestro continuo desarrollo y madurez espiritual continua.

Pero, ¿por qué haría eso Dios? ¿Por qué jugaría un juego parecido a "la traes" con eventos de la vida tan sensibles y angustiosos? Ves, Dios a veces nos prueba; no para comprobarse algo, sino para comprobarlo a nosotros mismos. Él es Omnisciente, lo sabe todo, y ya ve nuestras decisiones y el resultado de las situaciones que encontraremos. Pero sabe que necesitamos confrontar la persona que somos, nuestras atracciones no saludables, y cualquier área no rendida de nuestras vidas que aún nos detiene de todo lo que Él quiere hacer por nosotros y a través de nosotros.

Dios nos prueba para revelar dónde quiere que crezcamos más fuertes. Así como el dolor y el agotamiento del ejercicio físico fortalece nuestros músculos, Su adversidad nos madura al punto de reconocer que todo lo que tenemos viene de Él y volverá a Él algún día. Permite las pruebas para demostrarnos a nosotros mismos si valoramos algo más de lo que le valoramos a Él. Edifica nuestra confianza en Su control soberano—aún cuando nuestra adversidad es dolorosa, ilógica, y parece contraria a lo que creemos que es la voluntad de Dios. Su prueba revela y confirma Su transformación continua en nuestras vidas. Nuestra fe crece en proporción a cuán poco resistimos o cuestionamos cuando Él pide lo que parece ser imposible, ilógico, o doloroso.

᭦᭦᭦

Luego de que ustedes hayan sufrido un poco de tiempo, Dios mismo, el Dios de toda gracia que los llamó a su gloria eterna en Cristo, los restaurará y los hará fuertes, firmes y estables.
(1 Pedro 5:10)

Dios probó a Abraham con una tempestad de rendimiento completo. Su historia de fe, angustia, y rendimiento humilde, confirma que Dios pueda probarnos de la misma manera. Ilustra cómo Dios interactúa en nuestras vidas, nos llama a ciertos propósitos, contesta oraciones específicas, entonces parece contradecirse a Sí mismo. Sin embargo, a través de todo, se mantiene fiel a Su propósito, a Su deseo de transformarnos a Su semejanza, y a Su control soberano sobre todas las cosas.

Para preparar el escenario de la tempestad de Abraham, vamos a repasar algunos aspectos destacados de su vida que condujeron a ese evento.

- A la edad de setenta y cinco años, Dios lo escogió para llegar a ser el padre de una gran nación.
- Al mandato de Dios, Abraham salió de su tierra natal y se mudó más de ochocientos kilómetros a la tierra de Canaán.
- Al tener ochenta y seis años, aún sin hijos con su esposa, engendró a Ismael con la sierva de su esposa. Ismael más tarde sería el padre de la nación Árabe. La duda e impaciencia de Abraham con la promesa de Dios resultó en siglos de odio, derramamiento de sangre, y tensión continua instigada por los Árabes contra los Judíos. Oh, cuán diferente sería el mundo si tan solamente Abraham hubiera esperado en Dios para el cumplimiento de Su promesa, en Su manera, a Su tiempo.
- A la edad de noventa y nueve años, Dios le cambió el nombre de

Abram a Abraham reiterando Su promesa de hacer de él una nación grande. Abram significa *padre alto o exaltado*.[61] Abraham significa *padre de una multitud*.[62] Con un sencillo cambio de nombre, Dios le cambió de tener honra personal a ser el fundador de la gran nación de Israel. Así de rápido Dios puede cambiar las circunstancias y las identidades.

- Finalmente, cuando cumplió cien años, después de haber esperado veinticinco años, el hijo prometido de Dios, Isaac, nació.

Después de veinticinco años de temor, duda, impaciencia, confusión, y parecidas promesas vacías, Abraham al fin tenía a su hijo precioso. El cumplimiento de sus oraciones. Su hijo milagroso. El hijo a través de quien Dios había prometido cumplir Su pacto de crear la nación de Israel.

Ahora, todo estaba bien en el mundo de Abraham. Escuchó a Dios, lo obedeció, lo adoró, se mudó a donde Él quería que estuviera, todo. Y Dios le contestó sus oraciones. La siguiente parada: el cumplimiento total al mecer a Isaac sobre sus rodillas, ¿verdad?

No. Cuando recibió el deseo de su corazón, su tempestad de rendimiento personal estalló.

Naturalmente, podríamos pensar que después de tal vida de obediencia a Dios, después de tan larga espera, Dios honraría Su promesa, daría a Abraham su hijo, y la vida sería hermosa. Sin embargo, otra cosa fue necesaria. De no ser así, Dios no hubiera probado la fe de Abraham.

Quizás había un poco de orgullo paternal en el corazón de Abraham. Quizás había una pista de autosuficiencia en su perspectiva. Quizás Dios quería revelar algo a Abraham de Sí mismo. O quizás Dios orquestó la tempestad de Abraham como confirmación de que a nosotros posiblemente nos pida lo mismo. Cualquiera sea la razón, Dios pidió que Abraham rindiera lo más preciado que Él le había dado en respuesta a su deseo más profundo del corazón.

Y Dios ordenó: "Toma a tu hijo Isaac, el único que tienes y al que tanto amas, y ve a la región de Moria. Una vez allí, ofrécelo como holocausto en el monte que yo te indicaré." (Génesis 22:2)

Sí, lo leíste correctamente. Dios pidió que Abraham matara a su hijo prometido en un altar de sacrificio. Esta petición representaba un rendimiento definitivo—de devolver a Dios el cumplimiento de su oración, el cumplimiento de la promesa de Dios.

Imagina cómo responderíamos. Después de años pidiendo a Dios los deseos del corazón, escuchando claramente que Él dijera que concedería la petición, esperar otros veinticinco años, disfrutarlo momentáneamente, sólo para oírlo decir, *Ok, regrésamelo.*

෫෧

Tempestad Diaria – "Me Pasó a Mí"

Dios, estoy tan confundida. La luz de mi alma se ha apagado. Mi mundo ahora es un lugar oscuro. Lo trajiste a mi vida— tuvimos casi todo en común, incluyendo el propósito general de servirte. Fuimos honorables en nuestra relación y puros en nuestras intenciones. Te pusimos en primer lugar. Absolutamente disfrutábamos nuestros ratos juntos. Dios, me sentía muy a gusto con él. Ahora eso ya no está. Él se ha retirado de cualquier relación futura. ¿Cómo puede algo que parecía tan soberanamente ordenado terminar así? ¿Cómo puede algo que se sentía tan hogareño ahora sentirse tan foráneo? ¿Cómo pueden dos personas con el mismo Espíritu Santo de repente tener dos visiones del futuro diferentes? No entiendo, Dios. Seguí Tu dirección. Lo entregué a él y a nuestra relación a Ti repetidas veces. ¿Por qué esperaste hasta que yo estaba emocionalmente atada para que él terminara la relación? ¿Por qué aún juntarnos si iba a terminar en angustia? Estoy batallando para creer que Tu mano de repente está en contra de algo que evidentemente proveíste. ¡No tiene sentido, Dios!

෫෧

Si fuéramos Abraham, podríamos pensar en cientas razones por qué lo que Dios pidió era imposible, incomprensible, sí, ¡aún repulsivo! *Dios, ¿me estás pidiendo que mate a mi hijo? ¡Me lo prometiste! ¡Prometiste bendecirme! Dijiste que sería el padre de muchas naciones a través de este muchacho. Seguramente, estás bromeando. Me lo diste después de muchos años de oración. Qué te parece esto: Continuaré con la vida como la conocemos, y fingiremos que esta conversación no pasó. Sé que no Te contradices y nunca me pedirías que cometiera asesinato. ¡Uff, Dios, que alivio he de haber escuchado mal y parece que Te malentendí!*

Sin embargo, en el silencio del momento, la voz de Dios fue clara, Su pedido inquebrantable. Quería, sin duda, que Abraham entregara el cumplimiento de la oración que había tenido toda su vida, el deseo de su corazón.

Oh, cuánto le ha de haber pesado el corazón de Abraham, cómo le ha de haber arrimolinado la mente con millones de preguntas y dudas al escalar el monte Moria. Es fácil entregar algo de poco valor o significado; no obstante, la prueba verdadera de fe y amor se ve al rendir lo más precioso.

Podemos mirar la historia y leer el resultado de cómo Dios últimamente honró la fe y la disposición de Abraham en obedecerlo. Pero me pregunto, cómo habríamos manejado esa prueba. ¿Si Dios nos pidiera que rindasémos lo más precioso de nuestro corazón—nuestros hijos, nuestros talentos, nuestras carreras exitosas, nuestras riquezas, nuestra alma gemela—navegaríamos esa tempestad exitosamente? ¿Nuestra fe en Dios mantendría la misma fuerza después de la tempestad como antes? ¿Confiaríamos tan fácilmente en Dios cuando nos pide algo que parece contradecir Su voluntad y propósito para nuestras vidas?

৩৵৶৶

Dirigiremos con seguridad cada tempestad, mientras que el corazón está correcto, nuestra valentía está firme, y nuestra confianza está fija en Dios.[63]

৵৶৩

La tempestad de rendición difiere de otras tempestades en que está proactiva, no reactiva. Es una lucha específica entre la voluntad de Dios y la nuestra. Dios presenta la oportunidad de confiar y obedecerle, pero no anula cómo escogemos ejercitar nuestro libre albedrío. Abraham pudo haberse negado a sacrificar a Isaac; pero creo que hubiera limitado la promesa que Dios dio y con posterioridad hubiera invitado más tempestades a su vida.

No, Abraham "ante la promesa de Dios no dudó como un incrédulo, sino que se reafirmó en su fe y dio gloria a Dios, plenamente convencido de que Dios tenía poder para cumplir lo que había prometido" (Romanos 4:20-21). En Hebreos el capítulo 11, a veces conocido como el Salón de la Fe, Abraham recibe reconocimiento especial por su fe inquebrantable en Dios. Por someter el deseo de su corazón y su voluntad personal a Dios, nos dio un ejemplo a seguir cuando Dios pide algo semejante de nosotros.

Querido marinero cansado e incrédulo, ¿estás batallando con la tempestad del rendimiento? ¿Aquellas olas amenazan erosionar tu fe? ¿Batallas en entregar a Dios a la persona más preciosa, el lugar más precioso, o cosa más preciosa que Él te ha dado?

Tan desgarrador y aterrador como parece, Dios con amor nos llama a obedecer—a confiarle *con* todo, confiarle *por* todo, y permitirle transformarnos *en* todo. Pacientemente espera que sometamos nuestra voluntad a la Suya y le permitamos que cumpla Sus promesas, Su paz, y Su propósito en nuestras vidas.

ᦖᦥ

La razón por la que muchos aún siguen turbados, siguen buscando, siguen haciendo poco progreso es porque aún no han llegado al fin de sí mismos. Seguimos tratando de dar las órdenes, e interferir con la obra de Dios dentro de nosotros.[64]

ᦖᦥ

Refugio de la Tempestad

A los que Dios conoció de antemano, también los predestinó a ser transformados según la imagen de su Hijo. (Romanos 8:29)

La meta de las tempestades como advertencia o como testimonio es la transformación. De un punto de vista correctivo, esto puede incluir cambiar malos hábitos, defectos personales, o cualesquiera características que no reflejan la semejanza de Cristo. Además, pueden ser transformadores al profundizar nuestra madurez espiritual y al mismo tiempo fortalecer nuestra confianza en Dios a pesar de las circunstancias dolorosas.

Como criaturas de hábito, tendemos a resistir el cambio porque usualmente es incómodo y doloroso. Pero el cambio generalmente significa crecimiento y la mayoría de los dolores de crecimiento duelen. El crecimiento a través del cambio es como Dios progresivamente nos transforma a la semejanza de Su Hijo.

Ya sea que aceptamos o rechazamos este cambio, nuestras experiencias además sirven como *testimonio* o *advertencia* para aquellos en nuestra área de influencia. Así como aprendemos de los ejemplos que Dios da en Su palabra, las personas en nuestro alrededor aprenden de nuestro ejemplo mientras luchamos con el rendimiento y aprendemos a confiar en Dios.

Dios interactúa dentro de la vida de ambos creyentes e incrédulos para declarar y cumplir Su propósito general para el mundo. En la vida de Elías, cambió su temor, minimizó su rabieta espiritual, invirtió su tendencia de retraerse y aislarse al ser retado, y pasó por alto su depresión suicida. Aún el profeta ungido necesita sanidad divina y estímulo. El cambio de Nabucodonosor fue dirigido a su orgullo y autosuficiencia, y la negación del control soberano de Dios. Aunque era un rey pagano, Dios intervino en su vida para confirmar que Él bendice o humilla al que Él escoge. Finalmente, Dios retó a Abraham a soltar el deseo de su corazón obedientemente y humildemente. Ha de haber muerto mil veces batallado para subir la montaña de sacrificio. Sin embargo, su paso era firme, su corazón resuelto, su fe segura que Dios siempre cumple sus promesas—aún cuando pide lo que parece ser imposible.

Estos hombres nos ayudan a entender y aceptar los cambios que Dios pueda estar haciendo en nuestras vidas. Los tres últimos se rindieron al propósito y la transformación de Dios, pero el proceso fue doloroso. Dios orquestó todo para transformarlos *individualmente* mientras cumplió Su propósito *universal*. Sus ejemplos confirman que podemos minimizar la duración de una tempestad de rendimiento por rápidamente ceder al proceso de cambio de Dios. Un elemento clave, para aliviar una tempestad de rendimiento es de reconocer plenamente que Dios amorosamente nos transforma para equiparnos, para completarnos (Filipenses 1:6), y más fácilmente usarnos.

⸎

*[Dios] Lo hizo así para que ... buscando refugio, nos aferramos
a la esperanza que está delante de nosotros. Tenemos
como firme y segura ancla del alma una esperanza.*

(Hebreos 6:18-19)

৵৽

O bien, abrazamos las tempestades de cambio de Dios y nos beneficiamos de Su poder transformador, o bien, las resistimos y no cumplimos el propósito para el cual Él nos creó. No hay un orden establecido con el proceso de transformación de Dios. A pesar de ser confuso y doloroso el cambio, sólo nos dañamos a nosotros mismos por resistir a lo que Dios intenta lograr dentro de nosotros y a través de nosotros.

Si crees que es demasiado tarde para cambiar, o que has desperdiciado demasiados años para cumplir un valioso servicio para Dios, por favor entiende que nunca es tarde para iniciar de nuevo. Recuerda, El cambia los eventos y las circunstancias en un instante. Además, promete restaurar el tiempo perdido, frecuentemente usando el pasado para producir un futuro más efectivo.

> *"Ahora bien," afirma el SEÑOR, "vuélvanse a mí de todo corazón, con ayuno, llantos y lamentos. Vuélvanse al SEÑOR su Dios, porque él es misericordioso y compasivo, lento para la ira y lleno de amor, cambia de parecer y no castiga. Yo los compensaré a ustedes por los años en que todo lo devoró ese gran ejército de langostas." (Joel 2:12-13, 25)*

Si estás aguantando una tempestad de prueba perpetua del Señor, reconociendo que Él es dueño y controla todo, por favor pausa por un momento para rendir tu voluntad a la de Dios. Resiste el impulso de correr a esconderte, retrayéndote de Él y otros. Además, evita la futilidad de orgullosamente intentar conquistar la tempestad solo. En lugar, rápidamente entrega cualquier cosa que está pidiendo que rindas y humildemente pide Su perdón por resistirte.

Por soltar nuestro control, y rendirnos completamente—la vida, los hábitos, los deseos, el estilo de vida, las relaciones, todo—a Él y Su propósito, nos abrimos a Su gloriosa transformación. Siendo que Él quiere lo mejor para cada persona, seremos sabios en permitir que Su Espíritu tenga acceso y control libre para transformarnos, no importa cuán temeroso y doloroso sea. Él nos conoce mejor de lo que nosotros mismos nos conocemos, por lo tanto, podemos confiar plenamente que Él está obrando todo para nuestro bien.

"Reconócelo en todos tus caminos y él enderezará tus sendas" (Proverbios 3:6, RVA-2015). Somos sabios en permitir que Él lleve a cabo Su obra perfecta dentro de y a través de nosotros.

҉

No témo las tempestades porque
estoy aprendiendo a navegar mi embarcación.[65]

҉

Capítulo 7

Poder Perfecto

El Control Soberano de Dios

Cuando Él me llama a Su yunque,
soporto golpes moldeadores.
¿Estoy siendo transformado a Su imagen,
o me resisto de Su cuidado?
¿Está mi mano como escudo contra Su martillo
para proteger lo estropeado?
¿Confiaré en Sus manos de misericordia
para restaurar mi vida cicatrizada?

A su paso, Jesús vio a un hombre que era ciego de nacimiento. Y sus discípulos preguntaron: "Rabí, para que este hombre haya nacido ciego, ¿quién pecó, él o sus padres? No está así debido a sus pecados ni a los de sus padres," respondió Jesús, "sino que esto sucedió para que la obra de Dios se hiciera evidente en su vida." (Juan 9:1-3)

¿CREES EN LA Soberanía de Dios? Ahora, antes de estar de acuerdo tan rápidamente o enfáticamente, por favor toma una pausa y piénsalo. ¿En verdad crees antes que pase algo—desde el evento más insignificante hasta el más grande—primeramente, tiene que pasar por el cernidor del propósito y permiso de Dios?

Chuck Swindoll hermosamente y precisamente describe la Soberanía de Dios como viendo al futuro. "Él ve los eventos de la vida antes que pasen. Nuestro Dios invisible, en Su providencia, continuamente, constantemente y confiadamente está obrando. Él sabe de lo que se trata, y lo persigue con una determinación implacable."[66]

Creer en la Soberanía de Dios es no aceptar ninguna aleatoriedad coincidente en el universo. Dios ve, conoce, y controla todo. Un infante delfín nace. Una hoja se cae. Una tempestad eléctrica severa. Una enfermedad paralizante. Una promoción en el trabajo. Una batería sin carga en el carro. La incapacidad de concebir hijos. El tráfico a la hora de salida. Un infante nacido ciego. Una muerte prematura. Los gobiernos opresivos. La Soberanía suprema significa que todo pasa por el filtro de la autoridad absoluta de Dios.

Para quitar alguna duda que queda del concepto, Dios confirma Su control absoluto: "Yo anuncio el fin desde el principio; desde los tiempos antiguos, lo que está por venir. Yo digo: Mi propósito se cumplirá, y haré todo lo que deseo. Del oriente llamo al ave de rapiña; de tierra distante, al hombre que cumplirá mi propósito. Lo que he dicho, haré que se cumpla; lo que he planeado, lo realizaré" (Isaías 46:10-11).

༺༻

Tempestad Diaria – "Me Pasó a Mí"
Algo pasó durante el nacimiento de mi hermana que la dejó

mentalmente incapacitada. Ahora como una mujer adulta, aún tiene la mente de una niña chiquita cuando algunos días dos más dos puedan igualar cuatro y otros días puedan igualar cinco. Puede leer y llevar a cabo la mayoría de los quehaceres y responsabilidades de la vida, pero no puede vivir sola ni mantenerse a sí misma. Con padres que estuvieron involucrados en el ministerio la mayor parte de sus vidas, frecuentemente le preguntaban a Dios por qué permitió esta situación. El ministerio de por si es exigente, de seguro Él conocía cuánto más efectivo pudieran haber sido nuestros padres sin esta carga extra. A través de mis años de preparatoria, su cuidado era mi responsabilidad para que papá y mamá pudieran cumplir el llamado de Dios sobre sus vidas. Entonces, ¿cuál era el propósito de su incapacidad? ¿Qué debemos aprender de ello? Parece que aún cuestionar a Dios es dudar Su control Soberano sobre todo.

∞⟩⟨∞

El concepto del control Soberano de Dios inicialmente puede sonar cuestionable y áspero. Un repaso rápido de la historia humana—sí, aún experiencias personales—confirman algunos eventos terroríficos, no merecidos, desgarradores, y tempestuosos. De saber que un Dios de amor permite tales cosas levanta preguntas válidas que retan Su amor y justicia.

Manten en mente, Dios no *causa* los eventos. Providencialmente *permite* los eventos. De ser así, se prohíbe a sí mismo anular el libre albedrío humano. Siendo que es Omnisciente, conoce y ve todo. Como Omnipresente, está en todo lugar al mismo tiempo. Aún ese concepto es restrictivo porque limita a Dios al tiempo y espacio. La realidad alucinante es: Dios simplemente *es*. En todo lugar. Simultáneamente.

Cuando Moisés le preguntó a Dios: "¿Qué nombre le voy a dar a cualquiera que me pregunte, '¿Quién te autorizó la misión de liberar a los Israelitas de la esclavitud Egipcia?'" La respuesta de Dios fue: "YO SOY EL QUE SOY. Y esto es lo que tienes que decirles a los Israelitas: 'YO SOY me ha enviado a ustedes'" (Éxodo 3:14). El gran YO SOY. Dios simplemente es. Siempre es existente, siempre presente, siempre consciente, y siempre involucrado. Él ve, oye, y conoce todo—sí, aún cuando un solitario gorrión cae del cielo

(Lucas 12:6-7). No se le pasa ningún detalle, no importa cuán pequeño e insignificante.

Sabe de todo evento en nuestra vida. Llora cuando lloramos. Nuestras elecciones necias y pecaminosas entristecen Su corazón. Nuestra obediencia e intimidad con Él hacen que los cielos se regocijen. Pero nada le toma por sorpresa.

La mayor parte del tiempo, permite que nuestras elecciones lleguen con sus recompensas y consecuencias naturales. Él orquesta los eventos detrás de las escenas para que nuestro libre albedrío finalmente cumpla Su plan mayor. A través de todo, Él mantiene control Soberano de todo—aún de las tempestades.

❦

Hay un Dios Soberano, quien preside de nuestros tiempos
Y nuestras estaciones ... quien hace lo que le place ...
cuya autoridad es Suprema. Él no responde a nadie.
Nosotros respondemos a Él. De tal manera, aquellos
que sirven a su Dios Soberano, ¡nada temen![67]

❦

Aunque no podemos plenamente entender Su poder absoluto y control, o cómo interactúa en los eventos y corazones de los hombres, es reconfortante saber que, "Dios dispone todas las cosas para el bien de quienes lo aman, los que han sido llamados de acuerdo con su propósito" (Romanos 8:28). Aún en nuestras horas más oscuras, cuando la esperanza parece ser perdida y nuestros peores temores son realizados, Dios está obrando por medio de los detalles. Quizás no nos rescate o responda de acuerdo a nuestros deseos, pero siempre está a tiempo de acuerdo a Su programa, plan, y propósito supremo.

❦

El SEÑOR de los Ejércitos ha jurado: "Tal como lo he planeado, se
cumplirá; tal como lo he decidido, se realizará." Si lo ha
determinado el SEÑOR de los Ejércitos, ¿quién podrá impedirlo?
Si él ha extendido su mano, ¿quién podrá detenerla?
(Isaías 14:24, 27)

❦

Cuando nos encontramos en medio de una tempestad, seríamos sabios de recordarnos: Dios lo conoce todo.

Repítalo: Dios lo conoce todo.

Dílo en voz alta: Dios lo conoce todo.

Medita en ello hasta que llegue a ser el pensamiento predominante: Dios lo conoce todo.

No evitó que la tempestad sucediera; Él ya ve el resultado y está en control. Nuestras tempestades pueden no sentirse agradables y de inmediato no entendemos las razones. Sin embargo, Dios tiene un plan y propósito universal invencible.

Las tempestades que experimentaron los siguientes tres personajes Bíblicos revelan el *poder* perfecto de Dios sobre todo. Sara esperó expectante por años para concebir un niño. Cuando escuchó la promesa de Dios de darle un hijo de cuyo linaje vendría una nación grande, ridiculizó la idea. Lázaro fue un amigo querido de Jesús que enfermó de muerte. Sin embargo, cuando sus hermanas pidieron una sanidad inmediata, Jesús demoró su visita y permitió que Lázaro muriera. Gedeón vivió calladamente bajo el reinado tiránico de los Madianitas. Cuando Dios lo retó a ser el libertador de su pueblo, cuestionó su significancia y probó a Dios para confirmar Su plan.

Sara Dudando de Las Promesas de Dios

El cansancio. Nada es tan insoportable para el hombre como estar en completo descanso, sin pasión, sin ocupación, sin diversión, sin estudio. Entonces siente su nada, su desamparo, su insuficiencia, su dependencia, su debilidad, su vacío.[68]

Previamente vimos a Abraham y su tempestad severa de rendimiento personal cuando Dios le pidió que sacrificara a su hijo, Isaac. Sin embargo, su esposa, Sara, se enfrentó con tempestades muy diferentes del mismo evento. Aunque Abraham fue fuerte y firme en sobrevivir esta adversidad, Sara dudó del poder de Dios, luego se enfrentó con la posibilidad terrorífica de perder a su hijo prometido. Su historia claramente ilustra cómo Dios enseña diferentes lecciones a diferentes personas con la misma tempestad.

Sara fue una mujer hermosa quien se casó dentro de una familia próspera.

Pero sólo porque una persona es atractiva y adinerada no quiere decir que todo está perfecto en su mundo. Si la belleza física y el dinero evitarían los vientos helados de la adversidad, nadie en Hollywood tendría problema alguno. No, Sara aún tenía que llevar su cruz de vergüenza y frustración—no podía concebir hijos. En una cultura que celebra hijos y familias grandes, ella no tenía nada. Había llevado esa carga por noventa años.

Junto con el hecho de no tener hijos, Sara no podía poner raíces profundas y tener un hogar estable porque Abraham seguía mudándose cuando Dios le hablaba que se fuera. Agregado a este quebrantamiento de corazón y solevantamiento, aparentemente no recibió afirmación ni apoyo de su esposo. Mientras viajaban, Abraham la rechazó como su esposa—¡dos veces!

Siendo que era tan hermosa, el joven Abraham temía que alguien lo matara para obtenerla. Así que se distanció de ella en esas dos ocasiones. Ahora quizás puedes pensar, *Si yo tuviera una esposa atractiva, o un esposo atractivo, ¡por supuesto lo desfilaría delante de todos!* Pero en ese tiempo de la vida, Abraham temía por su seguridad, así es que les dijo a todos que era su hermana. Dudó de la protección de Dios, y le faltó el respeto a su mujer. En lugar de protegerla, la colocó en un camino dañino. Su temor y duda hizo que actuara irracionalmente.

Sin embargo, Dios intervino soberanamente en ambas situaciones—guardó a Sara y también el pacto futuro que tendría con Abraham. Así obra Dios. Orquesta los detalles necesarios para cumplir Su propósito final a pesar de nuestras dudas, temores, y errores.

♥♥

¡Nuestro Dios está en los cielos! ¡Ha hecho todo lo que ha querido!
(Salmo 115:3, RVA-2015)

♥♥

Para hacer peor la cosa, Abraham le dijo a su esposa que Dios había prometido hacer de su descendencia una nación grande. Compartió esto sabiendo plenamente que ella no podía concebir hijos. ¡Cuán cruel le ha de haber caído! O Dios se estaba burlando de ella, o Abraham y Dios tenían planes futuros que no incluían a ella. Sentimientos de frustración, vergüenza, celos, enojo, y desánimo han de haber brotado en Sara para crear una tempestad perfecta. Siendo sin hijos e infértil le ha de haber quebrantado el corazón cada vez que escuchaba de una familia grande y una gran nación futura que Dios había planeado para Abraham.

ℰᴏℭᴿ

Tempestad Diaria – "Me Pasó a Mí"

"Estela falleció en su hogar el martes por la mañana, el 4 de Febrero de 2014. Nació el 20 de Octubre de 2013. Nació luchando, peso sólo 0.68 kilos. Durante su corta vida aquí, superó desafío tras desafío a cada paso. Ella era una fuente de esperanza e inspiración a cada persona que la conocía o que escuchaba su historia. Pasó casi tres meses en cuidados intensivos neonatales robándose los corazones de las enfermeras, los doctores, y su familia antes que fuera permitida ir a casa el 6 de Enero de 2014. Su familia está admirada y está agradecida por el amor y el gozo que trajo en tan pocos meses. A Estela le sobrevive su hermano mellizo más joven pero más fuerte, Carter."[69] Al escuchar esta historia, no podía imaginar el quebrantamiento de corazón de esta pareja. Inmediatamente pregunté, "¿Por qué, Dios?" ¿Por qué permitir que esta pareja pase por el gozo de esperar sus hijos, luego el quebrantamiento de corazón de perder su hija infante?

ℰᴏℭᴿ

Nuestro miedo, duda, e insuficiencias percibidas son herramientas útiles que Satanás utiliza para desanimarnos y derrotarnos. Aunque tenemos las promesas de Dios de bendecirnos, y proveer nuestras necesidades, y cumplir el propósito que tiene para nosotros, nos obsesionamos de las imposibilidades. *No soy suficientemente bonita. No soy suficientemente bueno. No puedo hablar elocuentemente. No puedo cantar. No conozco a nadie. No tengo el dinero necesario para cumplir eso. No sé llegar a conclusiones rápidamente.* Dudamos, descontamos, y hablamos irrespetuosamente de nosotros mismos, aún cuando contradice lo que Dios dice de nosotros. Se nos olvida que lo que Dios propone, lo cumple.

Fijándonos en lo que nosotros pensamos imposible, entonces hacemos nuestro propio plan humanístico, lógico para "ayudar" a Dios con Su

154

propósito. Pensamos, *Dios no está cumpliendo lo que prometió o debe estar esperando que yo actúe. Así que me parece que debo poner los pies a mi fe y ayudarlo.* Lo cual es exactamente lo que Sara hizo. Después de años vacíos de esperar la promesa de Dios, Sara tomó el asunto en sus propias manos. Si ella no podía concebir sus propios hijos, podía tener hijos sustitutos por medio de su sierva.

Lo más horrífico e inimaginable que es, en ese tiempo y cultura, las personas consideraban a sus siervos como propiedad personal. Sus dueños podían hacer con ellos lo que bien les parecía. Cualquier hijo nacido del siervo también eran parte de los bienes del estado del dueño. Así que, Sara razonó, siendo que era estéril, Dios ha de haber pensado que su sierva le daría el hijo prometido, ¿verdad?

Al momento, las acciones de Sara tenían sentido—desde una perspectiva humanística, egoísta, e impaciente. No obstante, como ya hemos encontrado, Dios no ve las cosas como las vemos nosotros, ni actúa en la manera que nosotros actuamos para hacer que pasen las cosas.

⚜

El SEÑOR es justo en todos sus caminos y bondadoso en todas sus obras.
(Salmo 145:17)

⚜

Sara presentó su plan ridículo a Abraham—¡increíblemente lo aceptó! Ella le dijo, "El SEÑOR me ha hecho estéril. Por lo tanto, ve y acuéstate con mi esclava Agar. Tal vez, por medio de ella podré formar una familia" (Génesis 16:2).

Sara admitió que los niños son bendición de Dios, sin embargo, lo culpó por su infertilidad. Entonces animó a su esposo a cometer pecado sexual. Todo bajo el pretexto de ayudar a Dios a cumplir Su promesa. Esto me recuerda a otro adagio que he escuchado a través de los años: "nunca es correcto hacer el mal para lograr el bien." En lugar de esperar pacientemente para que Dios cumpliera Su promesa, a Su manera, a Su tiempo, Sara tomó el asunto en sus propias manos y emprendió un camino del cual el mundo aún no se ha recuperado.

Su impaciencia y autosuficiencia suenan muy familiar. Cuando fijamos nuestro corazón sobre nuestros deseos, generalmente llegamos a la impaciencia con Dios y tratamos de llevar a cabo Sus promesas con nuestras fuerzas y en nuestro tiempo. Pero esperar en Dios es un tema crucial a través de las Escrituras.

- "Pon tu esperanza en el SEÑOR; cobra ánimo y ármate de valor, ¡pon tu esperanza en el SEÑOR! (Salmo 27:14)
- "Guarda silencio ante el SEÑOR, y espera en él con paciencia." (Salmo 37:7)
- "Por la mañana, SEÑOR, escuchas mi clamor; por la mañana te presento mis ruegos, y quedo a la espera de tu respuesta." (Salmo 5:3)
- "Espero al SEÑOR, lo espero con toda el alma; en su palabra he puesto mi esperanza." (Salmo 130:5)

Cuando nos impacientamos con Dios durante nuestras tempestades, y tratamos de escaparlas o calmarlas con nuestras fuerzas o métodos, invariablemente hacemos que las cosas empeoren. Eso es exactamente lo que pasó con el plan de Sara. Su sierva dio a luz a Ismael. Por cierto, Sara más adelante daría a luz a Isaac. Y ahí tiene a los dos muchachos. Ismael, el padre de las naciones Árabes; Isaac, el padre de los Judíos. Todos dentro de una familia disfuncional. Desde el nacimiento de Isaac, ha habido odio continuo entre estos dos grupos de personas. La culpa por la agitación continua en el Medio Oriente aterriza de lleno a los pies de Abraham y Sara a causa de su impaciencia, desobediencia, y falta de confianza en Dios.

Más de una década pasó cuando Dios cumplió Su promesa y dio a Sara el hijo que había esperado por tantos años, Isaac. Dios la escogió en su edad avanzada, en lugar de alguien más joven, para demostrar Su poder soberano y milagroso de hacer todo como a Él le place.

ço·ÿ

Por no esperar al Isaac de Dios,
A menudo nos conformamos con nuestro Ismael.

ÿ·çß

Como nos podemos imaginar, el corazón de Sara rebozaba con gozo al dar a luz a Isaac. Dios verdaderamente la había bendecido. Su carga y duda previa desvaneció en abrazos, besos, y risitas con su recién nacido. Todo al fin era como debería ser. Abraham tenía su heredero y Sara su hijo propio.

Sin embargo, Sara de pronto se enfrentó con otra tempestad que probó su fe en Dios.

Hebreos 11:17-18 describe la tempestad feroz. "Por la fe Abraham, quien había recibido las promesas, fue puesto a prueba y ofreció a Isaac, su hijo único, a pesar de que Dios le había dicho: 'Tu descendencia se establecerá por medio de Isaac.'"

Imagina el horror de Sara cuando Abraham compartió el mensaje más reciente de Dios. Imagina cómo fue la conversación. *Ah querida, tengo unas noticias muy malas que compartir acerca de nuestro hijo.* Ahora imagina nuestra reacción si Dios concede lo que habíamos esperado por tantos años, aún por lo que habíamos orado la mayor parte de nuestra vida, sólo para que nos pida que lo regresemos. Especialmente algo tan querido a nuestro corazón.

Fiel a su fe, Abraham obedeció a Dios. Creyó que Dios cumpliría Su promesa de alguna manera. Sin embargo, cuando hizo ese viaje fatídico al Monte Moria, Sara se quedó en casa sola. Sola con su duda, su quebrantamiento de corazón, y angustia mental. Sola con sus preguntas enojadas hacia Dios. Sola con la comprensión de que su vergüenza pasada había vuelto apresuradamente al presente. Hasta que Abraham volvió con Isaac, sospecho que nuevamente creyó que moriría sin hijos.

Sólo porque Dios contesta nuestras oraciones no significa que las tempestades ya no van a amenazar nuestros horizontes. Sólo porque concede las peticiones de nuestro corazón quiere decir que ya no vamos a enfrentarnos con pruebas para aumentar nuestra fe y profundizar nuestra confianza en Él. Sólo porque Dios cumple una promesa no significa que deja de transformarnos. Jesús nos advirtió de problemas que sus seguidores enfrentarían aquí en la tierra:

> *"Yo les he dicho estas cosas para que en mí hallen paz. En este mundo afrontarán aflicciones, pero ¡anímense! Yo he vencido al mundo." (Juan 16:33)*

Sí, Jesús nos prometió que experimentaríamos tempestades en esta vida. Sin embargo, además nos aventó unos salvavidas—Su paz y Su control. Podemos tener paz dentro de nuestro caos y podemos ser alentados que Él controla cada tempestad. La adversidad está garantizada, sin embargo, la paz y la confianza durante cada adversidad depende de nosotros. Tenemos la opción de depender de Dios y descansar en Su paz.

Querido jinete de tempestades, cansado e impaciente, Dios no necesita tu ayuda para cumplir Sus promesas. No quiere que te preocupes de tus circunstancias extremas ni las tempestades fatigosas. En ningún lugar de las Escrituras nos dice que nos preocupemos, que hagamos un mayor esfuerzo, que nos impacientemos, o que hagamos cosas con nuestras propias fuerzas. Lo que Dios pide de nosotros es más difícil—esperar y confiar. Esperar en Él y Su sincronización soberana. Confiar en Él y Su poder para cumplir lo que ha prometido. Sí, esperar y confiar aún cuando creemos que el tiempo se agota o que nuestras oportunidades están pasando.

Cuando las oleadas de duda, frustración, e impaciencia te causan náuseas en sus paseos temerosos, en lugar de buscar una manera de escapar la tempestad, te animo a encontrar una almohada en la cubierta de Su paz. Acércate a Él, confía en Su control sobre todo lo que parece ser incierto de la vida. Entonces espera y descansa en Su presencia.

೪൞

Todo lo que he visto me enseña a confiar
en el Creador por todo lo que no he visto.[70]

ಌ൸

Lázaro Modelando Ropa de Muerto

La muerte ha sido devorada por la victoria. ¿Dónde está, oh muerte, tu victoria?
¿Dónde está, oh muerte, tu aguijón? (1 Corintios 15:54-55)

¿Alguna vez te has sentido solo o abandonado en tu tempestad? ¿Como si a nadie le interesaras? ¿Entonces cuando pediste ayuda o apoyo nadie respondió? Ni aún Dios. Reconocías que necesitabas ayuda, sabías que no aguantarías solo, sin embargo, nadie venía a ayudar. Si lo has experimentado, por favor permíteme presentarte a Lázaro. El conoce exactamente cómo te sientes.

Lázaro y sus hermanas, María y Marta, vivían en Betánia, un pueblo a menos de un kilómetro de Jerusalén. Su hogar era uno de los lugares donde

Jesús se quedaba en esa área. Con el tiempo llegaron a ser amigos íntimos. Jesús los amaba como familia, pero también individualmente y específicamente (Juan 11:5).

En Juan el capítulo 10, leemos que Jesús tuvo varios intercambios acalorados con los líderes religiosos. Poco después, salió de Jerusalén y viajó aproximadamente diez kilómetros al río Jordán donde Juan el Bautista previamente había bautizado a sus seguidores. Siendo que no había camiones, taxis, ni Uber disponibles, Él y Sus discípulos caminaban grandes distancias en el calor del Medio Oriente. Estaban descansando allí cuando Jesús recibió la noticia que su amigo querido, Lázaro, estaba enfermo de muerte.

Desde un punto de vista humano, esperaríamos que Jesús se apresurara a la cama de Lázaro. Había sanado a otras personas—por cierto, haría lo mismo para su querido amigo, ¿verdad? Eso era precisamente lo que María y Marta esperaban cuando enviaron el mensaje. Sería un viaje largo y duro, pero podría hacer el viaje en unas siete u ocho horas. Eso era bastante tiempo para sanar a su hermano y todo estaría bien.

Sin embargo, enfrentado con lo *urgente*, Jesús esperó dos días para hacer lo *importante*. Siendo divino, Él sabe todas las cosas—sabía que Lázaro estaba enfermo mucho antes de que se lo dijeran. De hecho, ya sabía que Lázaro iba a morir. Pero también sabía que la situación completa sería para la gloria de Dios (Juan 11:4). Así que, de acuerdo al plan y programa general de Dios, esperó.

Es por eso que también nos pide que esperemos. Él conoce la paz mental y poder supernatural involucrado al permitir que Su control soberano orquesta todas las cosas.

❧

Enfrentado con lo urgente, Jesús espera para hacer lo importante.

❧

¿Cómo suena eso de un amigo querido? Cuando escucha que lo necesitamos, cuando escucha que estamos enfermos o cerca de la muerte, dice, "Okay," luego se sienta, mete Sus pies en un arroyo refrescante, se inclina contra una roca, y descansa. No se apura frenéticamente a nuestro lado, pero espera dos días más. Si tuviéramos tal amigo indiferente que parece no tener cuidado, probablemente lo obstruiría en todos los sitios sociales y eliminaría su información de contacto. ¿Quién necesita tal amigo?

Ahora, imagina a Lázaro acostado en su cama—un amigo personal, amado del Hijo de Dios, pero enfermo, muriendo, sin esperanza y aparentemente abandonado. Si sabía que sus hermanas habían pedido ayuda de Jesús, probablemente pasó sus últimas horas de agonía especulando por qué Jesús le falló en su hora de necesidad.

Quizás Lázaro estaba inconsciente; en dado caso, eran sus hermanas las que estaban preocupadas y dudosas. *¿Dónde está Jesús? Lo llamamos para que viniera. ¿Por qué no contesta y viene cuando lo necesitamos? Ha sanado a otras personas—¿son ellas más importantes que nosotros? Seguramente no es su voluntad que Lázaro muera; hoy no; todavía no.* Si somos honestos, todos hemos tenido dudas y confusión semejantes al enfrentarnos a nuestras tempestades.

ಐ)ಡಿ

Tempestad Diaria – "Me Pasó a Mí"

Cynthia Heath era una persona encantadora de donde brotaba el espíritu amoroso de Dios. Su sonrisa exuberante, su comportamiento alegre, y abrazos de "Mamá" verdaderamente eran especiales. Era una guerrera fuerte de la oración, igualmente fuerte era su conocimiento y amor de la Palabra de Dios. Vivía con dolor crónico debido a una condición degenerativa de la espina dorsal. Pero nunca se quejaba—muy seguido, ella era la fuente de consuelo para los que la rodeaban. Como uno de los líderes del ministerio de los solteros de la Iglesia Presbiteriana "Esperanza" de Memphis, TN, fue un gran instrumento clave al coordinar un retiro para solteros en Abril de 2013. El tema de la conferencia era "Encendido para Dios." Fue uno de esos momentos especiales donde la presencia de Dios era tan real que podrías estirar la mano para palparla. Algunas vidas fueron transformadas gloriosamente y eternamente, y muchas personas salieron encendidas para Dios. Tristemente, dos meses después de esa experiencia de la cima de la montaña, Cynthia sufrió un derrame cerebral. Poco después fue presentada delante de la presencia de Jesús a una edad joven de cincuenta y cuatro años.[71] Inmediatamente pregunté, ¿Por qué ella, en este punto de avivamiento espiritual? ¡Era una parte tan integral del "fuego" continuo! No parece lógico ni justo—¿no hubiera sido mejor dejarla aquí para que más almas podrían ser espiritualmente impactadas?

ഇൻൻൻ

Como hemos descubierto, las maneras, los pensamientos, y los propósitos de Dios son diferentes a los nuestros. Lo que parece ser una tempestad trágica y urgente en nuestra vida puede ser la situación indicada que Dios usa para glorificarse a Sí mismo. Una enfermedad sin explicación, o muerte aleatoria pueda ser la misma cosa que Dios usa para animar a las personas a caminar más íntimamente con Él. La muerte de una persona puede marcar el cumplimiento de su ministerio al mismo tiempo abre puertas de oportunidad para otra persona.

Aunque parezca humanamente ilógico y frío de corazón, los propósitos de Dios serían cumplidos con la enfermedad y muerte de Lázaro. Por tanto, Jesús esperó.

ഇൻൻ

Esta enfermedad no terminará en muerte, sino que es para la gloria de Dios, para que por ella el Hijo de Dios sea glorificado.
(Juan 11:4)

ഇൻ

Cuando Jesús al fin llegó a Betania, Lázaro había estado sepultado por cuatro días. Sin el proceso de embalsamamiento, junto con el clima caliente de Judea, nos podemos imaginar la descomposición que ya había pasado. Aún sus hermanas advirtieron a Jesús del mal olor cuando les dijo que removiera la piedra de la boca de la cueva.

Qué oportunidad más excelente de recordar a Jesús, si tan sólo hubiera venido cuando lo llamaron, Él pudiera haber sanado a Lázaro. Por cierto, cuando al fin llegó, Marta y María le dijeron lo que pensaban de su tardanza. "Señor, si hubieras estado aquí, mi hermano no habría muerto" (Juan 11: 21, 32). Lo amaban, confiaban en Él, conocían Su poder de sanidad, y creían que Él era el Mesías prometido y el Hijo de Dios. Pero aún le trajeron su queja de expectativas insatisfechas.

Probablemente manejamos nuestras expectativas insatisfechas como María y Marta. Creemos que sabemos cómo debe terminar la tempestad. Creemos que Dios *puede* sanar y en oración Se lo pedimos. Entonces, cuando no contesta como esperamos, lo cuestionamos. Dudamos de Sus métodos y Su tiempo. Reexaminamos el valor que somos para Él. Nuestras oraciones se vuelven en quejas. En lugar de confiarle a través del *cómo*, preguntamos *por qué*.

Sin embargo, Jesús conocía algo que ningún otro conocía. Ya había sanado a muchas personas; esa expectativa era lo normal. No se toma mucha fe en pedir algo que sabemos que puede suceder, o que ya ha sucedido. Pedir a Dios algo esperado y natural no deja lugar para que Él nos sorprenda con algo espectacular y sobrenatural.

Jesús había previsto un nivel nuevo de fe y expectativas. ¿Sanidad? He estado allí; He hecho eso. Pero, ¿resucitar a alguien que llevaba cuatro días muerto y ya en descomposición? Ahora, eso sería un calmante de tempestad sobrenatural que nadie se esperaba, ni se imaginaba. Marcó el comienzo de una nueva dimensión del poder de Dios inigualable, inesperado, y desencadenado.

༄

¡Qué profundo es el conocimiento, la riqueza y la sabiduría de Dios!
¡Qué indescifrables sus juicios e impenetrables sus caminos!
(Romanos 11:33)

༄

Aún algunas cosas tan inevitables y permanentes como la muerte tienen que rendirse ante el poder de Dios. Jesús dijo a la multitud que estaba de luto, "Yo soy la resurrección y la vida. El que cree en Mí vivirá, aunque muera" (Juan 11:25). Si Lázaro no hubiera muerto, Jesús no podía hacer esta declaración con credibilidad. Y por permitir la descomposición, no habría reclamo que Lázaro sólo estaba inconsciente, y que Jesús simplemente lo había revivido. No, Jesús sabía exactamente lo que estaba haciendo. Su misión ese día era presentar Su deidad y poder divino. En Su control y tiempo soberano, se reveló a Si mismo, glorificó a Dios, confortó a Marta y a María, y resucitó a Lázaro.

Podrás pensar, *Si Jesús sabía que iba a resucitar a Lázaro, ¿por qué lloró en la tumba de Lázaro?* Una buena pregunta. Si Jesús no hubiera sido emocional, es decir indiferente emocionalmente, distante, sin sentimientos, quizás tendríamos la impresión que Él era frío, apático, e inalcanzable—simplemente marcando Su actividad divina según lo programado en el calendario del Cielo. Pero eso no es quien es Él.

Siendo completamente Dios y completamente humano, Él se identifica con nosotros. Él experimenta los mismos sentimientos y las emociones, pero sin pecado (Hebreos 4:14). A Él le duele cuando nosotros estamos lastimados (Isaías 63:9). Él se aflige cuando nosotros estamos afligidos. Cuando lloró en la tumba de Lázaro, demostró Su lado humano, emocional, accesible, e identificable. Aparte de eso, creo que había otra razón por sus lágrimas. Habiendo venido del cielo, Jesús ya sabía que era un lugar de hermosura, consuelo, plenitud, realización, y gozo eterno en la presencia de Dios. Ya sabía que Lázaro había cruzado el valle de sombra de muerte y había entrado a la gloria venidera. ¡También sabía que lo que estaba a punto de pedirle a su querido amigo sería más difícil que la experiencia de la muerte misma! Lo que creo que fue más quebrantable de corazón para Jesús fue pedirle a Lázaro dejar el lugar de hermosura, gozo, y paz para volver a los confines de su cuerpo mortal.

Entiendo este dilema basado en lo que le pasó a mi papá. Cuando sólo tenía once años, sufrió un accidente agrícola. Uno de sus hermanos manejaba un camión cargado de cascajo mientras que mi papá iba detrás. Cuando el camión rebotó a través de un bache, mi papá fue derribado delante de las llantas de metal. Frenéticamente, sus hermanos se apresuraron a llevar su cuerpo quebrantado al hospital donde, médicamente hablando, murió. Al estar tendido, sin vida, mi abuelo caminaba por el pasillo del hospital rogando a Dios que salvara la vida de su hijo. Agradecidamente, Dios contestó su oración. Después de recuperar la consciencia, mi papá recordaba haber visto una ciudad brillante que rebosaba de paz, amor, y gozo, sin dolor. Al acercarse, escuchó una voz que le dijo que tenía que volver—¿*volver a dónde?* Volver al cuerpo quebrantado aquí en la tierra. Más tarde en la vida, mi papá recuerda como dio su espalda al cielo y volvió a la oscuridad, dolor, y quebrantamiento de esta vida como una de las cosas más decepcionantes que jamás ha hecho. Me supongo que era lo mismo para Lázaro.

Si escuchamos con cuidado, podemos escuchar a Jesús cuando llama a Lázaro a través de los límites de tiempo y espacio:

Oye amigo, necesito que cumplas algo para Mí. Sé que estás completo, entero, y libre de pecado, pero necesito que dejes todo esto para volver a la tierra. Si, correcto—Me escuchaste bien. Sólo confía en Mi. Esto tiene que suceder para que Yo pueda demostrar al mundo que tengo poder sobre la vida y la muerte. Confirmaré que soy el Cristo, el Mesías prometido, el Salvador y el Señor.

Imagina a Lázaro después de haber gozado cuatro días del cielo, volver a despertar en aquella tumba oscura, pegajosa, y maloliente, aún envuelto en su ropa de muerto con los límites de una forma humana. Escuchó a su querido amigo, Jesús, que le llamaba. Así que dio el paso de las glorias del cielo, fuera de la serenidad celestial, para volver al calor y la confusión de la tierra para ser un ejemplo práctico y eterno del poder divino y soberano de Jesús. De una tempestad, a la calma del cielo, y de regresos a otra tempestad de la tierra. Todo para la gloria y el propósito de Dios.

Oh, viajero mareado, cuando te sientes abandonado en la oscuridad de tu confusión, anímate. Jesús sabe exactamente dónde estás y entiende específicamente lo que estás pasando. Siente tu dolor y empatiza con tu situación. Tu tempestad no le sorprende.

Aunque pueda tardar o no contestar tu oración como lo esperabas, nos animamos sabiendo que Él tiene un plan. Está trabajando detrás de las escenas para cumplir un propósito que quizás no entendemos a este lado del cielo. En lugar de pedir algo que esperamos, anticipa lo inesperado. Cuando seas tentado a dudar si Él te escucha o tiene cuidado, prepárate para lo sobrenatural. Puede usar tus tempestades para demostrar Su poder y gloria.

❧

*Donde la batalla ruge, allí se
prueba la lealtad del soldado.*[72]

❧

Gedeón Cuestionando su Significado

Haz lo que temes, y la muerte del temor será segura.[73]

En la elección de la NFL (fútbol Americano), frecuentemente referimos al último jugador escogido como el Sr. Irrelevante. Comprensiblemente, ser escogido al último significa que los talentos del jugador son sospechosos y las expectativas del equipo son bajas. Si Gedeón hubiese jugado fútbol, hubiera calificado como el Sr. Irrelevante. Sin embargo, aunque se veía aparentemente insignificante, desde la perspectiva humana, Dios tenía planes sobrenaturales para él.

Gedeón venía de una familia no distinguida y vivía en un pueblo pequeño e irrelevante. Nadie iba a ese pueblo buscando un héroe o un líder. Por su propia admisión, era parte del ramo más débil del árbol genealógico y se consideraba el menos importante de su familia. ¿Qué te parece esa insignificancia tímida y autoestima baja? No obstante, Dios vio en él algo que otros no veían.

En el capítulo 6 de Jueces, encontramos a Gedeón secretamente trillando trigo en un lagar. Por cierto, es natural preguntar, *¿Por qué estaba trillando trigo en un lagar?* En tiempos Bíblicos, el método normal de segar el trigo era amarrarlo en manojos y llevarlo a un espacio abierto. Allí, a vista de todos, separaban el trigo de la cáscara con una herramienta de trillar. Obviamente, este proceso no escondido invitaría la atención de los ojos atentos del enemigo, los Madianitas.

Por siete años, los Israelitas habían estado bajo el castigo divino a manos de sus opresores los Madianitas. Sin embargo, nuevamente, el pueblo de Dios se había extraviado de Él y estaban adorando a dioses ajenos. Por lo tanto, Dios orquestó la tempestad de castigo a mano de los Madianitas para motivarlos a volver.

Los Madianitas tenían un plan de ataque tortuoso. Permitieron que los Israelitas plantaran sus cultivos. A la hora de la cosecha, los Madianitas invadían y se robaban todo el cultivo además de matar las ovejas, el ganado, y los burros. Esto dejaba a los Israelitas sin cosecha y sin ganado. Por esta razón, Gedeón usó el lagar más pequeño y encerrado para esconder su cosecha de los malvados invasores. Sus ataques devastadores llegaron a ser tan brutales que los Israelitas clamaron a Dios que los ayudara.

A través de su historia, los Israelitas demostraban un ciclo extraño y repetitivo de extraviarse de Dios, llegando a ser esclavos de un enemigo opresivo, luego clamaban a Dios que los libertara. Después de un corto período de paz y prosperidad, volvían a extraviarse de Dios y el ciclo vicioso se repetía. Me hace pensar si en verdad querían a Dios o sencillamente querían que Él removiera su tempestad presente.

La misma pregunta aplica hoy. Al navegar en nuestras tempestades, clamamos a Dios, ¿queremos más de Él o simplemente queremos que Él calme nuestra tempestad? ¿Le pedimos que trate los síntomas o queremos que cure los problemas centrales? ¿Queremos que quite las circunstancias dolorosas actuales o estamos dispuestos a que Él las use para transformarnos más a su semejanza? Si es lo primero, quizás nos estamos preparando para años de dolor y frustración. Sin embargo, si desesperadamente queremos Su transformación, empezaremos a ver nuestras tempestades con ojos diferentes.

಄಄

Para comprender el valor del ancla
necesitamos sentir el estrés de la tempestad.[74]

಄಄

¿Por qué le tomó a Dios siete años para contestar la petición de liberación de los Israelitas? Quizás sus oraciones iniciales fueron sintomáticas y no oraciones genuinas de arrepentimiento y reconciliación. O quizás ese fue el tiempo necesario para que Gedeón madurara para ser el hombre que Dios podía usar como respuesta a sus oraciones. De cualquier forma, Su tiempo siempre es correcto.

Allí estaba Gedeón, escondiéndose de sus enemigos, secretamente trillando su trigo para evitar ser descubierto y levantar sospechas. Esto no suena como un héroe, ¿verdad? No según las expectativas humanas. Mi reacción inicial es, *Si Gedeón era un discípulo tan especial para el éxito futuro, ¿por qué estaba escondido en lugar de estar dirigiendo un grupo de asalto contra su enemigo?* Sin embargo, fácilmente pasamos por alto que Dios orquesta las cosas detrás de las escenas. Mientras que nuestro "campeón" se escondía con miedo al cumplir su rutina diaria, Dios lo encontró en su reino de lo inesperado.

Dios mandó a un ángel a visitar a Gedeón con un saludo peculiar: "¡El SEÑOR está contigo, guerrero valiente!" (Jueces 6:12). Esta apariencia repentina sin duda asustó a Gedeón casi de muerte. Si estamos escondidos, temiendo la muerte, lo último que queremos es una visita inesperada—por no mencionar una del reino espiritual. Además de esta visita inesperada, el mensaje del ángel probablemente parecía como un insulto. Sin embargo, el propósito de la visita angelical y referencia audaz no era asustar ni insultar a Gedeón. Al contrario, marcó el comienzo de una jornada fenomenal y transformativa preestablecida por Dios.

Ves, Dios nos mira y nos involucra a través de los lentes de Su posibilidad, no del potencial humano. Quienes somos hoy es resultado de nuestros ayeres, incluyendo lo bueno y lo malo. Nuestra persona de "hoy" quizás no parezca tan extraordinaria. Sin embargo, Dios mira hacia el futuro y ve lo que podemos llegar a ser por medio de Su poder. Llamó a Gedeón guerrero valiente porque ya veía el futuro y conocía las victorias que Gedeón tendría. Increíblemente, Dios hace lo mismo con nosotros. Ya ve lo que podemos cumplir si confiamos en Él y permitimos que Su fuerza y transformación hagan Su obra perfecta en nosotros.

♥️

Pensamientos de duda y temor son sendas al fracaso.
Al conquistar actitudes negativas de duda y temor
conquistas el fracaso. Los pensamientos se cristalizan en
hábitos, y los hábitos se solidifican en circunstancias.[75]

♥️

Naturalmente, Gedeón cuestionó el mensaje del ángel. Nos podemos imaginar que dijo: *"Hombre, no eres de estas partes, ¿o sí? Si Dios está con nosotros, ¿por qué nos han sucedido todas estas cosas malas? Mira alrededor. ¿Con esta devastación, remotamente parece que Dios está aquí? No, Dios no está aquí. nos ha abandonado y nos ha dejado morir."* Su respuesta reveló más de su intento exterior de esconderse. Expuso su percepción de la insignificancia, aceptación pasiva de las circunstancias horribles, y creencia que a Dios no le importaba la terrible situación.

Desafortunadamente, muchas personas tienden a reaccionar de semejante manera. Cuando la tempestad ruge, levantamos nuestras manos en fracaso y cuestionamos si a Dios le importamos. Nos rendimos a la aceptación desesperada de nuestras circunstancias horribles. En la ausencia de alivio inmediato, cuestionamos nuestro valor, dudamos de la presencia de Dios, y nos escondemos en el ajetreo de nuestras vidas.

ഓ‌ര

Tempestad Diaria – "Me Pasó a Mí"

Las experiencias de mi vida parecen confirmar que no soy lo suficiente bueno. Crecí con una mamá que no era afectuosa. Sus dones espirituales parecían ser el cinismo, el juicio, y la culpa al que me sometió. Nada de lo que hacía encontraba su aprobación. Una de sus expresiones favoritas condescendiente era, "¿Así debe comportarse un joven Cristiano?" Mi papá, aunque más amoroso por naturaleza, también tenía expectativas muy altas. Alabanza y ánimo no existían. Recuerdo haber recibido calificaciones de varias clases, todas de 100%. ¿Cuál era la respuesta de mi papa? "Hijo, eso es lo que debes hacer. Tus pulmones deben respirar, tu corazón debe latir. ¿Por qué esperas las alabanzas cuando haces un buen trabajo? No." Desesperado por afecto y significancia emocional, me case muy joven, pensando que había encontrado alguien que me "veía", que valoraba la persona interior, y me amaba verdaderamente. Desafortunadamente, eso no era el caso. Siendo inmaduro emocionalmente y buscando una afirmación no sana, yo tenía expectativas poco realistas y pasé por alto las incompatibilidades que finalmente me llevaron al divorcio. Me siento como un fracaso sin valor. Aún traté de suicidarme para terminar con el dolor emocional. Hace mucho tiempo, había tomado la parte más inocente, tierna, y pura de "mi" y la encerré detrás de enormes muros defensivos. Nadie jamás me volvería a lastimar. Por fuera sonreía y me portaba como si todo lo tenía bien arreglado, pero por dentro, estaba triste, hueco, y quebrantado. ¿Dónde me extravié? ¿Qué hice para merecer tal vida? "¿Dios, en verdad no soy suficiente? ¿Para nadie? ¿Deveras soy sin valor?"

ഓ‌ര

Dios sobresale al encontrarnos inesperadamente en nuestra desesperación e insignificancia. Animó a Gedeón: "Ve con la fuerza que tienes, y salvarás a Israel del poder de Madián. Yo soy quien te envía" (Jueces 6:14). ¡Qué mensaje potente! Escuchar que Dios nos envía en una misión con Su victoria garantizada impulsaría a muchos de nosotros a brincar inmediatamente para retar las fortalezas del enemigo, ¿verdad?

Sí—quizás no.

Desafortunadamente, la duda y el temor tienen un poder esclavizante sobre nuestras mentes. Aunque Dios da numerosas promesas en Su Palabra, lo cuestionamos. Sabemos que Dios está con nosotros, pero aún dudamos de Su presencia. Proclamamos que es Soberano, sin embargo, lo culpamos por eventos desastrosos en nuestras vidas y cuestionamos Sus propósitos y planes. Entonces, temerosamente vacilamos cuando nos pone una bendición en frente de nosotros.

Eso es precisamente lo que Gedeón hizo. Vaciló y cuestionó, "¿Pero, Dios?" Recién comisionado a principiar un nuevo comienzo, victorioso, dudó de las provisiones de Dios. En un instante, Dios había contestado las oraciones por la liberación de su tempestad del pueblo de Israel. Sin embargo, Gedeón empezó a retroceder. Sus pensamientos abatidos suenan vagamente familiares.

Seguramente, Dios, ha de haber pensado en otra persona. Yo no soy nadie de una familia de nadie. Me estoy escondiendo en este lagar pequeño para que los matones Madianitas no se roben mi cosecha. Sí, las circunstancias de la vida son inaguantables. Seguro, hemos estado orando para que nos removiera de esta tempestad. Pero, me has de haber confundido con otra persona que en verdad puede actualizar cambios. ¿Qué puedo hacer yo? De todas las personas del mundo, ¿por qué yo? Aún si tuviera valor y recursos para llevarlo a cabo; no tengo talentos, ni educación, ni futuro seguro, ni tengo un plan de ataque audaz.

Para el crédito de Gedeón, no rehusó el plan de Dios completamente. Sin embargo, pidió confirmación. Aunque Dios le dio una misión específica y le aseguro la victoria, Gedeón quería comprobación.

¿Por qué dudamos y tememos la liberación de nuestras tempestades que Dios provee? ¿Será porque nos sentimos insignificantes o sin valor? ¿Es difícil creer que Dios nos escogería a nosotros? ¿O nos hemos acostumbrado tanto a nuestro propio infierno, que cuando Dios inesperadamente nos hace volar la cabeza con una respuesta a nuestra oración, inmediatamente cuestionamos, analizamos, y resistimos el maravilloso cambio que quiere para nosotros? ¿Por qué es tan difícil creer cuando Dios dice, "¡Sí, eres suficiente!"?

Hasta que, y a menos que, el dolor de las circunstancias de hoy sean mayores que nuestra visión para un mañana mejor, nos quedaremos "cómodos en nuestra tempestad incómoda." Gedeón se enfrentó a la increíble oportunidad de cambiar su futuro, de mejorar el futuro de su nación entera. Sin embargo, dudó, cuestionó, vaciló, y buscó seguridad.

Como vimos con el Rey Saul, cuando Dios nos presenta oportunidades que negamos en aceptar, estas nunca son perdidas. Dios simplemente las da a otra persona. ¡Qué tragedia ser tan escéptico y temeroso de no reconocer y aprovechar la respuesta de Dios cuando llega! Aún si la tarea parece desalentadora o sacude nuestra zona de comodidad, cuando la respuesta no es lo que esperamos, es sábio recordar "toda es posible con Dios" (Marcos 10:27).

༄

El pesimista ve la dificultad en cada oportunidad;
El optimista ve la oportunidad en cada dificultad.[76]

༄

Antes de entregarse por completo a su propósito divino, Gedeón le pidió a Dios dos señales adicionales como comprobantes. Para su primera señal, cuestionó la palabra de Dios, "*Si* has de salvar a Israel por mi mano, como has prometido, mira, tenderé un vellón de lana en la era, sobre el suelo. Si el rocío cae solo sobre el vellón y todo el suelo alrededor queda seco, entonces sabré que salvarás a Israel por mi mano como prometiste" (Jueces 6:36-37). Fíjate cómo inició la conversación con Dios con la duda, *si*.

Para su segunda señal, sabía que estaba retando la paciencia de Dios. "Ahora, no te enojes conmigo, Dios. Dame una prueba más para que esto no me explote en la cara. Concédeme una prueba más con el vellón" (Jueces 6:39, paráfrasis del autor).

¿Qué te parece del guerrero valiente? Oh, cómo deseamos que una persona con tal designación divina sería más valiente y positiva al recibir tales promesas de victoria. Sin embargo, ¿no somos iguales? Dios nos dice que somos una creación increíble, hecha a mano por Dios mismo, sin embargo, dudamos de nuestro valor personal. Dios nos asegura que nos conoce a cada uno íntimamente, pero cuestionamos nuestra significancia. Nos dice que tiene planes fantásticos para nosotros, pero tememos dar el primer paso de la jornada asombrosa. Afortunadamente, tal como lo hace con nosotros, Dios pasó por alto la vacilación y resistencia de Gedeón y permitió que él fuera la respuesta de la oración de su nación.

Al recibir la confirmación de la victoria prometida por ambas pruebas de vellones, Gedeón juntó un ejército de treinta y dos mil hombres—para pelear contra ciento treinta y cinco mil Madianitas. Aunque eran guerreros valientes, las probabilidades parecían enormemente en su contra. Pero, espera, tenían a Dios de su lado, ¿verdad?

Poco sabía Gedeón que su tempestad de insignificancia estaba a punto de intensificarse.

Irónicamente, ahora le tocaba a Dios probar la fe y el valor de Gedeón. *Gedeón, tienes demasiados hombres. Para que no tomes el crédito de la victoria, díles a los que tienen miedo que se vayan a sus casas.* Para la sorpresa de Gedeón, veintidós mil hombres se fueron. No es para preocuparse, aún tenía a diez mil hombres y a Dios de su lado. Entonces Dios prueba su fe aún más al decirle que todavía eran demasiados hombres. Después de otra prueba, el número de su fuerza de combate bajó a trescientos.

¡Empiezan a volar los banderines de alerta de tempestad!

En ese momento, la liberación de Dios más bien parecía una misión de suicidio. ¿Quién, en su juicio cabal, iba a ver esto como una "oportunidad"? Sin embargo, cuando Dios hace lo milagroso y lo espectacular, lo hace en una forma que no podemos darnos el crédito. Dios probó la resolución de Gedeón al reducir su fuerza de combate a un tamaño increíblemente pequeño. Con tan pocos soldados, no podían reclamar la victoria por sus propias fuerzas. Cuando Dios tiene un plan sobrenatural para nosotros, normalmente nos quita las muletas, causándonos depender única y completamente de Él.

❧

Cuando no puedes ver la mano de Dios, confía en Su corazón.[77]

☙

Al final, Dios concedió a Gedeón una victoria milagrosa y rescató a Israel de sus enemigos. Dios usó un ejército pequeño que parecía débil para conquistar un enemigo que parecía insuperable.

Para nosotros hoy, Dios trae victoria sobrenatural a pesar de nuestras percibidas insignificancias. Cuando somos débiles pero dispuestos a confiar, la fuerza de Dios nos hace vencer. Kittie Louise Suffield lo expresa perfectamente en su canto, "Poco es mucho, cuando Dios está presente."[78]

Viajero cansado, si te encuentras empapado en las tempestades de insignificancia, temor, o duda, descansa seguro. No necesitas abundante valor y fe para encontrar consuelo y alivio. Jesús dijo que la fe, tan pequeña como la semilla de mostaza (un poco más grande que la cabeza de una aguja), es suficiente para mover montañas. Quizás Dios no envía un ángel, ni te habla de la victoria en voz audible. Pero nos ha dado Su Palabra, en la cual tenemos "Sus grandes y preciosas promesas" (2 Pedro 1:4). Además, nos confirma que somos victoriosos por medio de Él (Romanos 8:37).

Cuando las olas de la duda, la derrota, la desilusión, y la baja autoestima nos amenazan, podemos encontrar refugio en la Palabra de Dios. Debemos confiar en Su corazón y *plan* para nuestras vidas. Relajarnos en Su *presencia*. Reclamar su *poder*. Creer que Su *propósito* confirma nuestro valor y significado increíble. ¡Oh, cuánto deseo que miremos con ojos de fe expectativas y anticipación emocionada por Su liberación de nuestras tempestades! Podría ser más cercana de lo que pensamos.

༃

La soberanía de Dios no quita nuestra responsabilidad.
Lo empoderá.[79]

༃

Refugio de la Tempestad

Al poder soberano de Dios—nada es comparable. Aunque lo aceptamos y nos da consuelo en el concepto general, realmente no lo entendemos. Sin embargo, es real y evidente por todas partes. Dios revela Su poder a través del mundo que ha creado y las circunstancias que organiza. Él dice: "Traigo bienestar y creo calamidad; Yo, el SEÑOR, hago todas estas cosas" (Isaías 45:7).

De la mayor expansión del cosmos inexplorado hasta la minúscula glicoproteína de la matriz extracelular (llamada laminina) de las membranas celulares básicas,[80] la maniobra de Dios y Su poder son visibles para reconocer, observar, y aceptar. Nuestra incredulidad no niega Su presencia, poder, o propósito.

Las Escrituras confirman: "Los cielos cuentan la gloria de Dios; el fimamento proclama la obra de sus manos" (Salmo 19:1). Sin embargo, tan grande y poderoso como es Dios, aún nos ama, cuida de nosotros, e interactúa íntimamente en nuestras vidas. Todo lo que ha hecho o aún hará, lo hace para revelarse a nosotros, conectarse con nosotros, y hacer posible una relación personal con nosotros. Si queremos ver y conocer a Dios, simplemente necesitamos mirar a Jesús. Uno de sus nombres, Emanuel, significa "Dios con nosotros" (Mateo 1:23).

No obstante, aún siendo tan poderoso, Dios restringe Su poder por una cosa: el libre albedrío que nos ha dado. Esto incluye la libertad de amarlo y seguirlo o rechazarlo y alejarse. El libre albedrío provee la oportunidad de hacer decisiones malas con consecuencias terribles, o hacer decisiones sabias en amor con recompensas posteriores. Pero Dios nunca se entremete ni fuerza a nadie. Ves, Su poder *puede* hacer cualquier cosa, pero se restringe de anular nuestro libre albedrío por una razón importante.

სა

El poder puede hacer todo menos lo más importante:
no puede controlar el amor.[81]

სა

Aunque Él es el Creador Omnipotente de todo, Dios nos da la libertad de amar, seguir, obedecer, y rendirnos a Él voluntariamente. Él nunca nos fuerza a amarle, obedecerle, ni escogerle. Si alguna vez lo hace, nos convertiremos en nada más que robots preprogramados y obligados que simplemente respoden a Sus deseos en cualquier momento dado. Pero eso no es lo que Él desea. Él quiere relaciones voluntarias y amorosas con nosotros. Así que, Él nos concede la libertad de elegir a favor o en contra de Él.

Habiendo dicho eso, Él interactúa en nuestras vidas para llevar a cabo Su plan general mientras nos motivamos a seguir Su mejor y más alto propósito para cada persona. Con Sara, fue una espera de veinticinco años para algo tan natural como dar a luz a un hijo. Él cumplió Su plan aunque ella ya había pasado la edad de dar a luz a hijos y estaba llena de duda. Con Lázaro, fue una muerte prematura después de una tardanza inesperada y angustiosa. Sin embargo, a través del duelo y las expectativas insatisfechas de María y Marta, y la resurrección de la muerte subsecuente, Dios recibió la gloria. En el caso de Gedeón, fue un "Don Nadie" quien encarnó la respuesta a la oración por la liberación de su nación. A pesar de su insignificancia y baja autoestima, Dios coordinó una victoria de tal manera que sólo Él podía recibir el crédito. Aunque es difícil comprender mientras se soportan, las tempestades que Dios orquesta siempre realizan Su plan soberano.

ૐ

Que alaben al Señor, desde la tierra ...
el viento tempestuoso que ejecuta su palabra.
(Salmo 148:7-8, RVC)

ૐ

Aunque el intento de la adversidad sea transformarnos y cumplir Su plan y propósito único al mismo tiempo, aún tenemos parte que cumplir. Recuerda, si quieres, la historia de los Israelitas al salir de Egipto. Después de que las diez plagas suavizaron el corazón del Faraón, les permitió salir, luego cambió de opinión y los persiguió con su ejército.

Allí estaban, detenidos entre el ejército del Faraón y el infranqueable Mar Rojo. Cuando los Israelitas clamaron a Moisés, y él a la vez buscó el plan de Dios, Dios dio una orden interesante: *¿Por qué me claman? Muévanse hacia adelante.* Entonces Dios ordenó un viento que soplara sobre el Mar Rojo toda la noche para que los Israelitas pudieron caminar sobre la tierra seca.

Esto aclara el esfuerzo doble de nuestra fe y el poder de Dios. Dios está en control de las tempestades y orquesta los detalles. Sin embargo, nosotros estamos encargados de nuestra fe y dependencia sobre Él, al igual de nuestro progreso hacia adelante al seguirlo. Ambos esfuerzos obran mano a mano. Para entenderlo un poco mejor, veamos el plan de Dios desde ambos puntos de vista.

Desde la perspectiva *divina*, la vida y los sufrimientos de Jesús ofrecen un vistazo al esfuerzo coordinado y el propósito infinito del poder soberano de Dios. El castigo cruel de Jesús y su muerte no fueron hechos monstruosos y aleatorios de parte de una turba sanguinaria que se dejaron llevar en el momento. No, todo lo que pasó fue predestinado y sancionado por la soberanía de Dios. El profeta Isaías dijo, "Pero el SEÑOR quiso quebrantarlo y hacerlo sufrir" (Isaías 53:10). Herodes, Pilato, y la multitud frenética demandando la muerte de Jesús, todos actuaron dentro de lo que Dios permitió. "Para hacer lo que de antemano Tu poder y Tu voluntad habían determinado que sucediera" (Hechos 4:28).

Ser aplastado, sufrir el trato cruel, y la muerte violenta—estos no suenan como hechos de un Dios de amor. Verdaderamente, no lo son. Los humanos pecaminosos cometieron estos hechos al ejercer su libre albedrio. Sin embargo, a pesar de sus elecciones malvadas e injustas a causa de su libre albedrio de matar al puro Hijo de Dios, Dios coordinó los detalles para llevar a cabo Su plan de salvación predeterminado.

ড়৽ৼ৶

Nuestro momento en la historia y nuestras circunstancias únicas e individuales llegan a ser el yunque sobre el cual nuestro carácter está vencido y formado.[82]

ৼ৶৽ড়

Desde un punto de vista *humano*, las tempestades de la vida pueden parecer el golpe repetido del martillo sobre el yunque del herrero. Golpe tras golpe, nos sentimos como piezas de metal abolladas. Nos esforzamos para liberarnos del dolor o escudarnos de los golpes. Sin embargo, el agarre del herrero es firme, y cada golpe da en su blanco. Entre el calor del fuego y los golpes del martillo, gritamos hasta los puntos de quebrantamiento. Pero nuestro Divino Herrero sabe cuánto calor y presión necesita cada persona. Así que, confiamos en Su proceso. Cuando los martillazos terminan y el agua fresca endurece el metal a la forma deseada—nos transformamos en una herramienta eficaz para el propósito destinado del Maestro. Por medio del rendimiento y la obediencia, llegamos a ser partícipes activos en Su plan soberano.

Dios usa tempestades de la vida para moldearnos y transformarnos, para ayudarnos a entender quiénes somos, y determinar el propósito para el cual fuimos creados. Las tempestades son Sus instrumentos que nos desarrollan para realizar los roles específicos que nos ha destinado. Oswald Chambers confirma que las tempestades desarrollan nuestro carácter y moldean en quienes llegamos a ser:

La tristeza quita la mayoría de la superficialidad de las personas, pero no siempre hace mejor a la persona. El sufrimiento, o me entrega a mí mismo o me destruye. La única manera de encontrarse a uno mismo es por medio de los fuegos de la tristeza. Podemos reconocer a las personas quienes han pasado por los fuegos de tristeza y quienes se han recibido a sí mismos, y sabes que puedes acudir a ellas en tu momento de problemas y descubrir que tienen mucho tiempo para ti. Pero si una persona no ha pasado por el fuego de tristeza, es apto de ser despectivo, sin tener respeto ni tiempo para ti, sólo te rechaza. Si te recibes en los fuegos de la tristeza, Dios te hará alimento nutritivo para otras personas.[83]

Sí, viajero, cansado de la tempestad, en aquellos momentos angustiantes cuando las tempestades no tienen sentido lógico, cuando parecen ser hechos aleatorios de crueldad, cuando parecen aplastar el aire de tus pulmones, confía en la mano amante de Dios y Su control único. Aunque se mantiene en silencio, aunque no calma las tempestades inmediatamente, aunque quizás nunca comprendemos el motivo de ellas, podemos confiar en Su poder activo, soberano, y amante.

Jesús descansa sobre la cubierta de nuestra embarcación sacudida y susurra, "Yo lo tengo—confía en Mí." Si nos concede cada oración que hacemos de alivio, no desarrollaríamos la fuerza y resolución inquebrantable para navegar los mares futuros. Así que, nos pide que confiemos y descansemos.

El camino Cristiano es por la fe, no por la vista. De tal manera, fortalecemos nuestra fe, desarrollemos valor en las tempestades, y confiemos en el poder de Dios para llevar a cabo Su propósito, a Su manera, en Su tiempo.

ఞఞ

La historia es el cuento del sufrimiento que a menudo no se controla, del desastre que sólo a veces se evita. La voluntad de Dios no siempre es felicidad. Todavía no.[84]

ఞఞ

SECCIÓN 2

Sobreviviendo y Prosperando en las Tempestades

¡Paz en tu viaje!
Sin remar, sólo descansar.
Sin sacar el agua, sólo reverencia.
Sin caminar sobre el agua, sólo acurrucándote
más cerca de Su corazón.

Capítulo 8

—⚬⚬⚬—

Dejar de Remar; Empezar a Descansar

Confrontando las tempestades de la vida,
las olas revientan sobre mi embarcación.
Tambaleándome en la tempestad,
mis impulsos llaman a remar incansablemente,
y quitar el agua.
Pensamientos temerosos de sobrevivencia;
buscando huir del vendaval;
Preguntas dudosas arrojadas hacia el cielo,
"¿No te preocupa que la tempestad prevalece?"

Aprender una fe fuerte es soportar grandes pruebas. He aprendido mi fe manteniéndome firme en medio de pruebas severas.[85]

LAS TEMPESTADES DE la vida llegan a todos—a los jóvenes y a los viejos, a los sábios y necios, a los creyente e incrédulo. Cómo las sobrevivimos, y posiblemente prosperamos a través de ellas depende de nuestra fe, mentalidad, preparación, y acciones. O nos mantenemos firmes y aprendemos de ellas o potencialmente nos quitan todo.

No todas las tempestades son iguales, ni tienen el mismo efecto. Dos personas pueden ver el mismo evento de la vida de manera muy diferente, de la misma manera que algunas personas manejan el estrés mejor que otras. Incluso podemos atribuir la felicidad y la paz interior de algunas personas en general a su personalidad optimista. Una persona puede ser bondadosa, relajada, y despreocupada, mientras que otra puede estar tensa, nerviosa, y tener miedo de su sombra. Con todas nuestras diferencias, nos acercamos y procesamos las tempestades de manera diferente. Por ejemplo, perder un trabajo puede ser devastador para una persona, pero una bendición para otra. La persona devastada puede comenzar a buscar trabajo desesperadamente mientras que la otra persona tranquilamente se toma unos días libres, buscando redes con sus contactos.

Las tempestades también difieren en duración e intensidad. Un informe negativo médico puede resultar ser un diagnóstico equivocado. Las posibles despedidas del trabajo pueden ser sólo rumores. Algunas luchas de la vida y las circunstancias incómodas no son catastróficas, pueden ser las rutinas diarias y los desafíos de vivir de mano a boca o lidiar con el dolor crónico. Además, podrían ser cónyuges desagradecidos o abusivos, amigos no confiables, o adolescentes pomposos. Todas estas luchas diarias nos desgastan y nos tientan a salir de nuestros barcos derrotados.

Para ayudar a soportar estas situaciones cotidianas y agotadoras, Pablo nos animó, "Ayúdense unos a otros a llevar sus cargas y así cumplirán la ley de Cristo" (Gálatas 6:2). Las tempestades de la vida se hacen más fáciles cuando nos consolamos y nos apoyamos mutuamente a través de ellas.

Sí, las tempestades son incómodas y suelen traer desafíos difíciles. La reacción natural a cualquier cosa incómoda es resolverla o escapar de ella rápidamente. Si causamos un accidente, queremos que el policía y la ambulancia lleguen rápido para que todo pueda ser resuelto y la vida puede reanudar su ritmo normal. Cuando somos diagnosticados con una enfermedad, queremos una sanidad inmediata. Cuando injustamente somos atacados, queremos una retribución rápida—o al menos, una resolución rápida.

❧

¡Cómo quisiera tener alas de paloma!
¡Así podría volar, y descansaría!
¡Presuroso escaparía del viento borrascoso!
¡Huiría de la tempestad!
(Salmo 55:6, 8, RVC)

☙

A nadie le gusta, o quiere permanecer en situaciones difíciles. Eso parece casi autodestructivo querer vivir con dolor, circunstancias confusas, o condiciones tempestuosas. Por ejemplo, nadie voluntariamente y a sabiendas construye un campamento en el camino directo de un huracán. Nadie se envuelve intencionadamente en tocino antes de ir de excursión a la zona de los osos. Generalmente no es la naturaleza humana (o una estrategia sabia) dar la bienvenida al desastre o al dolor.

Sin embargo, muy a menudo en las Escrituras, las tempestades son los catalizadores de la transformación de Dios en la vida de las personas. Me he dado cuenta que Dios usa las crisis de la vida como interrupciones divinas para cambiar mi curso, ayudarme a madurar, revelarse a mí mismo, o atraerme a una comunión más íntima con Él. Al comprender plenamente esta estrategia divina, nos damos cuenta de que nuestra aprensión sobre la adversidad restringe el agente de cambio transformador de Dios. Lo que tememos y resistimos, Dios lo usa para nuestro beneficio en general.

❧

La actitud de una persona es uno de los principales factores
en la determinación del efecto de todo sufrimiento.[86]

☙

Los discípulos experimentaron varias tempestades de la vida real mientras pasaron tiempo con Jesús. Él usó cada evento para enseñarles valiosas lecciones. Es posible que hayas escuchado estas historias desde que fuiste niño y ahora estás tratando de omitir algunas de estas páginas. Sin embargo, por favor, otra vez, échale un vistazo más de cerca. Puede que hayan algunas verdades más profundas escondidas en esas olas rompientes.

Quédate in el Barco

Enseguida Jesús hizo que los discípulos subieran a la barca y se adelantaron al otro lado, mientras él despedía a la multitud. Después de despedir a la gente, subió a la montaña para orar a solas. Al anochecer, estaba allí él solo, y la barca ya estaba bastante lejos de la tierra, zarandeada por las olas, porque el viento le era contrario. En la madrugada, Jesús se acercó a ellos caminando sobre el lago. Cuando los discípulos lo vieron caminando sobre el agua, quedaron aterrados. "¡Es un fantasma!" dijeron. Y llenos de miedo comenzaron a gritar. Pero Jesús dijo enseguida: "¡Cálmense! Soy yo. No tengan miedo." "Señor, si eres tú," respondió Pedro, "mándame que vaya a ti sobre el agua." "Ven," dijo Jesús. Pedro bajó de la barca y caminó sobre el agua en dirección a Jesús. Pero al sentir el viento fuerte, tuvo miedo y comenzó a hundirse. Entonces gritó: "¡Señor, sálvame!" Enseguida Jesús le tendió la mano y, sujetándolo, lo reprendió: "¡Hombre de poca fe! ¿Por qué dudaste?" Cuando subieron a la barca, el viento se calmó. Los que estaban en la barca lo adoraron diciendo: "Verdaderamente tú eres el Hijo de Dios." (Mateo 14:22-33)

Con demasiada frecuencia, cuando experimentamos adversidad, desearíamos tener la fuerza de fe para caminar sobre el agua. Nos volvemos súper espirituales y oramos, "Señor, concédeme la fe de caminar sobre el agua para que pueda salir de esta situación horrible." Al momento, caminar sobre el agua parece una alternativa mejor que un viaje nauseabundo en un barco sacudido por tempestades. Soñamos con imitar a Pedro y caminar sobre las olas de nuestros mares embravecidos. De hecho, "salir con fe" se ha convertido en algo de un barómetro espiritual para algunas personas. Siguen obsesionados con tener una fe lo suficientemente fuerte como para caminar sobre el agua. Sin embargo, Jesús nunca dijo ni le pidió a Pedro que caminara sobre el agua. Eso fue enteramente la idea de Pedro.

Como Pedro era pescador de oficio, probablemente estaba bien familiarizado con la capacidad segura del barco en que viajaban. Quizás nunca había visto una tempestad tan poderosa. Tal vez pensó que el barco se iba a hundir. Tal vez se preguntó cómo Jesús podía caminar tan tranquilamente sobre las olas y pensó que prefería estar afuera con Él que hundirse con el barco. De lo que podemos suponer de la condición espiritual de Pedro en ese momento, no creo que caminar sobre el agua implicaba valor ni madurez espiritual. Cualquiera que fuera su razón, pensó que era hora de abandonar el barco.

ॐ

Si Dios quiso que camináramos sobre el agua,
¿por qué partió el Mar Rojo?

ॐ

Esto no es para negar que *a veces* Dios nos pide que tomemos pasos de fe. De hecho, puede pedirnos que lo sigamos en las olas, incluso cuando el camino parece oscuro o ilógico. Esto enfatiza la necesidad del discernimiento espiritual para determinar la diferencia entre Él guiándonos a salir del barco y nuestra resistencia a capear las tempestades.

Al igual que Pedro, muchos de nosotros queremos salir de nuestras situaciones adversas. Oramos y le rogamos a Jesús por alivio. Prometemos leer Su Palabra más, asistir a la iglesia más regularmente, servirle más fielmente, si tan solamente Él calmara milagrosamente nuestras tempestades. Entonces, si Él no realiza tal milagro, le rogamos que nos deje saltar del barco. Incluso el apóstol Pablo le pidió a Dios tres veces que quitara un doloroso y difícil "aguijón en la carne" (2 Corintios 12:7-8).

Pero Dios no siempre alivia el sufrimiento o nos saca de nuestras tempestades. De hecho, Pedro nos advirtió que no nos sorprendiéramos ni resistiéramos nuestras tempestades, sino más bien esperarlas y abrazarlas (1 Pedro 4:12). Como hemos descubierto, Dios generalmente nos deja en nuestras tempestades por razones específicas.

¿Notaste a dónde Jesús llevó a Pedro después de su fatídico paseo sobre el agua? Regresaron al barco. Regresaron a donde Jesús lo quería. Regresaron a donde Jesús le dijo que estuviera al comienzo del viaje. Además, Jesús no calmó la tempestad hasta *después* de que Pedro estaba de vuelta en el barco.

༄

Considérense muy dichosos cuando tengan que enfrentarse con
diversas pruebas, pues ya saben que la prueba de su fe produce
perseverancia. Y la perseverancia debe llevar a feliz término
la obra, para que sean perfectos e íntegros sin que les falte nada.
(Santiago 1:2-4)

༄

En lugar de ver las tempestades como experiencias terribles que evitar, el apóstol Santiago nos anima a abrazarlas como regalos o beneficios valiosos como parte de nuestro proceso de madurez. La palabra Griega usada para describir este proceso significa *permanecer bajo la presión.* Pablo describió el progreso de este valioso proceso, "Y no solo en esto, sino también en nuestros sufrimientos, porque sabemos que el sufrimiento produce perseverancia; la perseverancia, entereza de carácter; la entereza de carácter, esperanza. Y esta esperanza no nos defrauda, porque Dios ha derramado su amor en nuestro corazón por el Espíritu Santo que nos ha dado" (Romanos 5:3-5). Nuestra transformación a la semejanza a Cristo es la razón por la que nos gloriamos en nuestros sufrimientos.

De esto, podemos concluir, cuando estamos en medio de las tempestades de la vida, la mejor opción es confiar en el control amoroso y soberano de Dios y quedarnos en el barco. En lugar de resistir frenéticamente las tempestades, permíteles cumplir la transformación prevista por Dios. Confía que Él permite que las tempestades nos hagan más semejantes a Él y aumenten nuestra fe y dependencia en Él.

Por favor, comprende, Dios nunca tiene la intención de que nadie se quede en un ambiente amenazante e inseguro si él o ella tienen la capacidad para salir o, al menos, modificarlo. Quedarse en el barco no es un estímulo para permanecer en situaciones violentas, relaciones abusivas, o entornos peligrosos similares. Algunas tempestades requieren una acción rápida para la seguridad y el bienestar personal mientras otros requieren paciencia para soportar el proceso transformador de Dios. Aquí de nuevo, discernimiento espiritual, examen de conciencia, y mucha oración son necesarios para identificar la diferencia.

Sí, la gracia de Dios *puede* sostenernos a través de cualquier tempestad. Sin embargo, también nos dio mentes razonables para determinar si una tempestad es provocada por nosotros mismos y si podemos (y debemos) alejarnos de ella. A veces nos metemos en relaciones o hacemos acuerdos con situaciones nunca destinadas para nosotros. La violencia, el abuso o la incomodidad asociada pueden ser las señales de advertencia para escapar. Aquí de nuevo, el discernimiento espiritual, el examen de conciencia, y mucha oración ayudarán a determinar si se trata de una tempestad provocada por el hombre que requiere salida o una tempestad providencial de transformación.

En respuesta a la repetida solicitud de Pablo de quitarse su aguijón insoportable, Dios le dijo, "Te basta con mi gracia" (2 Corintios 12:9). En esencia, Dios dijo gentilmente: *Mío es el aguijón; cumple Mi propósito en tu vida—confía en Mí.* Jesús enseñó a sus discípulos este mismo principio a través de sus viajes tempestuosos. La gracia suficiente y sustentadora de Dios sigue siendo una oportunidad que impulsa la fe también para nosotros.

Siendo Dios Omnisciente, Jesús sabía de antemano que habría una tempestad en ese mar, en esa noche específica. No fue sorpresa para Él cuando caminó hacia los discípulos sobre la furia del agua. No se apresuró a disculparse, "¡Chicos, lo siento mucho por enviarles a este lío! ¡No tenía ni idea!" No, Él sabía exactamente que pasaría incluso antes de decirles que zarparan. Él quería que experimentasen ese paseo loco mientras obedecían y plenamente confiaban que todo estaría bien. Como Pedro aprendió por casi ahogarse, Jesús quería que sus ojos se *apartaran* de la tempestad y que *miraran* al Caminante de Tempestades.

Capear

En otra ocasión, Jesús programó un viaje en barco con los discípulos y estuvo con ellos cuando golpeó la tempestad. Nuevamente, ¿sabía que se acercaba la tempestad? Sí. ¿Les advirtió, o trazó un camino para esquivarlo? No. ¿Tenía la intención desde el principio de alcanzar Su destino? Por supuesto.

Ese día al anochecer dijo a sus discípulos: "Crucemos al otro lado." Dejaron a la multitud y se lo llevaron en la barca donde estaba... Se desató entonces una fuerte tormenta y las olas azotaban tanto la barca que ya comenzaba a inundarse. Mientras tanto, Jesús estaba en la popa, durmiendo sobre un cabezal, así que los discípulos lo despertaron. "¡Maestro!" gritaron, "¿No te importa que nos ahoguemos?" Él se levantó, reprendió al viento y ordenó al mar: "¡Silencio! ¡Cálmate!" El viento se calmó y todo quedó completamente tranquilo. "¿Por qué tienen tanto miedo?" dijo a sus discípulos. "¿Todavía no tienen fe?" Ellos estaban espantados y se decían unos a otros: "¿Quién es éste que hasta el viento y el mar le obedecen?" (Marcos 4:35-41)

Otro barco, otra tempestad. Sin embargo, en este caso, Jesús estaba en el barco. Por más reconfortante que parezca, los discípulos no supieron el valor. ¿Por qué? Porque Jesús se durmió cerca de la popa del barco.

Algunos datos interesantes sobre la popa de un barco revelan varias razones sorprendentes por las que Jesús pudo haber elegido quedarse dormido allí. La popa suele ser donde se encuentra el timón. Aquí es donde el capitán toma el mando del barco, guiándolo hacia donde le place. Como casi todo el mundo hace cuando navega, el barco avanza hacia adelante, por ello todos miran hacia el frente. Sin que nadie esté mirando por la parte trasera del barco, esto deja la popa potencialmente vulnerable a un ataque. Por elegir descansar en este lugar estratégico, creo que Jesús ilustró varias verdades confiables para navegar en nuestras tempestades.

- Aunque estaba cerca del timón, Jesús no dirigió el barco para alejarse de la tempestad. Tampoco confió en la fuerza humana de los discípulos para salir de la tempestad. Él permitió que el rumbo del barco continuara según lo tripulado y planificado. Él conoce el beneficio, el propósito, y el resultado de cada tempestad.
- Aunque el timón era el lugar que le correspondía, Él no se hizo cargo del barco. Él nunca toma el control de nuestra vida ni nos protege de las tempestades que se acercan. Él espera y descansa tranquilamente hasta que busquemos Su ayuda y dirección.
- Aunque era un lugar de debilidad y exposición, Jesús todavía se quedó dormido allí. Él demostró Su control soberano incluso en un lugar potencialmente vulnerable. Jesús pide que confiemos en Él, incluso en las situaciones vulnerables y las circunstancias aparentemente catastróficas.

Si hubiéramos estado en ese barco con Jesús, tal vez hubiéramos pensado, *¿De qué sirve un Salvador si no está prestando atención a mis tempestades?* Cuando el viento aúlla, las olas rompen, y nuestro barco toma agua, estamos tentados a pensar que Dios está distante, nos ha abandonado, o no le importa por lo que estamos pasando. Sin embargo, como Dios soberano y amoroso, Jesús conocía esa tempestad en particular y se preocupó profundamente por la seguridad de los discípulos. No obstante, se preocupaba más por transformar a los hombres que necesitaban ser como Sus embajadores que encenderían al mundo con el mensaje de Su salvación y reino venidero.

Esa tempestad, esa noche, ese barco, ese grupo de personas—todo estaba bajo Su control. Puesto que Él controlaba la situación, las condiciones y las circunstancias, ¿por qué no coger una almohada, acurrucarse, y descansar un poco? Desde su perspectiva *divina,* la tempestad tenía sentido; pero parecía y se sentía aterrador desde la perspectiva *humana* de los discípulos. Esta diferencia debería animarnos a ver las cosas desde la perspectiva de Dios al navegar por los aterradores mares de la adversidad.

Cuando los discípulos asustados despertaron a Jesús, ¿cuál fue Su respuesta? ¿Se disculpó por quedarse dormido y dejarlos en peligro? ¿Se levantó de un salto y empezó a sacar el agua, a gritar órdenes, o remar frenéticamente? No, Él los regañó amorosamente por su falta de fe.

¡Imagínalo! Estaban casi muertos de miedo, suplicando la ayuda de Jesús. ¿Qué hizo él? Él los regañó. ¿Por qué? ¿Por la falta de sus habilidades de navegación como pescadores? No. ¿Por sus esfuerzos fallidos de remar lo suficiente? No. ¿Porque no sacaron el agua lo suficiente? No.

No los regañó por nada que pudieran haber hecho en sus propias fuerzas ni los regañó por no controlar sus circunstancias. Los regañó por fracasar en lo único que podían controlar—su fe y su dependencia en Él. Los regañó por temer la tempestad, por no tener los ojos puestos en Él, y por no seguir su ejemplo. Su reprimenda les enseñó que, si realmente hubieran confiado en Él, habrían tomado una siesta rápida en la cubierta a Su lado.

Si lo piensas bien, lo que Jesús esperaba era contraintuitivo de quienes eran. Para aquellos discípulos familiarizados con la navegación, ya sea por ocupación o método de viaje, respondieron a la furiosa tempestad como sólo ellos sabían hacerlo. Sin embargo, Jesús quería mover sus zonas de comodidad. De la misma manera, puede pedirnos a reaccionar a nuestras tempestades de una manera diferente a lo que nuestras experiencias de vida, o conocimiento, o instinto dictan.

❧

Pero ahora, así dice el SEÑOR ... "No temas, que yo te he redimido; te he llamado por tu nombre; tú eres mío. Cuando cruces las aguas, yo estaré contigo; cuando cruces los ríos, no te cubrirán ... Yo soy el SEÑOR tu Dios. (Isaías 43:1-3)

❧

Toma una Almohada

Los discípulos no habían hecho nada malo para merecer esa tempestad, pero Dios providencialmente la permitió. De esto, podemos suponer que la intención era prepararlos. Para edificar su fe. Para reenfocar su atención en un momento de necesidad. Para realinear su creencia en un momento de vulnerabilidad. Para profundizar su fe y compromiso con Jesús.

No pudieron controlar la tempestad; sin embargo, podían controlar sus acciones, reacciones, y pensamientos. Podían colocar su fe y confianza en Aquel que permitió la tempestad. Podían apoyarse completamente en Aquel que controlaba la tempestad según Su voluntad. Podían agarrar una almohada, estirarse en la cubierta, y acurrucarse con Aquel que aún calma las tempestades de la vida con un simple mandato.

Él calmó la tempestad cuando había cumplido su propósito en las vidas de los discípulos. Qué bendito y seguro consuelo al saber que Él también calmará nuestras tempestades cuando han cumplido su transformación en nosotros.

❧

Él habló, y se desató un viento tempestuoso. Pero en su angustia clamaron al Señor, y él los libró de su aflicción: convirtió la tempestad en bonanza, y apaciguó las amenazantes olas. Ante esa calma, sonrieron felices porque él los lleva a puerto seguro. (Salmo 107:25, 28-30, RVC)

❧

Cuando la desesperación, la duda, o el temor amenazan encerrarnos en sus prisiones sin esperanza, Dios nos pide que realiniemos nuestro enfoque y renovemos nuestra confianza en Él. Cuando nos sentimos tentados a preguntar si algo bueno puede salir de nuestras tempestades, Él nos pide que confiemos plenamente en Su Propósito soberano. Si sentimientos de abandono y soledad se arrastran en lo más hondo de nuestra mente vulnerable, Él nos llama a un lugar de descanso pacífico a su lado.

Aunque el relámpago se apodera de nuestra mente y las nubes de tempestad acechan nuestro corazón, Él aún llama, "Estad quietos y conoced que Yo soy Dios." Cuando te sientes perdido en la incertidumbre, la ansiedad, o la impaciencia, Él pacíficamente pide que se lo demos todo. Cuando imaginamos escenarios negativos y escuchamos los susurros de horror de Satanás, Él nos recuerda de capturar todo pensamiento y hacerlo obediente a Él (2 Corintios 10:5). Nos invita a confiar en Él en medio de nuestras tempestades.

ও—ও

Por tanto, no nos desanimamos. Al contrario, aunque por fuera nos vamos desgastando, por dentro nos vamos renovando día tras día. Pues los sufrimientos ligeros y efímeros que ahora padecemos producen una gloria eterna que vale muchísimo más que todo sufrimiento. Así que no nos fijamos en lo visible, sino en lo invisible, ya que lo que se ve es pasajero, mientras que lo que no se ve es eterno.
(2 Corintios 4:16-18)

ও—ও

¿Descansar en Dios significa que no hacemos ningún esfuerzo para luchar contra las tempestades negativas que soplan en nuestra vida? ¿Deberíamos quedarnos sentados de brazos cruzados mientras todo se viene abajo a nuestro alrededor? Claro que no.

Nuestra primera reacción debe ser determinar la causa de nuestra tempestad. Si no es un *castigo* o disciplina como resultado de una mala elección o decisión, o como resultado del pecado, podemos estar seguros que la tempestad es la *preparación* para algo más grande, la concesión *providencial* de Dios que nos transformará, un *testigo* o *advertencia* a otros, o Dios simplemente revelando Su *poder* a través de nuestras situaciones. Cualquiera que sea la causa, hay trabajo que hacer—no en intentar controlar o detener la tempestad, no abandonar el barco, sino en ablandar nuestro corazón a Dios y permitirle terminar el buen trabajo que Él está haciendo en nosotros.

※

El pueblo de Dios no debe simplemente estar marcando el paso, esperando que Dios intervenga y corrija todo lo que está mal. Más bien, con su actitud deben modelar el cielo nuevo y la tierra nueva, y al hacerlo despertar anhelos por lo que Dios algún día llevará a cabo.[87]

※

San Agustín una vez dijo, "Ora como si todo depende de Dios. Trabaja como si todo depende de ti."[88] Esto no es un estímulo para calmar nuestras circunstancias difíciles y situaciones tempestuosas por nuestra cuenta. Simplemente muestra nuestra interdependencia con Dios para navegar juntos las tempestades. Por nuestra parte, oramos y le pedimos a Dios que use las tempestades para Su propósito. Entonces aprendemos de ellas, permitiendo su efecto transformador en nuestras vidas, y potencialmente minimizar su duración. No importa el resultado, confiamos en que Dios está en control y orquesta todo para nuestro bien, y para Su propósito y gloria.

※

Nuestras actitudes en la tempestad revelan nuestros niveles de intimidad con Dios; la profundidad de nuestra dependencia en Él influye el efecto y el resultado de nuestras tempestades.

※

Descansa Tranquilo con Jesús

Por favor, acepta este amable estímulo de alguien que ha navegado varios mares turbulentos. Las lecciones aprendidas están en las decisiones tomadas. Cuando edificamos nuestra vida sobre Jesucristo, las tempestades de la vida pueden golpearnos, pero nos mantenemos sobre una base firme. Acurrucados cerca de la Roca Eterna—*el Caminante de Tempestades*—nosotros permanecemos protegidos, seguros, y abrigados. Sin embargo, si decidimos vivir aparte de Cristo, aparte de Su verdad, aparte de Su presencia, aparte de una relación personal con Él—construimos nuestra vida sobre la siempre cambiante y siempre erosionada arena del tiempo. Cuando los vientos aullantes y las olas tempestuosas chocan contra nuestra vida, la arena siempre se erosiona y siempre sufrimos pérdidas. Pérdida espiritual, mental, emocional, y física.

ೲ

Pasa la tormenta y desaparece el malvado,
pero el justo permanece firme para siempre.
(Proverbios 10:25)

ೲ

Sobrevivir a nuestras tempestades implica arraigar nuestra vida, valores, prioridades, esperanzas, e incluso nuestras decepciones, firmemente en Dios, en Su Palabra, y Sus promesas eternas. *Prosperar* en nuestras tempestades requiere una confianza siempre permanente en la soberanía de Dios, creyendo que Él controla todas las cosas de acuerdo a Su propósito diseñado. Sí, incluso cuando no tiene sentido y el alivio no es inmediato.

Ojalá hubiera una fórmula secreta para evitar las tempestades o al menos mantener las nubes a raya. Sin embargo, hay días cuando esas mismas nubes oscuras me amenazan. Mi único consuelo es reconocer con certeza que Dios siempre está conmigo. Creo firmemente que Él orquesta cada detalle de mi vida. Él puede ser el Compañero silencioso que elige caminar tranquilamente a mi lado mientras ejercito mi fe. Él puede elegir quedarse quieto mientras que yo me agoto corriendo frenéticamente, rogándole que me hable. También puede optar por sentarse o incluso acostarse por un breve período en medio de mi tempestad. Pero sé que Él siempre está conmigo—como está con todos. Nunca estamos solos. Él prometió, "Nunca los dejaré; jamás los abandonaré" (Hebreos 13:5). Si hay un secreto para sobrevivir y prosperar en las tempestades de la vida, no es esforzarse más, sino descansar, confiando, y sabiendo que Dios está con nosotros—y está supremamente y soberanamente en control.

Es reconfortante saber cuando las tempestades parecen insoportables, cuando la lógica y la razón fallan, cuando parece que no hay escapatoria, que tenemos un refugio seguro. A través de la fe en Dios, tenemos un espacio tranquilo en la cubierta de nuestro barco sacudido por la tempestad donde podemos descansar en paz y seguridad. "El que habita al abrigo del Altísimo y se acoge a la sombra del Omnipotente, dice al Señor: 'Tú eres mi esperanza, mi Dios, ¡el castillo en el que pongo mi confianza!'" (Salmo 91:1-2, RVC).

୨୦୧୨

Cuando los vientos y las olas asaltan mi quilla,
Él lo preserva, él dirige,
Aún cuando el barco parece tambalearse más.
Las tempestades son el triunfo de Su arte;
Aunque Él puede cerrar los ojos, pero no Su corazón.[89]

ୢ୭ୢୖ

Capítulo 9

---ᴓᴓᴓ---

Una Estrella Fugaz Cuando Lo Necesitas

"¿Dejarás de atender mi vida en peligro;
mi caos repentino?"
Aullidos de viento asaltan las velas;
el rocío barrido por el viento cruza mi cubierta.
Entonces Lo escucho hablándome,
"Esta tempestad es Mía, hijo, no tengas miedo.
La intención de la tempestad no es atemorizarte,
sino acercarte a Mí."

(Dios) está llamando a la humanidad a Sí mismo, a Su santidad, belleza, amor, misericordia, y bondad. Él ha venido a reconciliarnos y llamarnos a volver.[90]

DIOS PUEDE CAMBIAR las circunstancias rápidamente, milagrosamente, y sobrenaturalmente. Él puede preparar una mesa en medio de nuestros enemigos (Salmo 23:5). Hizo un camino seco en medio de un mar (Éxodo 14:13-16). Hizo un lago reluciente en medio de la tierra seca (2 Reyes 3:1-20). Él hace arroyos en el desierto (Isaías 35:6). Calma las tempestades con una palabra. Cuando las cosas parecen imposibles, Dios puede cambiar cualquier cosa instantáneamente, lo que sea.

Pero Él querrá cambiarnos primero.

En Génesis 32:22-32, leemos acerca de Jacob luchando toda la noche con el ángel de Dios. Esa tempestuosa experiencia lo dejó como un hombre cambiado. Al amanecer, Jacob se negó a dejarlo ir hasta que el ángel lo bendijera. De hecho, Dios lo bendijo; pero Jacob caminó con una cojera de por vida debido a ese encuentro. Claro, podría haberse cuestionado o quejado de su cojera. En cambio, lo consideró un recordatorio apropiado de su encuentro con Dios y la transformación que hizo en su vida. De esa experiencia, Jacob encontró su nueva identidad, dirección y propósito.

Dios conmemoró ese evento cambiando el nombre de Jacob a Israel. Ese cambio parece insignificante hasta que entendemos la diferencia entre los dos nombres. Jacob significa *receptor de talones o suplantador*[91] e implica engaño o decepción. Él vivió a la altura de ese nombre cuando entró con su padre Isaac, fingiendo ser Esaú y se robó la bendición de primogénito que tradicionalmente pertenecía al hermano mayor. Consideraríamos a Jacob un sinvergüenza. Sin embargo, el nombre Israel significa *contendiente, luchador, o un príncipe que prevalece con Dios.*[92] Este cambio de nombre reveló la obra transformadora que Dios hizo en su vida después de su lucha libre nocturna.

Dios está en el negocio de cambiar nombres y transformar vidas. Él cambió el nombre de Abraham. Cambió el nombre de Jacob. Cambió el nombre de Pablo. Todos sirvieron como recordatorios de Su obra transformadora en sus vidas. Él hace lo mismo hoy. Ha sido mi experiencia que cuando salimos de las tempestades purificadoras y transformadoras de Dios, ya no parecemos lo que solíamos ser. Ya no tenemos los mismos deseos, los mismos hábitos, o los mismos estilos de vida. Las tempestades adversas de Dios nos cambian.

ᔆ᪣᪡

Ninguna fe es tan preciosa como la que vive y triunfa
a través de la adversidad. La fe probada trae experiencia.
Nunca hubieras creído tu propia debilidad
si no hubieras necesitado pasar por pruebas.
Y nunca hubieras conocido la fuerza de Dios si Su
fuerza no te hubiera cargado.[93]

ᔆ᪣᪡

En mi vida, me he encontrado con la mayoría, si no todas, las tempestades de que hemos hablado. Mi papá murió inesperadamente de un paro cardiaco dos semanas antes de mi trigésimo cumpleaños. Mi mamá sufrió de Alzheimer doce años antes de que Dios misericordiosamente la llevó a su hogar celestial. Unos primos se han suicidado. Amigos cercanos y asociados han tenido muertes lentas y agonizantes, el cáncer devastando sus cuerpos; otros luchan contra enfermedades crónicas y adicción a las drogas. Familias y relaciones disfuncionales parecen ser lo normal. Luego están las tempestades del divorcio, la traición, el desempleo, la impaciencia, las falsas acusaciones, la decepción, el castigo, la preparación, la advertencia, el testimonio, y la providencia.

A pesar de todo, puedo confirmar la intención de las historias en la Biblia no son meramente para entretenernos. Dios las compartió para hacernos saber que las tempestades vendrán. Pero estas historias que cambian la vida también proporcionan el secreto para sobrevivir y prosperar a pesar de ellas. Hace varios años, me encontré con una serie de tempestades que cambiaron mi vida.

Había sido un verano largo y caluroso. La parte sureste del país estaba bajo condiciones de sequía. El suelo estaba quebradizo y agrietado; los arbustos, la hierba, y los árboles se marchitaban con el calor. Todo estaba seco como un hueso—incluyendo mi alma.

¿Alguna vez has estado en un lugar de la vida donde puedes realmente sentir que tu alma se seca? Sin alegría, sin ánimo, sin expresión, sin alivio emocional a la vista—sólo sequedad.

Mi trabajo nuevo me llevó a una ciudad nueva, sin amigos, sin familia, sin iglesia, sin sistema de apoyo social, y viviendo a cien millas de distancia de mis hijos. Sin embargo, como todas las otras transiciones de la vida, decidí dar lo mejor de mí y crear mi propio destino.

Recientemente separado y encaminado al divorcio, las finanzas estuvieron apretadas mientras mantuve dos hogares. Mi hogar nuevo vino con un pago mensual grande; sin embargo, apenas lo hacía.

Luego llegó el golpe final—perdí mi trabajo nuevo.

No te preocupes. Como Sansón, me levantaría, me sacudiría las cuerdas temporales que me ataban, y saltaría hacia la próxima oportunidad grande. Tenía un resumen sólido, cualidades excelentes y una historia de éxito profesional, premios, y promociones. Mi avance profesional había sido estelar. Mi liderazgo y las habilidades interpersonales fueron fuerzas vitales a medida que logré premios corporativos, de equipo, e individuales. Siendo que recibí una Maestría en Negocios Administrativos de una universidad prestigiosa sólo mejoraba mi valor general. Seguramente, así pensaba, cada reclutador que viera mi resumen pronto estaría golpeando mi puerta con ofertas espectaculares de empleo.

Inicialmente, comencé mi búsqueda de trabajo con una actitud arrogante. Al fin, la primera regla de la búsqueda de empleo es no aparecer demasiado desesperado. En mi orgullo, con indiferencia me acerqué a algunos contactos que pensé serían completamente inteligentes lo suficiente como para sacarme de la piscina del desempleo. Al fin, el talento que yo tenía no aparece todos los días. Suena como el rey Nabucodonosor antes de su caída, ¿no es así?

Entonces Dios soberanamente interrumpió mi vida.

Aunque hacía de quince a veinte llamadas diarias a reclutadores o contactos de empleo, nadie estaba interesado. Con una sensación creciente de frustración, apliqué a numerosos trabajos en línea. Envié mi resumen a cada empleador potencial. Todo lo que recibí fueron sus cartas de *lamentamos informarle*. Incluso una búsqueda ampliada de trabajo resultó en nada. Nadie llamó. Sin amigos, sin reclutador, sin jefe anterior. Estaba solo en mi océano de desesperación. Mi orgullo rápidamente se transformó en ira. ¿Qué les pasa a todos? Refunfuñé mientras caminaba en mi casa pensando.

᭬᭬

El peso de tu enojo ha recaído sobre mí;

me has abrumado con tus olas.
Me has quitado a todos mis amigos ...
estoy aprisionado y no puedo librarme.
(Salmo 88:7-8)

᷒ↄ᷈

En retrospectiva, mi desempleo fue providencial. No había sucedido por coincidencia. Semejante al Hijo Pródigo rebelde, era tiempo de cosechar los años de vivir en la pocilga del pecado. Me había desviado de Dios, había jugado con el pecado, y había perseguido placeres mundanos. Mis decisiones tontas anteriores y elecciones inmorales causaron casi todas las circunstancias negativas que estaba experimentando. Claro, anteriormente pedí el perdón y la restauración de Dios, pero todavía me faltaba algo. La ausencia del compañerismo íntimo con Él nubló mi mente y oscureció mi corazón.

A medida que pasaban los días, me enojaba más y más. Estuve enojado con la gente que culpaba por mis problemas actuales. Enojado con los reclutadores que ignoraban ciegamente mi talento "obvio." Enojado que mis gastos mensuales estaban quemando rápidamente el poco dinero que tenía en reserva. Enojado con Dios por permitir que todo sucediera—y por tardar tanto tiempo en darme otro trabajo. *¡Por amor de Dios! Dios dijo que Él supliría todas mis necesidades. ¡Necesito un trabajo! ¿Cuál es el atraco?* Estaba furioso con todos y con todo—excepto conmigo mismo.

Comencé a salir a "caminatas habladas" donde caminaba por mi vecindario después del anochecer para hablar en voz alta con Dios. Mi lado espiritual piadoso consideró éstas como sesiones de oración. En realidad, eran más como berrinches semejantes a lo que hace un niño lloriqueando cuando su padre no responde de inmediato. Como Elías en su cueva, hice un puchero y derramé mi ira, miedo, duda, y desesperación—todas las expresiones emocionales que creemos que Dios no puede lidear. Le supliqué y negocié con Dios.

Aún así, Dios permaneció en silencio.

Después de seis meses insoportables, poco gratificante, y muy solitario, una noche salí al porche trasero para mi diaria caminata hablada. Mirando hacia el cielo oscuro, las estrellas parecían más brillantes de lo normal. Con mi gemido espiritual habitualmente progresivo, desesperadamente solté, *Dios, ¿dónde estás? ¿Por qué no me respondes? ¡Sólo necesito saber que todavía estás allí—que tienes el control de todo este lío!*

࿈

El Señor dirige los caminos del hombre cuando se complace en
su modo de vida. Si el hombre cae, no se queda en el suelo
porque el Señor lo sostiene de la mano.
(Salmo 37:23-24, RVC)

࿈

En ese momento preciso, una estrella fugaz cruzó el cielo directamente sobre mi cabeza. Estaba justo allí—tan cerca que parecía poderla agarrar. Pero al igual que Gedeón, que pasó por alto el significado de su visita angelical, ignoré el asombro de eso momento cósmico. Respondí audiblemente, "¡Eso es genial, Dios! Te pido ayuda, te pido un trabajo, te pido que un reclutador me llame por teléfono, y ¿qué haces? ¡Quemas una de Tus estrellas! ¡Eso no me ayuda!"

Las palabras apenas cayeron de mis labios cuando escuché (o más bien sentí) una voz, erizada de risa de compasión y entendimiento. "No, hijo, eso no es lo que me preguntaste. Me preguntaste si todavía estaba aquí, si todavía tenía el control. Mi querido hijo, ¿Sabes algo sobre la velocidad de la luz? ¿Sabes cuánto tiempo tarda una estrella en quemarse, perder órbita, y comenzar a recorrer el universo? ¿Conoces cuántos años hace que empecé con esa estrella específica en su viaje para que apareciera directamente sobre ti en este preciso momento cuando necesitabas este encuentro conmigo? ¡Yo hice eso! Sí, estoy aquí. Sí, tengo el control de todo, ¡incluso de ti! Ahora que tengo toda su atención, tal vez podamos tener una conversación seria."

Con esa risa suave y amorosa resonando en mi alma, entré y me caí en el piso del comedor. Había llegado a mi fin—todo mi orgullo, todas mis pretensiones, todos mis tópicos espirituales, todo. Al igual que Nabucodonosor, Jonás, y el Hijo Pródigo, llegué al final de mi cuerda. No había más energía para luchar contra Él, no había deseo de resistirlo.

Acostado allí en la quietud de la presencia de Dios, derramé mi alma a Él. Al igual que David, confesé el pecado en mi vida, mi arrogancia con Él, y mi dureza de corazón. Le pedí Su perdón, limpieza, y dirección. Le di las gracias por la paciencia, amor, gracia, y misericordia que Él derramó compasivamente sobre alguien tan terco y orgulloso. Fue un momento increíble de reconciliación íntima entre un Padre amoroso y un hijo descarriado.

Tres días después de ese encuentro divino, un reclutador llamó con una oportunidad de trabajo para alguien con mi experiencia de trabajo específico, habilidades organizativas, y piel gruesa corporativa. Como Ester, el trabajo era a mi medida para *un momento como este*. No podría haber soñado con un trabajo más adecuado si lo hubiera intentado.

Además del trabajo diario, Dios continúa abriendo puertas de servicio increíble e inimaginable para Él. Finalmente cumplió y excedió mis necesidades—una vez que Él tuvo mi atención y yo estaba reconciliado con Él. Estoy viviendo el gozo y el alivio que David sintió cuando escribió,

> *Puse en el SEÑOR toda mi esperanza; él se inclinó hacia mí y escuchó mi clamor. Me sacó de la fosa fatal, del lodo y del pantano; puso mis pies sobre una roca, y me plantó en terreno firme. Puso en mis labios un cántico nuevo, un himno de alabanza a nuestro Dios. (Salmo 40:1-3)*

A veces, tal como hizo con Jonás, Dios nos coloca en "tiempo muerto" espiritual para llamarnos la atención. Cuando lo rehusamos o lo rechazamos, Él orquesta circunstancias desagradables para empujarnos hacia la dirección correcta. A menudo, Su silencio ensordecedor es lo que llama a nuestro corazón descarriado hacia el hogar.

La Palabra de Dios confirma, "Si en mi corazón hubiera yo abrigado maldad, el Señor no me habría escuchado" (Salmo 66:18). Así como Su hijo, Dios no tiene obligación de escucharme o bendecirme cuando me extravío voluntariamente lejos de Él. Cuando me entrego al placer mundano, vivo inmoralmente, y felizmente hago lo que me plazca, Él me disciplina hasta que yo regrese de todo corazón a Él. Tal disciplina generalmente viene en la forma de las tempestades de la vida.

Al recordar esa experiencia, estoy agradecido que no hubo grupo de apoyo, ningún ex jefe, ningún grupo de la iglesia, ningún amigo, ni grupo social que me consolara y me rescatara de mi tempestad. Si hubiera sido así, mi proceso de refinamiento probablemente habría tomado mucho más tiempo. Siempre estaré agradecido de que Dios me tenía donde Él me necesitaba para comenzar Su obra transformadora en mi vida.

༒

Yo amo al SEÑOR porque él escucha mi voz de súplica.
Por cuanto él inclina a mí su oído, lo invocaré toda mi vida.
(Salmo 116:1-2)

༒

Mi Amigo, cualquiera que sea tu tempestad, por favor entiende, Dios desea una relación vibrante, personal, e íntima contigo. Hasta que abras tu corazón y tu vida a Él, Él espera pacientemente. Si te has desviado de Él, Él te ama demasiado como para dejarte tambaleando en tu pocilga. Él intervendrá providencialmente para empujarte nuevamente a casa y restaurar la intimidad de tu relación con Él.

Incluso si estás caminando fielmente con Él, Él puede permitir tempestades para profundizar tu confianza y dependencia en Él. Él puede estar preparándote para un futuro mucho más grande de lo que jamás soñaste. No importa la situación o las circunstancias, Dios está escuchando tu llamada y espera llevarte a una relación más profunda de intimidad.

Sí, Dios soberanamente controla todo. Él hará lo que sea necesario para llamar nuestra atención, incluso enviar una estrella fugaz cuando la necesitamos.

Capítulo 10

---❀❀❀---

Calla y Escucha

¿Escucharé en el desierto
Su voz de la zarza ardiente?
¿Evitaré el aislamiento de la cueva;
me sentiré impulsado a salir
porque me llama por nombre en susurro?
¿Me rendiré sobre el yunque
confiándole mi vida a transformar?
¿Descansaré con Jesús en la cubierta,
con los ojos puestos en Él y no en la tempestad?

El SEÑOR está en medio de ti, y te salvará con su poder; por ti se regocijará y se alegrará; por amor guardará silencio, y con cánticos se regocijará por ti. (Sofonías 3:17, RVC)

DIOS PUEDE GRITAR para llamarnos la atención, pero por lo general, cuando ya la tiene, susurra. Escuchamos Su susurro al *aquietar* nuestro corazón, al *silenciar* nuestra mente acelerada, al *ceder* nuestros temores y ansiedades a Él, al *bloquear* el ruido que distrae al mundo, y luego al *escuchar* verdaderamente. Cuando estés listo para esta experiencia, deja que Él calme tu espíritu, entonces espera Su voz suave y apacible.

Escucha Su susurro en la noche. Espera Su llamado suave durante el día. Escucha con el corazón y la mente al leer Su Palabra. Sigue callando, silenciando, cediendo, bloqueando, y escuchando hasta que lo oyes. A veces, esto puede ser difícil y requiere un enfoque disciplinado. Sin embargo, he aprendido que sólo lo escucho cuando Él tiene toda mi atención.

Ahora, a primera vista, esto puede parecer contradictorio. *¿Escuchar por un susurro en medio de una tempestad? ¿Cómo se supone debo hacer eso? Todo se está derrumbando a mi alrededor y ¿se supone que debo escuchar un susurro?* Sí, parece contradictorio; sin embargo, es precisamente lo que es necesario para escucharlo. Dios "marcha en la tempestad y en el torbellino" (Nahúm 1:3, RVC) "y saca de sus depósitos a los vientos" (Salmo 135:7). Las tempestades son Su dominio—donde Él lleva a cabo algunas de sus mejores obras. Escuchar Su susurro no es solamente lo más inteligente, es la única solución para nuestras tempestades.

✥

Bueno es el SEÑOR con quienes esperan en Él,
con todos los que lo buscan. Bueno es
esperar calladamente la salvación del SEÑOR.
(Lamentaciones 3:25-26)

✥

Algunos pueden pensar, *Pero nunca he escuchado que Dios me hable. ¿Realmente nos habla?* Sí, en realidad nos habla. A través de las Escrituras lo encontramos involucrado activamente con las personas. Habló casualmente con Adán y Eva en la frescura de la noche. Caminó en conversación tranquila con Enoc. Llamó a Moisés del arbusto ardiente en la soledad del desierto. Le susurró a Samuel en la quietud de la noche. Su voz apacible y delicada llegó a Elías en los rincones oscuros de su cueva solitaria. Llamó tiernamente a María Magdalena mientras lloraba junto a Su tumba. En todos estos ejemplos, Su voz es tranquila y llega en la quietud sutil de un compañerismo sin distracciones.

Su llamado es a la vez universal y personal. Él habla, guía, y nos dirige *universalmente* mientras leemos Su Palabra. Es la fuente de inspiración divina e instructiva para agradarlo y honrarlo (2 Timoteo 3:16). Sin embargo, Él también habla en un tono más silencioso e íntimo cuando Él habla *personalmente.* Cuando Él tiene algo individualmente específico, Él pacientemente está de pie, espera, y susurra en la puerta del corazón de cada persona. ¿Estamos escuchando?

❧

*Hay mucho más que escuchar en la voz de Dios
que la mayoría de nosotros absorbemos.
Se está transmitiendo más de lo que
la mayoría de nosotros estamos recibiendo.*[94]

❦

Aunque a menudo influye en nuestras vidas con Sus tempestades, Él no se impone a nadie. Él suave y silenciosamente busca nuestra atención; pero nuestra respuesta depende totalmente de nosotros. Podemos enfocarnos en nuestras tempestades, permitiéndolas derrotarnos, desalentarnos y definirnos; o podemos detenernos en medio de ellas, escuchar Su susurro, y permitir que Su adversidad nos refine.

Una analogía apropiada ayuda a ilustrar esta lección. El mismo agua hirviendo endurece el huevo y ablanda la zanahoria. La misma adversidad pueden endurecer o ablandar nuestro corazón hacia Dios con Su obra transformadora.

Un Lugar y Tiempo Quieto

Mis ovejas oyen mi voz; yo las conozco y ellas me siguen. (Juan 10:27)

Para escuchar a Dios, debemos prepararnos tanto a nosotros mismos como a nuestro ambiente. Es extraordinariamente difícil escuchar Su voz durante el alboroto habitual y las rutinas ruidosas de la vida. Al igual que con cualquier diálogo, la verdadera comunicación no ocurre a menos que ambas personas se concentran uno al otro. He aprendido a escuchar a Dios por apartar, con propósito, un tiempo de silencio para escuchar específicamente Su voz.

Muchas veces durante Su ministerio terrenal, Jesús dejó las multitudes, y ocasionalmente a Sus discípulos, para escabullirse y tomar tiempo a solas, tranquilamente con Su Padre. Estaba allí—apartado del ruido del mundo, lejos de las multitudes gritando por sanidad, distante de los que clamaban por una señal divina—Él escuchó el susurro del Padre. Fue allí donde se refrescó. Fue allí donde se enfocó en las prioridades verdaderas. Fue allí donde renovó Su fortaleza y encontró la determinación de prosperar a través de Sus tempestades y terminar Su misión.

Al enfrentar las circunstancias insoportables de la vida y dificultades, cuando parece que no hay salida, obtenemos conocimientos invalorables al seguir el ejemplo de Jesús. Además de Su horrible tortura y muerte cruel, Jesús experimentó otras tempestades. El éxito con el cual Él las navegó, traza el curso para nosotros mientras viajamos nuestros mares tempestuosos.

La Tentación Del Desierto (Mateo 4:1-11)

Antes de enfrentarse con el diablo, Jesús ayunó cuarenta días. Ahora, no sé de ti, pero cuando yo no como por un sólo día o dos, parece que se avecina una tempestad física. Tengo náuseas y estoy mareado—a veces incluso un dolor de cabeza tan fuerte que me lloran los ojos. De tal manera, sospecho que después de cuarenta días sin comida, en un lugar cálido, seco, y desierto, Jesús estaba en una condición física muy mala. Además, estaba vulnerable emocional y mentalmente. En ese estado debilitado, Satanás, el maestro manipulador, lo confrontó.

Jesús sobrevivió Su tempestad por aplicar efectivamente la Palabra de Dios a la tentación del diablo. Cuando fue presentado con algo lógico y físicamente tentador, citó las Escrituras. Cuando fue ofrecido un alivio reconfortante de Su tempestad, citó las Escrituras.

Este mismo enfoque se presenta como la única estrategia efectiva cuando nos enfrentamos los ataques de Satanás. Sin embargo, para aplicar la Palabra de Dios a nuestras tempestades, debemos conocerla. Para conocerla, debemos leerla, meditar en ella, y permitir que su verdad penetre nuestros corazones, mentes, y almas, afectando directamente nuestras acciones físicas. "En mi corazón atesoro tus dichos para no pecar contra ti" (Salmo 119:11).

Perfecto a Través del Sufrimiento (Hebreos 2:10)

Aunque Jesús fue el Hijo de Dios sin pecado, Sus sufrimientos terrenales lo perfeccionaron. Completaron o terminaron Su misión de traernos la salvación. Al sufrir como humano, Él plenamente se relaciona con nuestra adversidad. Al capear Sus tempestades, Él permanece como Guía a través de nuestra tempestad.

Sus tempestades trajeron nuestra liberación; nuestras tempestades permiten la transformación a la semejanza de Cristo. Sólo a través de este proceso podemos estar completos ante Él, perfeccionados a través de nuestros sufrimientos.

Obediencia Aprendida (Hebreos 5:7-9)

En la tempestad que condujo a su crucifixión, Jesús aprendió y demostró obediencia a Su Padre. Como parte de la Trinidad Divina, Jesús siempre estuvo unido con Dios el Padre. Sin embargo, como plenamente humano, tenía el libre albedrío para escoger lo que quería. En el Jardín de Getsemaní, oró fervientemente por otra manera de sálvanos de nuestros pecados. La agonía de sus sufrimientos era bastante mala; la separación de Su Padre fue desgarradora. Sin embargo, a través de lágrimas y angustia, Él todavía cedió; "No sea lo que Yo quiero, sino lo que quieres Tú."

Al rendirnos a Dios y al aceptar Su voluntad soberana, expresamos nuestra más profunda fe y confianza en Él. Por experimentar Sus propias tempestades, Jesús entiende por lo que estamos pasando (Hebreos 4:15). Siendo que navegó con éxito todas ellas sin pecado, podemos confiar, seguir, y descansar en Él a través de nuestras circunstancias tormentosas sabiendo que Él empatiza con nosotros.

༜

Piensen en toda la hostilidad que soportó por parte de
pecadores, así no se cansarán ni se darán por vencidos.
(Hebreos 12:3, NTV)

༜

Cuando tenemos ganas de rendirnos, cuando estamos completamente agotados, Dios nos señala a Jesús. Considera todo lo malvado, lo retorcido, y tempestades inmerecidas que navegó con éxito, y cómo las soportó. Luego descansa en Su aliento, empatía, y fuerza. Como Guía capeado por la tempestad y Amigo de confianza, Él nos llama en nuestra adversidad. Por lo tanto, escuchemos Su voz encima de nuestros vientos aulladores.

Para comenzar el viaje de escuchar a Dios, necesitamos un lugar silencioso y tranquilo. Jesús nos animó a entrar en una habitación interior (también conocido como un armario de oración). Encontrar un refugio tan tranquilo valida la necesidad urgente y el propósito de apartarnos de las distracciones del mundo exterior. Allí en la quietud y la intimidad, Dios nos espera.

Si tu armario es como el mío, no hay espacio para meterse. Sin embargo, tu lugar tranquilo también puede ser una oficina, una habitación separada, un porche en las primeras horas de la mañana, el viaje al trabajo, o un paseo a solas en un parque. Dondequiera que sea, designa un lugar aparte del bullicio de la vida normal donde puedas exhalar, despejar tu mente, meditar en la Palabra de Dios, y esperar Su susurro.

Precauciones Para tu Lugar Tranquilo

Por mi experiencia personal, por favor permíteme algunas palabras de precaución. Ten cuidado de no invadir tu tiempo de tranquilidad con *tu propia* voz. Esto puede ser particularmente difícil ya que muchas cosas claman por la atención—más aún si eres un multitarea. Aprende a callar tu voz a través de la disciplina, la práctica, y la ayuda del Espíritu Santo. Cuando tu mente divaga, corriendo a través de los recados y las tareas que necesitas realizar, comienza de nuevo. Oblígate a detener esos pensamientos y vuelve a comprometer el propósito de tu tiempo en silencio—escuchando el susurro de Dios.

Con demasiada frecuencia, en lugar de sentarse pacientemente ante el trono de Dios y esperar Su susurro, llenamos el silencio con oración. Por supuesto, la oración es una parte hermosa de la comunicación con Dios; sin embargo, por lo general no podemos escuchar a otra persona cuando estamos hablando. Somos sabios al resistir el impulso de pedir, rogar, suplicar, y orar sobre listas largas de oración. Hay mucho tiempo para presentar peticiones ante Él mientras oramos durante el día (1 Tesalonicenses 5:17). Sin embargo, para el tiempo de silencio designado, simplemente descansa en Su presencia, dándole tiempo sin interrupciones, para susurrar Sus pensamientos amorosos.

Cuando las tempestades de la vida se estrellan en nuestro alrededor y todo lo que escuchamos es su rugido, se necesita disciplina para detener nuestra charla nerviosa y escucharlo a Él. Como Pedro en el Monte de la Transfiguración, a veces hablamos cuando debemos permanecer en silencio. Si recuerdas, Pedro soltó algunos comentarios totalmente inconexos porque "no sabía qué decir, porque todos estaban asustados" (Marcos 9:6). Sin embargo, nota cómo Dios responde al arrebato nervioso de Pedro:

Entonces apareció una nube que los envolvió de la cual salió una voz que dijo: "Este es Mi Hijo amado. ¡Escúchenlo!" (Marcos 9:7)

Cuando tengas miedo y sientas la necesidad de explicar todas tus circunstancias adversas y dolorosas, y lo que esperas, detente. Dios sabe exactamente lo que está sucediendo en tu vida. Él sabe específicamente lo que necesitas. Él ya ve el resultado de tu tempestad. Así que, tan amablemente, permíteme decirte, por favor, deja de hablar y simplemente escucha—a Él.

Me encanta sentarme en la playa y escuchar los golpes de las olas. Su poder estrepitoso y su sonido ensordecedor me recuerdan la majestad ilimitada de Dios y ellos aquietan mi corazón ante Él. Sin embargo, he aprendido a apreciar otro sonido muy diferente—el silencio entre las olas. Aquellos momentos consistentes y tranquilos, cuando la marea baja, han llegado a representar la gracia y paz de Dios entre las tempestades de la adversidad. A pesar de que las tempestades pueden venir, en olas tras olas atronadoras, Dios concede la gracia para sobrevivir y la paz para prosperar. "¡Tú guardarás en perfecta paz a todos los que confían en ti, a todos los que concentran en ti sus pensamientos!" (Isaías 26:3, NTV).

༨ⲱ⳿ⲗ

Aprende a apreciar la calma entre las tempestades.

ⲗⲱ⳿ⲟⲅ

Como otra precaución personal, ten cuidado de discernir *de quién* es la voz que escuchas. En medio de tempestades, es sorprendente cuántas conversaciones tienen lugar en nuestra mente. Una trampa potencial es escuchar esas otras voces: dudas, miedos, ansiedades, perspectivas sesgadas, heridas pasadas, abandonos pasados, fracasos pasados, etc. Tú conoces esas voces arremolinadas. *No estoy seguro si Dios me escucha. No merezco el tiempo de Dios. No se preocupa por mí. ¿Qué pasa si mi tempestad nunca termina? Debo merecer este lío. Nunca he escuchado de Dios antes, ¿por qué debo esperarlo ahora? ¿Qué hace que esta vez sea diferente de todos mis intentos fallidos anteriores?* Es fácil escuchar la voz más fuerte o más familiar, sin importar cuán engañosa sea. Una vez más, se necesita un esfuerzo dedicado y persistente para silenciar esas voces para escuchar sólo la Suya.

Además de nuestras propias distracciones ruidosas y mentales, tenemos un enemigo muy enérgico a quien la Biblia llama nuestro acusador (Apocalipsis 12:10). Satanás es extremadamente hábil para llenar nuestra mente con pensamientos destinados a "robar, matar, y destruir" (Juan 10:10). Él quiere robar nuestro gozo de Dios, matar nuestro tiempo tranquilo con Dios, y destruir nuestra eficacia para Dios.

Como padre de la mentira, Satanás se alimenta de dudas y temores. Él llama vigorosamente la atención a la aparente desesperación de las tempestades. Este Acusador Perdedor nos recuerda, con vívidos detalles, de nuestros errores y fracasos pasados. Si no puede tenernos, tratará de derrotarnos. A veces se disfraza, luego se inserta en nuestra vida a través de áreas no protegidas de pecado o dolor pasado. Él sabe que la paz de Dios quita el aguijón de la adversidad, por lo que interrumpe nuestra conexión silenciosa con Dios para mantenernos temerosos en nuestras tempestades.

Pero su secreto ya se descubrió. Dios nos dio Su Palabra para hacernos consciente de sus tácticas y proporcionar la estrategia para resistirlo. "Así que sométanse a Dios. Resistan al diablo y él huirá de ustedes" (Santiago 4:7).

Además, a través del nombre de Jesús, la sangre, y la justicia, tenemos el poder de vencerlo junto con sus influencias malvadas. Al usar este arsenal sobrenatural, tomamos autoridad sobre la voz de nuestro enemigo.

༒

El miedo a menudo encuentra su poder, no en nuestra situación actual, sino en lo que nos decimos sobre nuestra situación.[95]

༒

El miedo es otra voz disruptiva. Alimenta nuestra duda. Eso nos hace preguntarnos si sobreviviremos las tempestades furiosas actuales en nuestra vida. Dudamos que tengan algún propósito. Dudamos que Dios puede traer algo bueno de nuestra adversidad. Nos imaginamos muchas circunstancias y resultados que simplemente no son ciertos ni tienen la posibilidad de suceder. Nuestra imaginación puede ser una hermosa cosa en ciertos casos; sin embargo, jugar al juego "qué pasaría si ..." evoca bastantes nubes de tempestades de nuestra propia creación.

Esto subraya el inmenso valor de establecer nuestra mente en las cosas celestiales y pensar en cosas que son verdaderas, respetables, justas, puras, amables, admirables, excelentes, y dignas de admiración (Filipenses 4:8). Cuando nuestra mente vaga a lugares oscuros y temerosos, somos sabios al obligarnos a pensar en Dios, en Su Palabra, acerca de Sus promesas y bendiciones en nuestra vida. Ésta disciplina es la forma en que entrenamos nuestra mente para escuchar sólo lo que Dios quiere que escuchemos.

Como precaución adicional, cuando escuches Su voz, resiste la necesidad de *apresurarte* o *impacientarte*. Si el susurro no llega cuando lo esperas, resiste la tentación de rendirte y tratar de manejar la tempestad por tu propia cuenta. Si el silencio es todo lo que escuchas inicialmente, eso está bien. He aprendido que el silencio del cielo es mucho mejor que todo el ruido del mundo combinado.

Cuando estoy tentado a preguntar por qué Dios guarda silencio durante mi adversidad, recuerdo que todos los maestros de escuela guardan silencio durante una prueba. Decídete a esperar paciente y silenciosamente hasta que finalmente escuchas de tu Maestro.

Es mi ferviente esperanza y oración que confíes en Dios. Que confíes que tiene un plan soberano para ti. Que le permitas usar los efectos de tu tempestad para transformarte. Que te tranquilices, bloqueando e ignorando todo otro ruido, y prestando atención sólo a Su voz.

༄

Puse en el SEÑOR toda mi esperanza;
Él se inclinó hacia mí y escuchó mi clamor.
(Salmo 40:1)

༄

A Través del Crisol

A lo largo de este libro, me he referido a las pruebas de la vida, tribulaciones, sufrimiento, problemas, y adversidades como tempestades que mantienen la capacidad de transformar. Una ilustración adecuada de esta angustiante agitación es un crisol. Es un caldero grueso y resistente que se usa para calentar metales hasta su punto de fusión. Este proceso ardiente quema cualquier elemento no deseado y hace que el metal pueda ser moldeado en diferente forma más adecuada.

Desde un punto de vista humano, el calor intenso se asemeja a las tempestades de vida. Nuestras pruebas difíciles, desafíos, o situaciones adversas son el calor que motiva los cambios deseados por Dios en nuestras vidas. Él usa estas tempestades, como un crisol, para quemar nuestros rasgos y hábitos indeseables, reemplazándolos con el Fruto de Su Espíritu (Gálatas 5:22- 23). Con este proceso de toda la vida, Él nos remodela a Su semejanza.

༄

Tempestad Diaria – Me Pasó a Mí
El lunes por la noche, Dieter, nuestro hijo mayor, falleció
repentinamente de un paro cardíaco. Nos estamos recuperando
de esta noticia ya que iba a casarse en una semana a partir del
sábado. Él y su prometida incluso me habían pedido que realizara
su ceremonia. En lugar de celebrar su nueva vida juntos, hemos
pasado varios días envolviendo nuestros corazones y mentes
alrededor de este impactante cambio de acontecimientos. En
lugar de preparar mis palabras para su ceremonia de boda,

estoy escribiendo el obituario de mi hijo. En lugar de celebrar su boda, estaremos asistiendo a su funeral, irónicamente, el mismo día y en el mismo lugar donde habrían intercambiado sus votos matrimoniales. Como mi esposa y yo estamos preparando nuestras despedidas, mis pensamientos son: "Señor, si es Tu voluntad, pasa de mí esta copa. Sin embargo, que no sea mí voluntad, sino hágase la Tuya." Aunque desconsolada y aturdida, nuestra fe en el Señor Jesucristo permanece fuerte. Creemos en el poder de Su resurrección y ahora hemos sido invitados, inesperadamente, a la comunión de Su sufrimiento.[96]

ഔൽ

Aunque la adversidad ocasionalmente puede *edificar* el carácter, siempre lo *revela*. Cualquiera puede ser feliz, contento, o alegre cuando todo está bien. Sin embargo, el crisol de las pruebas—las tempestades de la vida—revelan la verdadera naturaleza de una persona. Afortunadamente, cuando permitimos que Dios nos transforme, demostramos progresivamente las características dulces de Jesús.

Cuando nuestras tempestades exhiben a Cristo en nosotros, brillamos como testimonios a un mundo perdido y sin esperanza. Las personas, pasando a la eternidad cada día, necesitan ver la Luz del Mundo brillando a través de nosotros. Esto no sucede de nuestras propias fuerzas o de nuestra propia suficiencia. Sólo es posible a través de la gracia sustentadora de Dios y Su poder sobrenatural.

Mientras estemos en esta tierra, sufriremos adversidades. Las tempestades vendrán. La Escritura nos dice, "Las tentaciones que enfrentan en su vida no son distintas de las que otros atraviesan. Y Dios es fiel; no permitirá que la tentación sea mayor de lo que puedan soportar. Cuando sean tentados, Él les mostrará una salida para que puedan resitir" (1 Corintios 10:13, NTV). Ten en cuenta que este versículo dice que Dios proporcionará una manera de *soportar nuestras* pruebas. No dice que Él las *quitará*. Sin embargo, a través de todas ellas, Él navega a nuestro lado en la cubierta de nuestro barco sacudido por la tempestad. Así que, acércate a Él, escucha Su susurro, mantén el rumbo. A su debido tiempo sobreviviremos y prosperaremos si no desmayamos o nos rendimos (Gálatas 6:9).

Si en momentos difíciles te rindes, muy limitada es la fuerza que tienes.
(Proverbios 24:10, RVC)

Cuando estés en uno de los crisoles de Dios, una tendencia natural es buscar el rescate de otras personas. Por ejemplo, una persona que está con el corazón roto por una ruptura íntima inesperada puede encontrar rápidamente a otra persona para calmar su soledad y dolor. Sin embargo, esta nueva relación no sanará ni eliminará verdaderamente su dolor. Sólo sofocará o retrasará lo que Dios desea lograr en su vida. Por lo tanto, advierto contra buscar la asistencia humana cuando estás bajo la construcción Divina. Quédate en el crisol, quédate en el barco, capea la tormenta. Apóyate en el Señor y aprende lo que Él está tratando de decir y confía en Su obra transformadora. Tenemos Su promesa, "El justo logra *salir* del aprieto" (Proverbios 12:13, RVC, énfasis agregado).

Ese es el camino de Dios en nuestras tempestades. Él nos guía *hacia* ellas, pero luego nos lleva *a través* de ellas. Él ve el mapa del "clima general" mientras navegamos las olas, confiando en Él para guiarnos con seguridad al hogar. Como llevó a los Israelitas a través del desierto a la Tierra Prometida, a veces Dios nos lleva *a través* de algo difícil para dirigirnos *hacia* algo mejor. En esencia, tu tempestad es el pasaje de transformación hacia una nueva, mejorada y refinada persona—Tú.

Dios se mueve de una manera misteriosa, para realizar Sus maravillas.
Planta sus pasos en el mar y cabalga sobre la tempestad.[97]

Con suerte, crecemos para ver el valor de nuestras tempestades. Con suerte, crecemos espiritualmente hasta donde las consideremos luchas transformadoras en lugar de inconvenientes quejas de las cuales le pedimos a Dios que las quite. Algunos hemos navegado tempestades tanto tiempo que entendemos que "en nada se comparan los sufrimientos actuales con la gloria que habrá de revelarse a nosotros" (Romanos 8:18). El objetivo final es madurar en nuestro caminar con Dios y abrazar voluntariamente nuestras tempestades hasta tal punto que nos rendimos como mi querido amigo, el pastor Issac Curry, oró recientemente:

Dios,
Nunca prometiste que no experimentaría lluvias torrenciales o inundaciones
peligrosas en mi vida. Nunca prometiste que a veces no tendría que viajar
a través de la oscuridad. Prometiste que no tendría que enfrentar mis
tempestades sólo.
Recuérdame que Tú estás más cerca de mí que la tempestad parece ser.
Recuérdame que hay más fuerza y paciencia en mí de lo que mis ojos pueden
ver. Recuérdame que mis tempestades están diseñadas para moldear mi fe y
nutrir mi destino.
Hoy enfocaré mis ojos en Ti y no en mis circunstancias, porque Tú me has
equipado para capear el clima.
Gracias Jesús por las tempestades actuales y futuras.
Amén.

Como Dios nos trae a través de nuestras tempestades, en lugar de morar en las olas, miremos al Maestro. En lugar de detenernos en el proceso doloroso, levantemos nuestros ojos a las estrellas. Echemos un breve vistazo a la eternidad y las bendiciones que nos esperan allí. Pablo nos recuerda "los sufrimientos ligeros y efímeros que ahora padecemos producen una gloria eterna que vale muchísimo más que todo sufrimiento" (2 Corintios 4:17). Qué refrescante ver nuestra adversidad como un nuevo comienzo divinamente designado. Considéralo parte de la cosa nueva de Dios que Él está comenzando en nosotros.

⊱⊰

Así dice el SEÑOR, el que abrió un camino en el mar,
una senda a través de las aguas caudalosas;
"Olviden las cosas de antaño; ya no vivan en el pasado.
¡Voy a hacer algo nuevo! Ya está sucediendo,
¿no se dan cuenta? Estoy abriendo un camino en el
desierto y ríos en lugares desolados."
(Isaías 43:16, 18-19)

⊱⊰

Descanso Pacífico en la Tempestad

[Jesús dijo] Vengan a mí todos ustedes que están cansados y agobiados; yo les daré descanso. (Mateo 11:28)

Hemos analizado varios tipos de tempestades y hemos considerado varias razones detrás de ellas. A lo largo de nuestro viaje, varias verdades emergen revelando no sólo cómo sobrevivir las tempestades de la vida, sino también cómo prosperar en ellas y ser transformados positivamente.

La vida da miedo y las tempestades pueden ser aterradoras. No importa la razón—ya sea autoinfligida, providencial, debido a las elecciones de otras personas, o incluso influencias malignas que atacan y traen la esclavitud a nuestras vidas—las tempestades pueden ser aterradoras. Es una tendencia humana natural tener miedo al dolor, al cambio, o la incertidumbre. Sin embargo, muy a menudo el miedo, la ansiedad, y la imaginación hacen que aparezcan tempestades y se sientan más grandes de lo que realmente son. Entonces, Satanás aviva nuestros temores para hacer que las tempestades parezcan más aterradoras.

El miedo restringe la confianza. Las cargas que llevamos a menudo alinean nuestra mente con las tempestades en lugar de con el *Caminante de Tempestades.* Cuando entendemos y aceptamos plenamente que Dios está soberanamente en control de todos y todo, el miedo puede convertirse en confianza, el pánico en paz. Es por eso que Jesús dijo repetidas veces, "¿Por qué tienen miedo? No teman. Confía en Mí." Sí, la vida puede ser aterradora; sin embargo, el miedo corre proporcionalmente con la confianza. Si tememos, no confiamos; cuando confiamos, no necesitamos temer.

La confianza es fundamental para la fe. La jornada Cristiana es una de fe, no de vista. Sin fe, es imposible agradar a Dios (Hebreos 11:6). Tendemos a pasar por alto eso y queremos vivir según lo que vemos y sentimos, controlando la vida tanto como sea posible. Ser capaz de hacerlo definitivamente eliminaría parte del dolor, la incertidumbre, y el miedo que traen las tempestades inesperadas. Sin embargo, el cambio transformador requiere confianza en Dios, ya que Él nos moldea sobrenaturalmente a Su semejanza.

Dios soberanamente controla todo. Como nuestro amoroso Padre celestial, Él orquesta todo—cada situación, circunstancia, evento, y persona. Él hace esto para nuestro bien (si estamos dispuestos) y para Su gloria y propósito final.

Dios nos ama. Él nos ha visto a cada uno de nosotros, y nos ama plena e incondicionalmente, desde antes de la creación del mundo (Efesios 1:4). Es fácil confiar en Alguien confiable, en control, y que tiene nuestros mejores intereses en Su corazón. Por estas razones, Dios merece nuestra confianza. Al abrazar y disfrutar de Su amor, comenzamos eliminando el temor y la inseguridad de la vida (1 Juan 4:18).

Dios tiene un propósito para todos. Además de amarnos, Él creó a cada persona con un propósito específico. Dicho esto, no hay evento sorpresa para Él. Nada de nuestras vidas lo hace rascarse la cabeza y decir: "¡Guau! ¡Eso no lo esperaba! ¿Ahora qué hacemos?" Cuando la vida es caótica, traumática, y aparentemente girando fuera de control, puede ser difícil imaginar un Propósito amoroso. Sin embargo, a pesar de todo, Él todavía orquesta todas las cosas para ayudarnos a cumplir los roles y propósitos que Él nos creó de manera única.

El amor y el propósito fomentan la confianza. Cuando comprendemos completamente y aceptamos Su amor y propósito, podemos comenzar a aflojar el control del miedo, resentimiento, amargura, o control. Confiar significa caída libre en Su abrazo que nos espera. Esto no es fácil; pero hace sentido de confiar en Alguien que nos ama y nos anima hacia nuestro mejor destino. Podemos descansar tranquilamente en que Dios completará Su buen trabajo en cada vida.

La confianza es una elección. La fe viene por escuchar a Dios (Romanos 10:17). Lo escuchamos a través de Su Palabra y Sus suaves susurros. Su Espíritu usa ambos para empujarnos, guiarnos, iluminarnos, y transformarnos. Pasar tiempo leyendo y meditando en Su Palabra, y luego aplicarla a nuestras vidas, conduce a una comprensión más profunda de Él. Profundizar el entendimiento provoca más confianza en Él. Más confianza promueve el crecimiento espiritual. Cuanto más confiamos y nos abrimos a Él, más nos transforma.

Aceptar, absorber, y aplicar plenamente estas verdades traen la paz sobrenatural de Dios. A medida que confiamos y dependemos más plenamente en Dios, Él da Su paz a pesar de nuestras tempestades. El apóstol Pablo animó a los Cristianos, "Que gobierne en sus corazones la paz de Cristo" (Colosenses 3:15). La palabra *gobierne* significa permiso personal; la palabra *corazón* implica pensamientos y sentimientos. En esencia, hacemos la elección intencional de permitir que la paz de Dios reine supremamente sobre nuestras dudas, miedos, inseguridades, insuficiencias, insignificancias, y errores pasados.

Entonces, nos enfrentamos a una elección. Continuar llevando las cargas de nuestras tempestades o entregarlas completamente a Él. A cambio para nuestras tempestades, Jesús da Su paz. Él dijo: "La paz les dejo, mi paz les doy ... No dejen que su corazón se turbe y tenga miedo" (Juan 14:27, RVC).

Al escoger confiar en Dios con nuestras tempestades transformadoras, Él promete que Su paz, "que sobrepasa todo entendimiento, guarde sus corazones y sus pensamientos en Cristo Jesús" (Filipenses 4:7, RVC). La palabra *guardar* se refiere a las medidas defensivas de establecer guardias o espías en la puerta de la ciudad que alertan y protegen la ciudad contra los invasores. En otras palabras, la paz de Dios es la protección activa y constante para nuestros pensamientos, sentimientos, y percepciones.

Como confirmación final o motivación para permitir que la paz de Dios venza nuestras tempestades, escucha lo que dijo Pedro. Si recuerdas, él fue el discípulo que trató de escapar de su tempestad por caminar sobre el agua. Aunque temió por su vida durante ese encuentro, aprendió lo suficiente como para animarnos "esfuércense para que Dios los halle ... en paz" (2 Pedro 3:14). El desafío que cada uno de nosotros tenemos es intencionalmente, habitualmente, y apasionadamente permitir que la paz de Dios fluya en y a través de nosotros para que cuando Él regrese, nos encuentre bañados en Su paz. Qué cambio—en lugar de ser empapados por la tempestad y frenéticos para encontrar una salida, estamos descansando, confiados, y bañados en Su paz.

ఇ౨౭ఌ

La justicia hará posible la paz;
la justicia redundará en reposo y seguridad para siempre.
(Isaías 32:17, RVC)

ఇ౨౭ఌ

¡Buen Viaje, Compañero Marinero!

Debemos mantener nuestros dedos en las páginas de las Escrituras como un barco amarrado al muelle en una tempestad furiosa.[98]

Tan gentil y amablemente como puedo preguntar, ¿cuál tempestad está amenazando tu mundo? ¿Es un *castigo* que te trajiste a ti mismo o es el resultado de circunstancias *providenciales* fuera de tu control? ¿Podría Dios estar *preparándote* para algo que nunca te imaginaste? ¿Podría tu tempestad ser la manera que Dios ha permitido para que Su fuerza fluya a través de ti como *prueba* a otros de Su gracia sustentadora, *poder* soberano, y paz calmante?

Si no eres Cristiano genuino, Él te está llamando en Su deseo amoroso para comenzar una relación íntima y personal contigo (consulte el capítulo 1). Espero sinceramente, y ruego que escuches y aceptes Su oferta.

Si eres Cristiano genuino, Él puede estar incitando tu atención para que pueda susurrarte amorosamente Su propósito, amor, e intimidad de compañerismo. Él puede estar llamándote a una jornada de santidad más cercana de la que jamás imaginaste posible. Las respuestas a estas posibilidades no sólo ayudan a identificar tu tempestad y la(s) razón(es) detrás de ella(s), también facilitan tu viaje a través de las tempestades.

Si te identificas con Sansón, Jonás, o el Hijo Pródigo, te insisto a que vuelvas a Dios antes que Él permita que una tempestad de *castigo* motive una corrección de rumbo en tu vida. Si tus tempestades son semejantes a las de José, Job, o Juan el Bautista, confía en que Dios está orquestando *providencialmente* los detalles de tu vida para Su propósito final. Si la situación de tu vida se parece a la de Moisés, David, o Ester, alístate mientras que Dios te *prepara* para una tarea o servicio mayor para Él. Si las tempestades de Elías, Nabucodonosor, o Abraham se sienten inquietantemente familiares, Dios puede estar *probándose* a Sí mismo como una advertencia o testimonio a los que te rodean. Por último, si tu tempestad se compara con las de Sara, Lázaro, o Gedeón, Dios puede estar demostrando Su *poder* a través de la gracia y la fuerza que Él da—no sólo para sobrevivir, sino para prosperar. No importa la tempestad, ten la seguridad de que Dios lo sabe y está íntimamente involucrado en los detalles.

ହଏବ

Pero yo he puesto mi esperanza en el SEÑOR; yo espero en el Dios de mi salvación. ¡Mi Dios me escuchará! Aunque haya caído me levantaré. Aunque vivo en tinieblas el SEÑOR es mi luz. He pecado contra el SEÑOR, así que soportaré su furia

hasta que defienda mi causa y me haga justicia. Entonces
me sacará a la luz y veré su justicia.
(Miqueas 7:7-9)

༒

Qué enfoque tan apropiado para las tempestades de la vida. Escucha la anticipación positiva de Miqueas. Miraré al Señor. Esperaré a Dios. Yo caeré, pero me levantaré. Me sentaré en la oscuridad hasta que la luz de Dios brille en mí. Llevaré la carga de mi pecado. Soportaré lo más oscuro de las tempestades, las pruebas más severas, la adversidad inesperada.

¿Llevamos las cargas o soportamos las tempestades porque somos glotones para el castigo o porque disfrutamos del dolor? No. Nosotros perseveramos pacientemente porque nuestro Dios nos escuchará. Nuestro Dios nos iluminará. Nuestro Dios defenderá nuestra causa y ejecutará justicia para nosotros. Nuestro Dios hará brillar Su luz sobre nosotros. Lo mejor de todo es que ¡sobreviviremos y prosperaremos en nuestras tempestades porque veremos la justicia de nuestro Dios! ¡Estaremos en Su presencia un día y lo veremos tal como Él es! Sólo entonces entenderemos plenamente las razones de todas nuestras tempestades. Hasta entonces, confiamos en Su amor, Su gracia, Su paz, Su control soberano, y Su obra transformadora en nosotros.

Las lecciones aprendidas de las tempestades de la vida son tan variadas como las personas que las experimentan y las razones detrás de ellas. Permítame enumerar sólo algunos. El castigo puede llevar al arrepentimiento. La traición puede promover el perdón. La rebeldía puede estimular la restauración. El orgullo puede inclinarse ante la humildad. La autosuficiencia puede ceder a la confianza en Dios. El dolor puede ser consolado. Esperar en Dios puede desarrollar paciencia. La incertidumbre puede ceder ante la confianza. El miedo puede cambiar a creencia. El caos puede convertirse en paz. La desesperación puede rendirse a la esperanza. El propósito puede fomentar la aceptación. El cansancio puede motivar un profundo deseo de descansar en paz.

Así que, descansa, mi compañero marinero, en la cubierta con Jesús.

Es mi oración ferviente que encuentres un tiempo y un lugar tranquilo, retirado del ruido del mundo que distrae, donde rutinariamente puedes enfocarte en Dios. Haz que sea un hábito diario el derramar tu corazón ante Él, y luego escucha en silencio Su susurro. A medida que Él ablanda tu corazón y mente, suelta tus miedos, dudas, orgullo, inseguridades, y la autosuficiencia. Profundiza tu fe, confianza, y dependencia en Su control soberano; afloja tu control sobre las heridas pasadas y decepciones. Deja de revivir momentos dolorosos y fracasos pasados. Controla el remolino mental que evoca posibilidades aterradoras que pueden nunca suceder. Perdona a los que te han herido, traicionado, o acusaron falsamente. En medio de tu tempestad, permite que la paz de Dios inunde tu corazón, mente, alma, y cuerpo.

∽◌◌

Señor, ¡cuán dichosos son aquellos a quienes
corriges e instruyes en tu ley! En tiempos
difíciles les das tranquilidad.
(Salmo 94:12-13, RVC)

◌◌◌

En la quietud de la presencia de Dios, aleja tu mente del viento feroz y las olas temibles de tu lucha. Espera Su voz susurrada. Envuélvete en el cálido abrazo de Su amor. Asegúrate de Su presencia constante, activa, y soberana.

Mientras experimentas la cubierta oscilante de tu tempestad aterradora, agarra la almohada de tu cubierta y acurrúcate tan cerca de Jesús que puedes escuchar y sentir los latidos de Su corazón. Allí, en su íntima cercanía, descansa en Su amor y confía en Su control soberano. Confíale tu tempestad. Aunque puede no responder inmediatamente, o incluso cómo esperas, Él te llevará de manera segura.

Él está allí presente, esperando pasar tiempo íntimo contigo en tu tempestad.

Sobre el Autor

Como hijo de misioneros, quien creció dentro de un hogar Cristiano y en la Iglesia, Nate Stevens es un estudiante de las Escrituras de toda la vida. Ha disfrutado de una carrera bancaria de 44 años en una variedad de roles de liderazgo. Él es el autor de:

Emparejado de por Vida (libro y cuaderno *Inglés*)
Con Jesús en tu Tempestad (Inglés y Español)
Transformado: Hasta que Cristo sea Formado en Mi (Inglés)
Conformado: A la Semejanza de Cristo (Inglés)
Informado: Vivir Según la Verdad Absoluta de Dios (Inglés)
Rendido: Ceder a la Perfecta Voluntad de Dios (Inglés)
El Lugar Secreto de Dios (Inglés)
Acelera tu Destino (Inglés)
Llamados a Ser como Cristo, no al Cristianismo (Inglés)

También es un autor colaborador de la serie de libros *Momentos* (*Momentos Divinos, Momentos Hablados, Momentos Quebrados, Momentos Estúpidos, etc.*). Él escribe devocionales en línea para su iglesia, para ChristianDevotions.us y KingdomWinds.com, y también artículos para varias otras publicaciones. Él co-dirige Fusión, un ministerio de solteros en Charlotte, NC y es un orador/ profesor popular en conferencias, seminarios, y grupos de estudio Bíblico, hablando sobre una amplia variedad de temas.

Nate actualmente vive cerca de Charlotte, NC, con su hermosa esposa, Karen, y es un orgulloso padre de dos hijos adultos increíbles, Melissa y Mitchell.

Para obtener más información, póngase en contacto con Nate, o regístrate en sus blogs y boletines, visite su sitio web en www.natestevens.net.

Notas Finales

1   Derek Prince, *Explaining Blessings and Curses*, (Sovereign World Ltd, 1994), 16-17.

2   Graham, Billy, http://christian-quotes.ochristian.com/Billy-Graham-Quotes/page-4.shtml accessed June 3, 2013

3   *Jewish Virtual Library*, http://www.jewishvirtuallibrary.org/jsource/judaica/ejud_0002_0015_0_14638.html accessed June 3, 2013.

4   *Smith's Bible Dictionary*, http://www.biblestudytools.com/dictionaries/smiths-bible-dictionary/nineveh.html accessed June 25, 2013.

5   William J Kirkpatrick, *Lord, I'm Coming Home,* (Copyright 1892, Public Domain) Lyrics found at http://library.timelesstruths.org/music/Lord_Im_Coming_Home accessed July 29, 2013.

6   *Merriam-Webster Dictionary*, http://www.merriam-webster.com/dictionary/prodigal, accessed June 28, 2013.

7   Michael English, *The Prodigal Comes Home*, (Thomas Nelson, Inc. 2007), 180.

8   Oswald Chambers, *My Utmost for His Highest,* August 22nd daily devotional, *http://utmost.org* accessed August 22, 2013.

9   Maria Robinson, http://en.thinkexist.com/quotes/Maria_Robinson, accessed October 9, 2013.

10 William I. Thompson, *The Time Falling Bodies Take to Light,* (St. Martin's Press, 1980), 24-25.

11 A. W. Tozer, *Man: The Dwelling Place of God*, (Wilder Publications, 2009), 98.

12 James Long, *Why is God Silent When we Need Him Most?*, (Zondervan Publishing House, 1994), 127.

13 Bruce Bickel and Stan Jantz, *God is in the Tough Stuff,* (Barbour Publishing, Inc., 2005), 27.

14 F. B. Meyer, *Joseph: Beloved–Hated–Exalted*, (Fort Washington, Penn.: Christian Literature Crusade, n.d.), 24. As referenced by Charles R. Swindoll in *Joseph: A Man of Integrity and Forgiveness,* (Thomas Nelson Inc., 1998), 20.

15 Philip Yancey, *Where is God When it Hurts?*, (Zondervan, 1990), 78.

16 Kitty Carpenter, *From My Heart*, (Article on Daveen Beasley), Haines City Herald, May 1983, page 3.

17 Bruce Bickel and Stan Jantz, *God is in the Tough Stuff*, (Barbour Publishing, Inc., 2005), 36.

18 Bruce Bickel and Stan Jantz, *God is in the Tough Stuff*, (Barbour Publishing, Inc., 2005), 192, 194.

19 WebMD, *Boils – Treatment, Causes, Symptoms of Boils*, http://www.webmd.com/skin-problems-and-treatments/guide/boils accessed September 26, 2013.

20 Elisha A. Hoffman, *I Must Tell Jesus*. Public Domain.

21 Unknown author, http://en.thinkexist.com/quotation/feed_your_faith_and_doubt_will_starve_to/259937.html accessed October 24, 2013.

22 Philip Yancey, *Where is God When it Hurts?*, (Zondervan, 1990), 91.

23 Max Lucado, *You'll Get Through This*, (Thomas Nelson, Inc., 2013), 54.

24 Charles Caleb Colton, http://en.thinkexist.com/quotes/charles_caleb_colton/4.html, accessed December 16, 2013.

25 Cate Lineberry, *Diamonds Unearthed*, http://www.smithsonianmag.com/science-nature/diamond.html accessed November 22, 2013.

26 Charles R. Swindoll, Moses, A Man of Selfless Dedication, (The W Publishing group, 1999), 233.

27 Gregory R. Frizzell, *How to Develop a Powerful Prayer Life*, (Master Design Ministries, 1999), 51.

28 Charles R. Swindoll, *Moses, A Man of Selfless Dedication*, (The W Publishing group, 1999), 74-75.

29 Henry H. Halley, *Pocket Bible Handbook: An Abbreviated Commentary*, (Henry H. Halley, 1951), 106.

30 William Whiston, *The Works of Josephus: New Updated Edition*, (Hendrickson Publishers, 1987), 68.

31 William Whiston, *The Works of Josephus: New Updated Edition*, (Hendrickson Publishers, 1987), 69.

32 Ron Mehl, *God Works the Night Shift*, (Multnomah Books, 1994), 43.

33 Henry H. Halley, *Pocket Bible Handbook: An Abbreviated Commentary*, (Henry H. Halley, 1951), 116.

34 L. B. Cowman, *Streams In The Desert*, (Zondervan, 1997), 401.

35 *Beneath the Cross of Jesus*, Lyrics: Elizabeth C. Clephane, Music: Frederick C. Maker (Public Domain).

36 Max Lucado, *You'll Get Through This*, (Thomas Nelson, Inc., 2013), 127.

37 William Smith, *Smith's Bible Dictionary*, (Thomas Nelson Publishers, Public Domain). 137.

38 Charles R. Swindoll, *David, A Man of Passion and Destiny*, (Thomas Nelson, Inc., 1997), 141.

39 Stephen Covey, *The Seven Habits of Highly Effective People*, Free Press, a Division of Simon & Schuster, Inc., 1989), 98.

40 Charles R. Swindoll, *David, A Man of Passion and Destiny*, (Thomas Nelson, Inc., 1997), 9-10.

41 Ibid, 12.

42 Walter Anderson http://thinkexist.com/quotation/i_am_responsible-although_i_may_not_be_able_to/298719.html, accessed April 1, 2014.

43 Charles R. Swindoll, *Esther: A Woman of Strength & Dignity*, (Word Publishing, Inc., 1997), 128-134, referencing A. W. Tozer, *The Root of the Righteous*, (Camp Hill, Pa.: Christian Publications, 1986), 137.

44 William Whiston, *The Works of Josephus: New Updated Edition*, (Hendrickson Publishers, 1987), 299.

45 Joel C. Rosenberg, *Damascus Countdown*, (Tyndale House Publishers, 2013), 426.

46 William Whiston, *The Works of Josephus: New Updated Edition*, (Hendrickson Publishers, 1987), 299.

47 How to Refine Gold, http://www.gold-traders.co.uk/gold-information/how-to-refine-gold.asp, accessed April 12, 2014.

48 Michael Reagan, *In the Words of Ronald Reagan: The Wit, Wisdom, and Eternal Optimism of America's 40ᵗʰ President*, (Tomas Nelson, Inc., 2004), 75.

49 Thomas Carlyle http://www.brainyquote.com/quotes/authors/t/thomas_carlyle.html, accessed July 11, 2016.

50 Van Walton, *Either He Planned It or He Permitted It*, March 5th daily devotional, http://www.proverbs31.org accessed March 6, 2013.

51 Ron Mehl, *God Works the Night Shift*, (Multnomah Books, 1994), 155.

52 Charles R. Swindoll, *Job, A Man of Heroic Endurance*, (The W Publishing group, 2004), 194-195, referencing David Roper, *Elijah, Man Like Us*, (Discovery House Publishers, 1998), 88-89 quoting Saint John of the Cross.

53 Sir William Smith, *Smith's Bible Dictionary*, definition of the name Elijah, (Thomas Nelson Publishers, Public Domain), page 166.

54 Raven information from the National Geographic website located at: http://animals.nationalgeographic.com/animals/birds/raven/ accessed May 6, 2014.

55 Stephen Furtick, *Crash the Chatterbox*, (Multnomah Books, 2014), page105.

56 Sir William Smith, Smith's Bible Dictionary, definition of the name Nebuchadnezzar, (Thomas Nelson Publishers, Public Domain), page 438.

57 Sir William Smith, *Smith's Bible Dictionary*, definition of the name Nebuchadnezzar, (Thomas Nelson Publishers, Public Domain), page 437.

58 Encyclopedia Britannica, definition of Nebo found at: http://www.britannica.com/EBchecked/topic/401331/Nabu accessed May 13,2014.

59 Sir William Smith, Smith's Bible Dictionary, definition of the name Nebuchadnezzar, (Thomas Nelson Publishers, Public Domain), page 438.

60 Charles R. Swindoll, *The Church Awakening*, (FaithWords, a division of Hachette Book Group, Inc., 2010), 229.

61 Sir William Smith, *Smith's Bible Dictionary*, definition of the name Abram, (Thomas Nelson Publishers, Public Domain), page 15.

62 Ibid, page 13.

63 St. Francis de Sales, http://www.searchquotes.com/quotes/St_Francis_De_Sales, accessed May 19, 2015.

64 A. W. Tozer, http://www.goodreads.com/quotes/tag/surrender, accessed May 20, 2015.

65 Louisa May Alcott, http://www.brainyquote.com/quotes/authors/l/louisa_may_alcott.html, accessed May 19, 2015.

66 Charles R. Swindoll, *Esther: A Woman of Strength & Dignity*, (Word Publishing, Inc., 1997), 5-6.

67 Charles R. Swindoll, *The Church Awakening*, (FaithWords, a division of Hachette Book Group, Inc., 2010), 39.

68 Blaise Pascal, http://en.thinkexist.com/quotation/weariness-nothing_is_so_insufferable_to_man_as_to/153364.html, accessed May 22, 2015.

69 Stella Marie Liberto, Obituary Notice, http://www.bryan-leefuneralhome.com/recentobituaries/preview.php?id=1205&p&search, assessed February 7, 2014.

70 Ralph Waldo Emerson, http://www.jesussite.com/resources/quotes/faith, accessed May 22, 2015.

71   Cynthia Heath, Obituary Notice, http://www. memorialparkfuneralandcemetery.com/obituaries/Cynthia-Heath/#!/Obituary, accessed March 30, 2014.

72   Martin Luther http://www.goodreads.com/quotes/tag/adversity?page=2, accessed July 11, 2016.

73   Ralph Waldo Emerson, http://en.thinkexist.com/search/searchquotation. asp?search=fear&q=author%3A%22Ralph+Waldo+Emerson%22 accessed March 20, 2014.

74   Corrie ten Boom, http://www.scwn.org/meditations/2011-meditations/96-meditation-9122011, accessed August 25, 2014.

75   Bryan Adams, http://en.thinkexist.com/quotation/thoughts_are_things-they_have_tremendous_power/256809.html, accessed March 21, 2014.

76   Winston Churchill, https://www.goodreads.com/quotes/tag/opportunity, accessed March 15, 2014.

77   Max Lucado, *In The Eye of the Storm,* (Word Publishing, 1991), 154.

78   Kittie Louise Suffield, *Little is Much When God is in It.* (Copyright 1924 Public Domain) Lyrics found at: http://www.scriptureandmusic.com/Music/Text_Files/Little_Is_Much_When_God_Is_In_It.html, accessed March 15, 2014.

79   Max Lucado, *You'll Get Through This*, (Thomas Nelson, Inc., 2013), 150-151.

80   Laminin: Gene ID #3911, http://www.ncbi.nlm.nih.gov/gene/3911, accessed May 29, 2015.

81   Philip Yancey, *Disappointment With God*, (Zondervan, 1988), 75.

82   Charles R. Swindoll, *Moses, A Man of Selfless Dedication,* (The W Publishing group, 1999), 1.

83   Oswald Chambers, *My Utmost for His Highest,* June 25th daily devotional, *http://utmost.org* accessed June 25, 2013.

84   James Long, *Why is God Silent When we Need Him Most?,* (Zondervan Publishing House, 1994), 127.

85   George Mueller, http://www.jonbeaty.com/21-of-the-most-inspirational-quotes-about-trusting-god, accessed July 11, 2016.

86   Philip Yancey, *Where is God When it Hurts?,* (Zondervan, 1990), 168.

87   Philip Yancey, *Disappointment With God*, (Zondervan, 1988), 103.

88   Saint Augustine, http://www.brainyquote.com/quotes/quotes/s/saintaugus165165.html, accessed June 12, 2016.

89 George Herbert, *The Bag*, http://www.poetrynook.com/poem/bag, accessed January 21, 2016.

90 A. W. Tozer, *The Attributes of God – A Journey into the Father's Heart*, (WingSpread Publishers, 2003), 193.

91 *Jacob – Christian Meaning of Names*, http://www.christianmeaningofnames. com/jacob, accessed April 12, 2014.

92 Sir William Smith, *Smith's Bible Dictionary*, definition of the name Israel, (Thomas Nelson Publishers, Public Domain), page 270.

93 Charles Haddon Spurgeon, http://www.goodreads.com/quotes/tag/ adversity?page=4, accessed July 11, 2016.

94 James Long, *Why is God Silent When we Need Him Most?*, (Zondervan Publishing House, 1994), 77.

95 Steven Furtick, *Crash the Chatterbox*, (Multnomah Books, 2014), 99.

96 Klaus Dieter Holthaus, Obituary notice, https://obittree.com/obituary/ us/california/reseda/lorenzen-mortuary/klaus-holthaus/3208523, accessed October 24, 2017.

97 William Cowper, http://thinkexist.com/search/searchquotation. asp?search=storms&page=2, accessed July 11, 2016.

98 Charles R. Swindoll, *The Church Awakening*, (FaithWords, a division of Hachette Book Group, Inc., 2010), 64.

www.ingramcontent.com/pod-product-compliance
Lightning Source LLC
Chambersburg PA
CBHW051951090426
42741CB00008B/1351